Barnikel · Fichtner · Ruch · Winter

GEZIELT VORBEREITET

GEZIELT VORBEREITET

Ein Informations- und Arbeitsbuch zur **Auswahlprüfung**
für die Studienplätze an der Hochschule für den öffentlichen Dienst
in Bayern

mit Prüfungsaufgaben und Lösungen
für die Einstellungsjahre 2018 und 2019

herausgegeben von

HERMANN RUCH

verfasst von

FRIEDRICH BARNIKEL
PAUL FICHTNER
HERMANN RUCH
ERICH WINTER

VERLAG E. VÖGEL, STAMSRIED

ISBN 978-3-89650-476-0
34., neu bearbeitete Auflage 2019

Gesamtherstellung: Druck+Verlag Ernst Vögel GmbH, Stamsried

Printed in Germany

INHALTSVERZEICHNIS

VORWORT

Sie interessieren sich für eine verantwortungsvolle und herausfordernde Tätigkeit im Dienste des Gemeinwohls?

Sie besitzen bis zur Einstellung die deutsche Staatsangehörigkeit oder die eines anderen Mitgliedstaates der Europäischen Union, von Island, Liechtenstein, Norwegen oder der Schweiz?

Sie werden bis Herbst 2020 mindestens über die unbeschränkte Fachhochschulreife verfügen oder den allgemeinen Hochschulzugang über erfolgreiche berufliche Fortbildungsprüfungen (Meisterprüfung oder gleichgestellte berufliche Fortbildungsprüfungen, Absolventen von Fachschulen und Fachakademien) in Verbindung mit einem Beratungsgespräch an der Hochschule für den öffentlichen Dienst in Bayern (HföD) oder an einer bayerischen Hochschule erworben haben? (Beratungsgespräche an der HföD werden üblicherweise erst nach einem Einstellungsangebot durch die Einstellungsbehörden veranlasst und sind daher für die Teilnahme am Auswahlverfahren noch nicht erforderlich.)

Sie haben im Regelfall zum Zeitpunkt der Einstellung das 45. Lebensjahr (für die Einstellung in den Polizeivollzugsdienst das 30. Lebensjahr) noch nicht vollendet?

Wenn Sie diese Fragen mit „ja" beantworten, können Sie sich vom **19. März bis 07. Juli 2019** für die Studienplätze an der Hochschule für den öffentlichen Dienst in Bayern bewerben. (Bitte beachten Sie, dass für nichtstaatliche Verwaltungen, die nicht am Online-Verfahren des Landespersonalausschusses teilnehmen, eine gesonderte Bewerbung bei der jeweiligen Einstellungsbehörde erforderlich ist und hierfür abweichende Bewerbungsfristen gelten können.) Für den Fall einer Verlängerung des Anmeldezeitraums wird dies – ggf. auch kurzfristig – auf der Internetseite **www.lpa.bayern.de** bekannt gegeben.

Ein erfolgreicher Abschluss des berufspraktischen Studiums ist der Schlüssel, um Beamter oder Beamtin in der **dritten Qualifikationsebene** bei den **staatlichen** und **kommunalen Behörden** des **Freistaats Bayern** zu werden. Höchst unterschiedliche Tätigkeiten warten auf Sie!

Zunächst einmal gilt es jedoch, das **Auswahlverfahren** und die **Auswahlprüfung** zu bestehen, die die Vergabe der Studienplätze regeln. Unser Informations- und Arbeitsbuch GEZIELT VORBEREITET unterstützt Sie dabei:

- **Teil 1** bietet nach einem kurzen Eignungstest **Allgemeine Informationen** zum Studium an der Hochschule für den öffentlichen Dienst in Bayern, zum Auswahlverfahren und zur Auswahlprüfung.
- **Teil 2** und **3** stellen die **Prüfungsgebiete** und die **Aufgabentypen** der Auswahlprüfung vor. Sie erfahren dabei, was Sie am Prüfungstag erwartet. Anhand zahlreicher Aufgaben können Sie Ihre Kenntnisse einem ersten Test unterziehen. Ausführliche Hinweise erleichtern eine optimale Vorbereitung.
- **Teil 4** und **5** enthalten die kompletten Aufgabenbögen der **Auswahlprüfung der beiden letzten Jahre – mit Lösungen und Lösungshinweisen.** Wenn Sie zunächst die Aufgaben selber lösen und erst dann mit den jeweiligen Lösungen und Lösungshinweisen auf der rechten Seite vergleichen, werden Sie am meisten von diesem Übungsteil profitieren. Nehmen Sie sich Zeit dafür. Nur so werden Sie Ihre Wissenslücken erkennen und den cleversten Umgang mit den jeweiligen Aufgabentypen einüben können.

Für Ihre Bewerbung für die Studienplätze an der Hochschule für den öffentlichen Dienst in Bayern wünschen wir Ihnen viel Erfolg!

Die Autoren

Aktuelle Informationen über das Auswahlverfahren, die Auswahlprüfung, Zulassungsvoraussetzungen, Prüfungsorte, Bewerbungsunterlagen und Einstellmöglichkeiten finden Sie unter:

www.lpa.bayern.de ➔ Studienplätze

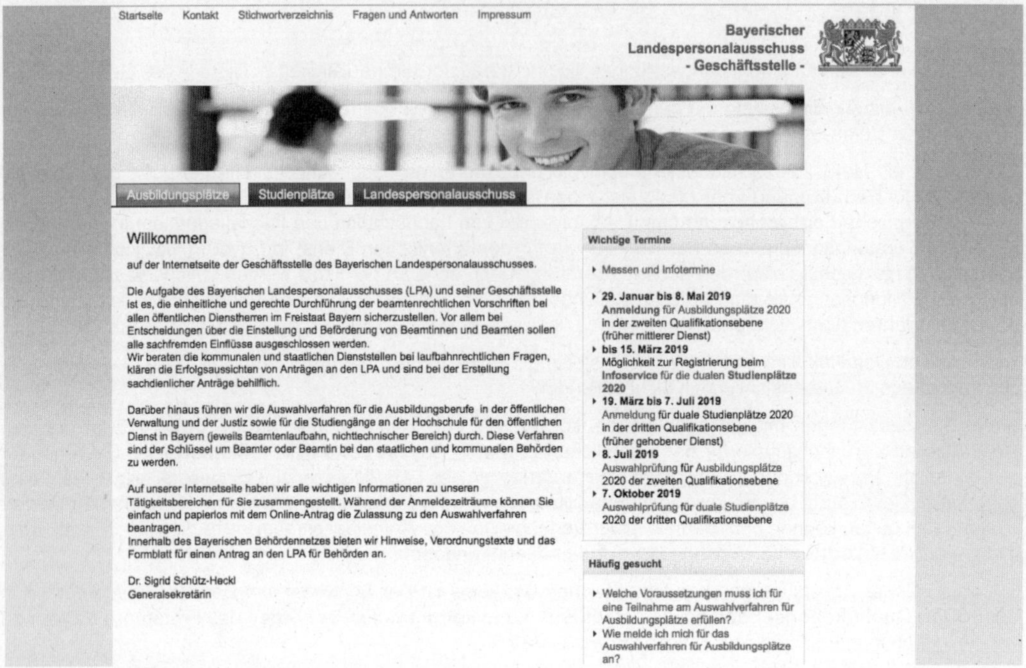

Startseite Kontakt Stichwortverzeichnis Fragen und Antworten Impressum

Bayerischer Landespersonalausschuss - Geschäftsstelle -

Ausbildungsplätze | Studienplätze | Landespersonalausschuss

Willkommen

auf der Internetseite der Geschäftsstelle des Bayerischen Landespersonalausschusses.

Die Aufgabe des Bayerischen Landespersonalausschusses (LPA) und seiner Geschäftsstelle ist es, die einheitliche und gerechte Durchführung der beamtenrechtlichen Vorschriften bei allen öffentlichen Dienstherren im Freistaat Bayern sicherzustellen. Vor allem bei Entscheidungen über die Einstellung und Beförderung von Beamtinnen und Beamten sollen alle sachfremden Einflüsse ausgeschlossen werden.
Wir beraten die kommunalen und staatlichen Dienststellen bei laufbahnrechtlichen Fragen, klären die Erfolgsaussichten von Anträgen an den LPA und sind bei der Erstellung sachdienlicher Anträge behilflich.

Darüber hinaus führen wir die Auswahlverfahren für die Ausbildungsberufe in der öffentlichen Verwaltung und der Justiz sowie für die Studiengänge an der Hochschule für den öffentlichen Dienst in Bayern (jeweils Beamtenlaufbahn, nichttechnischer Bereich) durch. Diese Verfahren sind der Schlüssel um Beamter oder Beamtin bei den staatlichen und kommunalen Behörden zu werden.

Auf unserer Internetseite haben wir alle wichtigen Informationen zu unseren Tätigkeitsbereichen für Sie zusammengestellt. Während der Anmeldezeiträume können Sie einfach und papierlos mit dem Online-Antrag die Zulassung zu den Auswahlverfahren beantragen.
Innerhalb des Bayerischen Behördennetzes bieten wir Hinweise, Verordnungstexte und das Formblatt für einen Antrag an den LPA für Behörden an.

Dr. Sigrid Schütz-Heckl
Generalsekretärin

Wichtige Termine

- Messen und Infotermine
- **29. Januar bis 8. Mai 2019**
  Anmeldung für Ausbildungsplätze 2020 in der zweiten Qualifikationsebene (früher mittlerer Dienst)
- **bis 15. März 2019**
  Möglichkeit zur Registrierung beim Infoservice für die dualen Studienplätze 2020
- **19. März bis 7. Juli 2019**
  Anmeldung für duale Studienplätze 2020 in der dritten Qualifikationsebene (früher gehobener Dienst)
- **8. Juli 2019**
  Auswahlprüfung für Ausbildungsplätze 2020 der zweiten Qualifikationsebene
- **7. Oktober 2019**
  Auswahlprüfung für duale Studienplätze 2020 der dritten Qualifikationsebene

Häufig gesucht

- Welche Voraussetzungen muss ich für eine Teilnahme am Auswahlverfahren für Ausbildungsplätze erfüllen?
- Wie melde ich mich für das Auswahlverfahren für Ausbildungsplätze an?

EIGNUNGSTEST

Anhand folgender Checkliste können Sie prüfen, ob ein Studium an der Hochschule für den öffentlichen Dienst in Bayern zu Ihren Interessen und Fähigkeiten passt:

- ❑ Ich habe Freude am Umgang mit Menschen.
- ❑ Ich interessiere mich für komplexe rechtliche Fragestellungen, Politik, Gesellschaft und wirtschaftliche Zusammenhänge.
- ❑ In meinem Job will ich mich für das Gemeinwohl einsetzen und für den gerechten Ausgleich unterschiedlicher Interessen sorgen.
- ❑ Nach dem Studium möchte ich einen krisensicheren Arbeitsplatz haben.
- ❑ Ich verfüge über eine gute mündliche und schriftliche Ausdrucksweise.
- ❑ Ich möchte selbständig und eigenverantwortlich arbeiten.
- ❑ Ich trete selbstbewusst auf und bin konsensfähig.
- ❑ Mir macht es Spaß im Team zu arbeiten.
- ❑ Ich besitze eine schnelle Auffassungsgabe, Entscheidungsfreude und Verhandlungsgeschick.
- ❑ Ich arbeite gerne am Computer und finde mich schnell in neuen PC-Programmen zurecht.
- ❑ Ich traue mir zu, Führungsverantwortung zu übernehmen.
- ❑ Bis spätestens zu Beginn des Studiums besitze ich mindestens die unbeschränkte Fachhochschulreife oder den allgemeinen Hochschulzugang über berufliche Fortbildungsprüfungen (Meisterprüfung oder gleichgestellte berufliche Fortbildungsprüfungen, Absolventen von Fachschulen und Fachakademien) in Verbindung mit einem Beratungsgespräch an der Hochschule für den öffentlichen Dienst in Bayern oder einer anderen bayerischen Hochschule.

Der letzte Punkt ist zwingend erforderlich!

Je mehr Eigenschaften auf Sie zutreffen, desto sicherer können Sie sein, dass Ihnen eine Tätigkeit im öffentlichen Dienst bei Staat oder Kommunen Spaß machen würde!

[Aus: Mitgestalten – Mitverwalten. Berufsfelder und Studiengänge an der Hochschule für den öffentlichen Dienst in Bayern, Landespersonalausschuss Januar 2019, S. 7]

1 ALLGEMEINE INFORMATIONEN

1.1 Studium im öffentlichen Dienst

Das Studium an der Hochschule für den öffentlichen Dienst in Bayern dauert in der Regel **drei Jahre.** Studienbeginn ist bei den meisten Studiengängen jedes Jahr **im Herbst.**

Die **Fachstudienabschnitte** an der Hochschule für den öffentlichen Dienst in Bayern wechseln sich mit **Praktikumsphasen an den Behörden** ab. Durch diesen Wechsel werden Sie perfekt auf den späteren Beruf vorbereitet und es fällt Ihnen sicher leicht, das Gelernte umzusetzen.

Sie zahlen **keine Studiengebühren,** sondern verdienen während des Studiums. Sie erhalten **etwa 1.200 € brutto** im Monat (Stand 01/2019). Hinzu kommen vermögenswirksame Leistungen, eine jährliche Sonderzahlung sowie ggf. der Familienzuschlag. Daneben bieten die Dienstherren verschiedene weitere Fürsorgeleistungen an, wie etwa eine Ballungsraumzulage.

Beamte, die im Rahmen der Ausbildungsqualifizierung studieren, erhalten ihre bisherigen Bezüge in unveränderter Höhe.

Die Hochschule für den öffentlichen Dienst in Bayern bietet folgende **fachliche Schwerpunkte** bzw. **Fachrichtungen** an:

Fachbereich	**fachlicher Schwerpunkt/Fachrichtung**
Allgemeine Innere Verwaltung	• nichttechnischer Verwaltungsdienst • Verwaltungsinformatik
Archiv- und Bibliothekswesen	• Archivwesen • Bibliothekswesen
Finanzwesen	• Steuer • Staatsfinanz
Polizei	• Polizeivollzugsdienst
Rechtspflege	• Rechtspflege • Vollzugsverwaltungsdienst bei den Justizvollzugsanstalten
Sozialverwaltung	• Rentenversicherung • staatliche Sozialverwaltung

Folgende **Abschlüsse** können erworben werden:

- Diplom-Verwaltungswirt/in (FH) in der Allgemeinen Inneren Verwaltung
- Diplom-Verwaltungsinformatiker/in (FH)
- Diplom-Verwaltungswirt/in (FH) in der Kommunalverwaltung
- Diplom-Verwaltungswirt/in (FH) oder Kommissar/in bei der Polizei
- Diplom-Rechtspfleger/in (FH) in der Justiz
- Diplom-Verwaltungswirt/in (FH) in einer Justizvollzugsanstalt
- Diplom-Verwaltungswirt/in (FH) in der Hochschulverwaltung
- Bibliothekar/in (B.A.) an wissenschaftlichen Bibliotheken
- Diplom-Archivar/in (FH) in der staatlichen Archivverwaltung
- Diplom-Finanzwirt/in (FH) in der Steuerverwaltung
- Diplom-Verwaltungswirt/in (FH) in der Staatsfinanzverwaltung
- Diplom-Verwaltungswirt/in (FH) in der Forstverwaltung
- Diplom-Verwaltungswirt/in (FH) in der Staatlichen Sozialverwaltung
- Diplom-Verwaltungswirt/in (FH) bei der Deutschen Rentenversicherung

Informationen zur **Hochschule für den öffentlichen Dienst in Bayern** und ihre Studienorte finden Sie im Internet unter **www.fhvr.bayern.de.**

Informationen über die **Studiengänge** und **Arbeitsorte** sowie die **Anzahl der jeweiligen Studienplätze** bei den staatlichen und nichtstaatlichen Verwaltungen in Bayern finden Sie im Internet unter **www.lpa.bayern.de** ➔ Studienplätze ➔ Studiengänge/Einstellungsbehörden. An gleicher Stelle sind auch die **Adressen** der staatlichen und vieler kommunaler Einstellungsbehörden abzurufen.

Literaturtipps:

Mitgestalten – Mitverwalten. Berufsfelder und Studiengänge an der Hochschule für den öffentlichen Dienst in Bayern

Diese Broschüre (Stand: Januar 2019) sowie die Kurzfilme im Internetauftritt des Landespersonalausschusses bieten Ihnen einen aussagekräftigen Überblick über die Studiengänge und Berufsfelder für eine spätere Tätigkeit als Beamtin oder Beamter im öffentlichen Dienst in der dritten Qualifikationsebene. Download: **www.lpa.bayern.de** ➔ Startseite (rechts unten).

Susanne Forstner (2018): Berufseinstieg in den öffentlichen Dienst – inkl. Arbeitshilfen online. Freiburg: Haufe Verlag, 200 S., Broschur, 24,95 €, ISBN 978-3-648-11070-6

INHALTE:

- Ausbildungs- und Studienmöglichkeiten
- Der Einstieg in den öffentlichen Dienst
- So laufen Ausbildung und Studium ab
- Internetadressen der Einstellungsbehörden

ARBEITSHILFEN online:

- Tests zu Allgemeinwissen, logischem Denken, Rechenaufgaben und Persönlichkeitsmerkmalen

1.2 Das Auswahlverfahren

Durchführung

Das Auswahlverfahren für den Einstieg in der dritten Qualifikationsebene im nichttechnischen Bereich der Leistungslaufbahn wird von der Geschäftsstelle des Bayerischen Landespersonalausschusses (LPA) durchgeführt:

Bayerischer Landespersonalausschuss – Geschäftsstelle

Postfach 22 14 41
80504 München
Telefon (089) 23 06-29 00
Telefax (089) 22 78 88
Internet: www.lpa.bayern.de

Auf der Internetseite des LPA können Sie sich umfassend über die aktuellen Zugangsvoraussetzungen, die nächsten Termine, die vorgesehenen Prüfungsorte, den voraussichtlichen Bedarf der staatlichen und kommunalen Verwaltungen sowie zahlreiche weitere Aspekte des Auswahlverfahrens informieren. Bitte schauen Sie zunächst im Internet nach, um die Hotline der Geschäftsstelle nicht unnötig zu belasten. Die Mitarbeiterinnen und Mitarbeiter der Geschäftsstelle werden es Ihnen danken.

Rechtliche Grundlagen

Die Vergabe der Studienplätze an der Hochschule für den öffentlichen Dienst in Bayern wird durch ein Auswahlverfahren entschieden. Das Auswahlverfahren richtet sich nach der **„Verordnung zur Regelung der besonderen Auswahlverfahren für den Einstieg in der zweiten und dritten Qualifikationsebene im nichttechnischen Bereich der Leistungslaufbahn (Auswahlverfahrensordnung – AVfV)“** vom 8. Februar 2000 (GVBl 2000, S. 48), zuletzt geändert durch Verordnung vom 22. Juli 2014.

Zweck, Anforderungen und Art

Das Auswahlverfahren soll zeigen, ob Sie die **Studienanforderungen** an der genannten Hochschule erfüllen und für eine spätere Tätigkeit als Beamtin oder Beamter geeignet sind. Hierzu gehören insbesondere:

- Aufgeschlossenheit für Gegenwartsfragen,
- gute Allgemeinkenntnisse und
- Sprachgewandtheit.

Das Auswahlverfahren ist notwendig, weil die Zahl der Bewerberinnen und Bewerber größer ist als die Zahl der Studienplätze. Das Verfahren hat deshalb **Wettbewerbscharakter.** Für die Einstellung ist das Ergebnis in der **Reihenfolge der Platzziffern** entscheidend. Wichtig: Ein Anspruch auf Einstellung wird durch die erfolgreiche Teilnahme nicht begründet!

Zulassungsvoraussetzungen

Maßgeblich für die Zulassung zum Auswahlverfahren sind **drei Kriterien:**

- Schulabschluss/Bildungsstand,
- Staatsangehörigkeit und
- Lebensalter.

(Für Bewerberinnen und Bewerber für das Studium zum/zur Kommissar/in bei der Polizei, zum/zur Bibliothekar/in (B.A.) oder zum/zur Diplom-Archivar/in (FH) gelten zusätzliche Voraussetzungen.)

Hinsichtlich der **Schulbildung** müssen Sie einen der folgenden Schulabschlüsse vorweisen:

- die unbeschränkte Fachhochschulreife,
- die fachgebundene Hochschulreife oder
- die allgemeine Hochschulreife.

Alternativ gilt ein vom Bayerischen Staatsministerium für Unterricht und Kultus als gleichwertig anerkannter Bildungsstand. Ferner zugelassen werden Bewerberinnen und Bewerber, die den allgemeinen Hochschulzugang über erfolgreiche berufliche Fortbildungsprüfungen (Meisterprüfung oder gleichgestellte berufliche Fortbildungsprüfungen, Absolventen von Fachschulen und Fachakademien) in Verbindung mit einem Beratungsgespräch an der Hochschule für den öffentlichen Dienst in Bayern oder einer anderen bayerischen Hochschule erworben haben.

In anders gelagerten Fällen ist eine Hochschulzugangsberechtigung nicht ausreichend. Prüfen Sie deshalb in diesen Fällen, ob für Sie die Teilnahme an der Ergänzungsprüfung zum Erwerb der Fachhochschulreife oder zur Abschlussprüfung der Fachoberschule als andere Bewerberin/anderer Bewerber in Frage kommt. Sie können am Auswahlverfahren teilnehmen, wenn zu erwarten ist, dass Sie bis zum Einstellungszeitpunkt mindestens die unbeschränkte Fachhochschulreife erlangen werden. Näheres zur Anerkennungspraxis des Bayerischen Staatsministeriums für Unterricht und Kultus finden Sie im Internet bei **www.km.bayern.de → Schüler → Abschlüsse → Hochschulreife.**

Bei Zeugnissen über die unbeschränkte **Fachhochschulreife aus anderen Bundesländern** muss auf dem Zeugnis der Zusatz „Berechtigt zum Studium an Fachhochschulen in allen Ländern der Bundesrepublik Deutschland“ vermerkt sein.

Falls Sie Ihren **Schulabschluss im Ausland** erworben haben, ist eine Anerkennung des Abschlusses durch die Zeugnisanerkennungsstelle des Freistaats Bayern erforderlich. Informationen hierzu finden Sie im Internet bei **www.km.bayern.de → Schüler → Abschlüsse → Zeugnisanerkennung.** Bitte geben Sie bei der Anmeldung zum Auswahlverfahren im Online-Antrag an, dass Sie einen ausländischen Bildungsabschluss besitzen, unabhängig davon, ob dieser als Fachhochschulreife oder als Hochschulreife anerkannt wurde.

Soweit die erforderlichen Vorbildungsvoraussetzungen noch nicht vorliegen, müssen sie bis zum Zeitpunkt der Einstellung erworben sein. Die Bewerberinnen und Bewerber nehmen am Auswahlverfahren unter dem **Vorbehalt** teil, dass sie bis zu dem für die Einstellung maßgebenden Zeitpunkt den Vorbildungsnachweis bei der Einstellungsbehörde vorlegen.

Hinsichtlich der **Staatsangehörigkeit** müssen Sie

- Deutsche/Deutscher im Sinne des Art. 116 des Grundgesetzes sein,
- die Staatsangehörigkeit eines anderen Mitgliedstaates der Europäischen Union oder
- die Staatsangehörigkeit von Island, Liechtenstein, Norwegen oder der Schweiz besitzen.

Im Falle eines laufenden Einbürgerungsverfahrens können Sie sich für das Auswahlverfahren anmelden, sofern Sie die erforderliche Staatsangehörigkeit voraussichtlich bis zum Einstellungstermin erwerben werden.

Beachten Sie, dass eine spätere Einstellung als Rechtspfleger/in bei der Justiz und bei der Arbeitsgerichtsbarkeit, als Diplom-Verwaltungswirt/in im Justizvollzug und bei der Allgemeinen Inneren Verwaltung nur mit deutscher Staatsangehörigkeit möglich ist! Im Bereich der Forstverwaltung wird im Hinblick auf den späteren Tätigkeitsbereich im Einzelfall gesondert geprüft, ob eine Einstellung von Bewerberinnen und Bewerbern aus anderen Mitgliedstaaten der Europäischen Union möglich ist.

Hinsichtlich des **Lebensalters** werden Sie zum Auswahlverfahren im Regelfall **bis zur Vollendung des 45. Lebensjahres** zugelassen. Für die Einstellung in den Polizeivollzugsdienst dürfen Sie höchstens 30 Jahre alt sein, doch sind auch hier Ausnahmen möglich. Näheres hierzu bei: **www.mit-sicherheit-anders.de → Deine Bewerbung.**

Bestandteile des Auswahlverfahrens

Das Auswahlverfahren besteht aus **zwei** Teilen: Neben den Ergebnissen der **schriftlichen Auswahlprüfung** werden die **schulischen Leistungen** in Deutsch, Mathematik und einer Fremdsprache bei der Gesamtbewertung berücksichtigt.

Auswahlprüfung

In einer mindestens vierstündigen schriftlichen Auswahlprüfung sollten Sie nachweisen, dass Sie über

- eine **vertiefte Allgemeinbildung,**
- ein **logisches, strukturelles und analytisches Denkvermögen,**
- **Sprachfertigkeit in der deutschen Sprache** sowie über
- **Konzentrationsfähigkeit** und eine hinreichende **Belastbarkeit**

verfügen. Näheres zur Auswahlprüfung siehe 1.3.

Berücksichtigung schulischer Leistungen

Die Noten in **Deutsch** und in der **Fremdsprache** werden im Auswahlverfahren einfach gewichtet, die Noten in **Mathematik** dreifach. Dabei gilt Folgendes:

- Bewerberinnen und Bewerber, die Unterricht in mehreren Fremdsprachen hatten, können die Note derjenigen Fremdsprache wählen, in der sie besser abgeschnitten haben.
- Maßgebend sind die Noten des Abschlusszeugnisses, sofern der für die Teilnahme am Auswahlverfahren geforderte Bildungsabschluss (siehe S. 11) bereits vorliegt.
- Bei Bewerberinnen und Bewerbern, die den geforderten Bildungsabschluss noch nicht erworben haben, sind die Noten aus dem letzten vor dem Termin der Auswahlprüfung ausgehändigten Schulzeugnis zu berücksichtigen. Im Falle des Besuchs der Qualifikationsphase/Kollegstufe eines Gymnasiums sind dies die Zeugnisse der beiden zuletzt besuchten Ausbildungsabschnitte. Besuchen Sie die 12. Klasse einer Berufsoberschule, so ist das Zeugnis über den mittleren Schulabschluss zusammen mit dem Berufsschulabschlusszeugnis vorzulegen.
- Fehlt die Bewertung im Fach Deutsch, müssen die Bewerberinnen und Bewerber in diesem Fach an der Abschlussprüfung einer Fachoberschule teilnehmen; die hierbei erzielte Note zählt als Note des Faches Deutsch.

- Sofern ein maßgebendes Zeugnis keine Bewertung in einem für das Auswahlverfahren weiteren zu berücksichtigenden Fach enthält, ist insoweit auf ein Zeugnis abzustellen, das dem maßgebenden Zeugnis unmittelbar vorausgeht.
- Zum Nachweis der Schulnoten erhalten die Bewerberinnen und Bewerber am Prüfungstag ein Formblatt, mit dessen Hilfe die Schule, die in das Verfahren einzubeziehenden Noten – regelmäßig online – bescheinigt. Die Bestätigung der Noten durch die Schule setzt in der Regel voraus, dass die Bewerberinnen und Bewerber das in Betracht kommende Zeugnis der Schule im Original oder in beglaubigter Abschrift vorlegen.
- Die Schulnoten sind dem Prüfungsamt spätestens bis zu dem im Formblatt genannten Termin zu übermitteln.

Gesamtergebnis

Die Gesamtnote des Auswahlverfahrens wird vom Prüfungsamt aus der Note der Auswahlprüfung und der Durchschnittsnote der zu berücksichtigenden Schulfächer (vgl. S. 12 unten) ermittelt. Bei der Bildung der Gesamtnote zählt die **Note der Auswahlprüfung 1,5-fach,** die Durchschnittsnote für die schulischen Leistungen in den zu berücksichtigenden Fächern einfach. Die Gesamtnote wird auf zwei Dezimalstellen errechnet.

Das Auswahlverfahren ist **nicht erfolgreich** abgeschlossen, wenn

- der Bewerber oder die Bewerberin an der Auswahlprüfung nicht teilgenommen hat,
- der Nachweis der einzubeziehenden Schulnoten nicht erbracht wird oder
- die erzielte Gesamtnote schlechter als „4,00“ ist.

Nach Abschluss des Auswahlverfahrens erstellt die Geschäftsstelle des Landespersonalausschusses eine **Rangliste,** in der alle erfolgreichen Teilnehmerinnen und Teilnehmer in der Reihenfolge des Gesamtergebnisses aufgeführt sind. Bei gleichem Gesamtergebnis entscheidet über die Reihenfolge der Rangliste die Note der Auswahlprüfung.

Alle erfolgreichen Teilnehmerinnen und Teilnehmer am Auswahlverfahren erhalten bis Mitte Dezember ein **Prüfungszeugnis** mit der Platzziffer und der Gesamtnote.

Wiederholungsmöglichkeit und Geltungsdauer

Sie können am Auswahlverfahren **wiederholt** teilnehmen, soweit Sie die geforderten Voraussetzungen erfüllen. Das Auswahlverfahren hat grundsätzlich nur für das Einstellungsjahr **Geltung,** für das es durchgeführt wurde. Ausnahmen bedürfen der Zustimmung des Landespersonalausschusses und können nur in besonders gelagerten Fällen auf Antrag der obersten Dienstbehörde erteilt werden.

Zuweisung

Die durch das Auswahlverfahren gebildete **Rangliste** ist Grundlage für das dem Auswahlverfahren folgende **Zuweisungsverfahren.** Im **staatlichen Bereich** werden hierbei den einzelnen staatlichen Behörden in der Reihenfolge der Platzziffern jeweils so viele Bewerberinnen und Bewerber zugeteilt, wie Studienplätze zu vergeben sind. Wenn Sie eine Zuweisung für eine Studienrichtung erhalten, bedeutet das, dass Sie von der dafür zuständigen Behörde dazu aufgefordert werden, Bewerbungsunterlagen einzureichen. Die Einladung zu einem Vorstellungsgespräch dürfte dann nicht mehr lange auf sich warten lassen.

Zusätzlich zu den zugewiesenen Bewerberinnen und Bewerbern erhalten die staatlichen Einstellungsbehörden jeweils eine sogenannte **Ersatzliste,** die diejenigen an der jeweiligen Studienrichtung interessierten Bewerberinnen und Bewerber bis zu einer gewissen Platzziffer aufführt, die die Auswahlprüfung zwar bestanden haben, deren Platzziffer aber für eine Zuweisung nicht ausgereicht hat.

Erfahrungsgemäß sind die staatlichen Verwaltungen infolge von Absagen über die Zuweisung hinaus an weiteren Bewerberinnen und Bewerbern interessiert. In diesem Fall werden die Einstellungsbehörden ggf. von sich aus auf Sie zukommen und Sie zur Einsendung von Unterlagen auffordern. Sie können aber auch selbst Kontakt zu den jeweiligen Einstellungsbehörden aufnehmen und sich dort über Ihre Einstellungschancen erkundigen.

Das Zuweisungsverfahren betrifft Sie nicht, falls Sie sich für die Studienrichtungen Diplom-Verwaltungswirt/in in der Kommunalverwaltung (FH), Kommissar/in bei der Polizei, Bibliothekar/in (B.A.) in den wissenschaftlichen Bibliotheken oder Diplom-Archivar/in (FH) in der staatlichen Archivverwaltung beworben haben. In diesem Fall werden Sie unmittelbar von den zuständigen Einstellungsbehörden informiert, wenn Sie aufgrund Ihrer Platzziffer für einen Studienplatz in Frage kommen. Für die Einstellung in den Polizeivollzugsdienst gelten besondere Bedingungen.

Das im Auswahlverfahren erzielte Prüfungsergebnis wird von der Geschäftsstelle des Landespersonalausschusses auch an alle **nichtstaatlichen Behörden** (Städte, Gemeinden, Landkreise, Bezirke) weitergegeben, für die Sie sich beworben haben. Die einzelnen Behörden nehmen nach Bekanntgabe der Prüfungsergebnisse Kontakt zu Ihnen auf, wenn Sie aufgrund Ihrer Platzziffer für eine Einstellung in Frage kommen. Die Einladung zu den Vorstellungsgesprächen erfolgt in der Reihenfolge der Rangliste.

Zahlreiche Einstellungsbehörden führen nach dem schriftlichen Auswahlverfahren des Landespersonalausschusses noch ein **gesondertes Verfahren zur Prüfung der außerfachlichen Fähigkeiten** nach Art. 22 Abs. 8 Leistungslaufbahngesetz durch. Bestandteile dieser ergänzenden Prüfung können unter anderem ein strukturiertes Interview, eine Gruppendiskussion, ein Rollenspiel oder eine Präsentation sein. Nähere Informationen hierzu erhalten Sie bei den jeweiligen Einstellungsbehörden.

Bewerbung

Bewerberinnen und Bewerber für die Studienplätze bei **staatlichen** Verwaltungen können sich im Anmeldezeitraum **online** mit dem hierfür vorgesehenen Formular unter **www.lpa.bayern.de** für das Auswahlverfahren anmelden. Die Einreichung von Bewerbungsunterlagen (z. B. Lebenslauf) ist dabei grundsätzlich nicht notwendig. (Ausnahmen: Bewerberinnen und Bewerber mit ausländischem Schulabschluss, bei Schwerbehinderung, Studium zum/zur Kommissar/in bei der Polizei, Eingliederungsberechtigte Soldaten und Soldatinnen auf Zeit.)

Bewerberinnen und Bewerber für die Studienplätze zum/zur Diplom-Verwaltungswirt/in (FH) in der **Kommunalverwaltung** können sich entweder über den **Online-Antrag** unter **www.lpa.bayern.de** anmelden oder für den Fall, dass eine Kommune nicht bzw. nicht ausschließlich am Online-Verfahren teilnimmt, ihre schriftliche Bewerbung direkt bei der Gemeinde, dem Gemeindeverband (Landkreis, Bezirk) oder der sonstigen Körperschaft, Anstalt oder Stiftung des öffentlichen Rechts, die die Stelle ausgeschrieben hat, einreichen.

Alle Bewerberinnen und Bewerber erhalten bis Mitte August eine **Bestätigung** über den Eingang ihrer Anmeldung zum Auswahlverfahren zur Überprüfung der darin aufgeführten Daten. Ende September werden die **Einladungen** für die Auswahlprüfung versandt, die den genauen Prüfungsort und alle wichtigen Informationen zur Prüfung enthalten.

Die **Bewerbungsfrist** für das Auswahlverfahren ist unbedingt einzuhalten. Nachträglich vorgelegte Bewerbungen können in der Regel nicht mehr berücksichtigt werden.

1.3 Die Auswahlprüfung

Termin und Orte

Die Auswahlprüfung 2019 (für den Studienbeginn 2020) findet am 7. Oktober (vormittags) statt. Der genaue Termin wird den Bewerbern mit dem Einladungsschreiben etwa zwei Wochen vorher zusammen mit dem Prüfungsort mitgeteilt.

Ein Verzeichnis der vorgesehenen **Prüfungsorte** (weit über 100 in allen Teilen Bayerns) ist jeweils in den Hinweisen zum Antrag auf Zulassung zum Auswahlverfahren enthalten (siehe auch Internetseite des Landespersonalausschusses).

Die Bewerber haben zwar keinen Anspruch auf Zuteilung zu einem bestimmten Prüfungsort, sie können aber einen **Wunsch** äußern. Dieser ist nicht an Landkreis- oder Regierungsbezirksgrenzen gebunden. Nach Möglichkeit sollte der mit den zur Verfügung stehenden Verkehrsmitteln am günstigsten erreichbare Ort ausgesucht werden. Kommen wegen zu geringer Beteiligung an einem Prüfungsort nicht genügend Teilnehmer zusammen, werden diese dem nächstgelegenen Prüfungsort zugewiesen. **Reisekosten** können **nicht** übernommen werden.

Allgemeine Prüfungsordnung

Für die Auswahlprüfung gelten im Wesentlichen die Vorschriften der Allgemeinen Prüfungsordnung (APO). Von Interesse dürften u. a. folgende **Vorschriften** sein:

- Die Arbeitsplätze der Teilnehmer werden vor Beginn der Prüfung ausgelost.
- Die Teilnehmer dürfen auf die Prüfungsarbeiten nicht ihren Namen, sondern nur ihre Arbeitsplatznummer schreiben.
- Während der Anfertigung der Prüfungsarbeiten dürfen nicht mehrere Prüfungsteilnehmer gleichzeitig den Prüfungsraum verlassen.

- Versucht ein Prüfungsteilnehmer das Ergebnis einer Prüfung durch Unterschleif, Täuschung oder Benutzung nicht zugelassener Hilfsmittel (z. B. Smartwatch, Taschenrechner, DUDEN) zu eigenem oder fremdem Vorteil zu beeinflussen, muss die betreffende Arbeit mit „ungenügend" bewertet werden.
- Schwerbehinderten Menschen und ihnen Gleichgestellten kann auf Antrag entsprechend der nachgewiesenen Prüfungsbehinderung nach § 54 APO ein Nachteilsausgleich bei der Prüfung gewährt werden (z. B. Verlängerung der Arbeitszeit). Nachweise über Art und Grad der Behinderung sind mit dem Antrag auf Zulassung zum Auswahlverfahren vorzulegen.

Dauer und Vorlagen

Die Prüfung dauert insgesamt **vier Stunden.** Sie erfolgt schriftlich und unter Aufsicht. Vorgelegt wird ein **Aufgabenheft,** die Lösungen müssen in einen separaten **Lösungsbogen** eingetragen werden.

(Zu den Prüfungsgebieten und den Aufgabentypen der Auswahlprüfung siehe Teil 2 und 3 dieses Buches. Die kompletten Prüfungsaufgaben der letzten beiden Jahre finden Sie in Teil 4 und 5.)

Bewertung der Prüfungsleistung

Die Bewertung erfolgt nach Punkten. Es können **max. 300 Punkte** erreicht werden. Davon entfallen max. 60 Punkte auf einen kurzen Aufsatz („Abhandlung") zu einem aktuellen Thema. Die jeweiligen Punktwerte der Aufgaben sind den Randspalten im Lösungsbogen zu entnehmen.

Die Gesamtzahl der Punkte bildet die Grundlage für die Benotung. Die erreichte Gesamtpunktzahl wird in eine **Note** bis auf die zweite Stelle hinter dem Komma umgerechnet.

Die Prüfungsarbeiten werden von einem **Erst-** und **Zweitkorrektor** bewertet. Weichen deren Gesamtpunktzahlen voneinander ab, wird ein Mittelwert aus den Ergebnissen gebildet. Bruchteile sind dabei stets zugunsten der Prüflinge aufzurunden. Können sich Erst- und Zweitkorrektor bei einer Abweichung von mehr als 20 Punkten nicht einigen, entscheidet die Geschäftsstelle des Landespersonalausschusses.

Versäumnis

Wird die Prüfung ganz oder teilweise versäumt, so besteht für sie nach § 11 AVfV **kein Anspruch auf Nachholung** der Prüfung. Jedoch ist eine Teilnahme an den Auswahlverfahren in den darauf folgenden Jahren möglich, solange die Zulassungsvoraussetzungen erfüllt werden.

Zehn Hinweise, die Sie unbedingt beachten sollten

1. Überprüfen Sie gleich zu Beginn der Prüfung, ob Ihnen ein vollständiges Aufgabenheft und ein vollständiger Lösungsbogen vorliegen. **Unvollständige Exemplare** sind der Leiterin oder dem Leiter der Prüfung sofort zum Austausch zurückzugeben. Spätere Reklamationen sind zwecklos!
2. Achten Sie beim Ausfüllen des Lösungsbogens unbedingt auf eine ordentliche **äußere Form.** Dies macht nicht nur einen guten Eindruck; die Form kann auch bei der Bewertung von Bedeutung sein. Die grau hinterlegten **Randspalten des Lösungsbogens** sind den Korrektorinnen und Korrektoren der Auswahlprüfung vorbehalten.
3. Die erfolgreiche Bewältigung der Auswahlprüfung setzt ein **gezieltes Vorgehen** und ein überlegtes **Zeitmanagement** voraus. Bei der Prüfung steht hinreichend Zeit zur Verfügung, sich eingehend mit den Aufgaben zu befassen und sich Gedanken über die jeweiligen Lösungsmöglichkeiten zu machen. Die Erfahrung zeigt, dass häufig vorschnell mit dem Eintrag in den Lösungsbogen begonnen und dieser vor Ablauf der Arbeitszeit abgegeben wird.
4. **Lesen Sie die einzelnen Aufgaben sorgfältig.** Dies gilt auch für die **Frage** oder den **Arbeitsauftrag,** die es genau zu beachten gilt. Oft findet sich hier ein durch Fettdruck, Kursivierung oder Unterstreichung **hervorgehobenes Wort,** das Sie in die gewünschte Richtung lenkt, z. B. hinsichtlich der **Anzahl der erwarteten Lösungen** („Nennen Sie *zwei* Faktoren …" / „*Vier* der nachfolgenden Lösungen treffen zu. Kreuzen Sie an.") oder hinsichtlich des jeweiligen **Auswahlprinzips** („Welcher Begriff gehört *nicht* in die Reihe?" / „Kreuzen Sie den *richtigen* Begriff an!"). Schwierig: „Welche Aussagen können *vollständig* der Grafik entnommen werden?". Hier müssen Sie jeden Bestandteil einer zwei- bzw. mehrteiligen Aussage sorgfältig am Material überprüfen! Stimmt nur ein Bestandteil nicht, scheidet die Aussage aus.

5. Achten Sie genau auf die **maximale Anzahl der Lösungen.** Wenn z. B. bei **Multiple-Choice-Aufgaben** nur eine, zwei oder etwa drei Antworten vorgesehen sind, führt jedes weitere Ankreuzen zu **Punktabzug!**
6. Die **jeweilige Punktezahl pro Aufgabe** finden Sie im Lösungsbogen im grau hinterlegten Korrekturrand. Für Aufgaben mit einer höheren Punktezahl sollten Sie sich demnach mehr Zeit nehmen. Bei zwei oder mehr Punkten je Einzelantwort ist seit 2016 neben der jeweiligen Punktezahl eine entsprechende Anzahl von Sternchen vermerkt, um die Gewichtung zu verdeutlichen.
7. Tragen Sie Ihre Lösungen erst dann in den **Lösungsbogen** ein, wenn Sie keinen Zweifel mehr haben, die richtige Antwort gefunden zu haben.
8. Um etwaige Aufzeichnungen während der Überlegungsphase machen zu können, ist es sinnvoll, **Notizpapier** bereitzuhalten.
9. **Markieren** Sie Ihre Antworten **eindeutig,** sodass die Korrektoren Ihre Absicht klar erkennen. Dies gilt insbesondere dann, wenn Sie sich verschrieben haben und eine **Korrektur** vornehmen.
10. **Reihenfolge:** Es ist nicht notwendig, die Aufgaben der Reihe nach zu bearbeiten. Es können also zunächst diejenigen Aufgaben gelöst werden, bei denen man sich sicher ist. **Vor Abgabe** der Arbeit sollte jedoch genau überprüft werden, ob auch alle Aufgaben bearbeitet worden sind. Es wäre schade, wenn durch Vergesslichkeit das Gesamtergebnis beeinträchtigt würde.

2 PRÜFUNGSGEBIETE DER AUSWAHLPRÜFUNG

„Die Prüfungsteilnehmer haben in der Auswahlprüfung nachzuweisen, dass sie

- über eine vertiefte Allgemeinbildung,
- über logisches, strukturelles, analytisches Denkvermögen und
- über Sprachfertigkeit in der deutschen Sprache verfügen,
- Konzentrationsfähigkeit besitzen und
- belastbar sind.

Dabei sind insbesondere Kenntnisse nachzuweisen

- in den Bereichen Erdkunde, Geschichte, Wirtschaft und Recht sowie
- über die staatlichen und politischen Grundlagen Bayerns, der Bundesrepublik Deutschland und der Europäischen Union und
- über zeitgeschichtliche Ereignisse in Kultur und Politik."

So die Bestimmung der „Verordnung zur Regelung der besonderen Auswahlverfahren für den Einstieg in der zweiten und dritten Qualifikationsebene im nichttechnischen Bereich der Leistungslaufbahn (Auswahlverfahrensordnung – AVfV)" in der Fassung vom 22. Juli 2014 , die die Inhalte und das Anforderungsniveau der Auswahlprüfung festlegt. Letzteres orientiert sich an den Leistungserwartungen der Oberstufe des Gymnasiums sowie der Beruflichen Oberschule (BOB) in Bayern.

Da die Fächer dieser Schularten nicht alle in der Prüfungsordnung genannten Gebiete abdecken, werden Sie sich bei der **Vorbereitung** auf die Auswahlprüfung mitunter auf Kenntnisse aus früher besuchten Schularten stützen müssen. Insbesondere in diesem Fall ist es wichtig, diese **selbständig** aufzufrischen, zu erweitern und zu vertiefen.

Dies kann vor allem dadurch geschehen, dass Sie regelmäßig die **mediale Berichterstattung** zum Zeitgeschehen verfolgen und die so erhaltenen Informationen bewusst verarbeiten. Die in den Medien verwendeten (Fach-) Begriffe gehören hier sicherlich dazu. Weitere Grundlagen für die Vorbereitung sind einschlägige **Schulbücher, Schülerlexika** und Bücher, die das **Grundwissen** der jeweiligen Fachgebiete kompakt und leicht verständlich zusammenfassen. Sie finden sie in jeder gut sortierten Buchhandlung oder in öffentlichen Bibliotheken. Auch das **Internet** kann Ihre Vorbereitung unterstützen, allerdings nur, sofern Sie es zielgenau befragen.

Wichtig: In der Auswahlprüfung gibt es **keine fachsystematische Trennung der Prüfungsgebiete.** Im Gegenteil. Bei zahlreichen Aufgaben finden sich mehrere Wissensgebiete in einer Aufgabe vereint, um Ihre geistige Wendigkeit und Ihre Bereitschaft und Fähigkeit zum **fächerübergreifenden Denken** zu testen.

Im Folgenden stellen wir Ihnen die in der Auswahlverfahrensordnung (AVfV) festgelegten Prüfungsgebiete gleichwohl getrennt vor, um eine effektive Vorbereitung zu ermöglichen. Hierzu dienen zahlreiche **Hinweise** und **Aufgabenbeispiele mit Lösungen** aus älteren Prüfungsjahrgängen, mit denen Sie Ihre Kenntnisse einer ersten Überprüfung unterziehen können. Am meisten profitieren Sie von diesen Beispielen, wenn Sie die Aufgaben zuerst selbst lösen und erst dann mit den Lösungen vergleichen.

2.1 Deutsche Sprache

Ihre Sprachfertigkeit in der deutschen Sprache wird in der Auswahlprüfung durch folgende Aufgaben überprüft:

- eine **Textanalyse,**
- **Zusatzfragen zur Textvorlage** und
- eine **Abhandlung,** d. h. einen kurzen Aufsatz.

2.1.1 Analyse eines Sachtextes

Der sichere Umgang mit Texten und gute Kenntnisse in der deutschen Sprache sind Grundvoraussetzungen für ein erfolgreiches Studium und die erfolgreiche Ausübung eines anspruchsvollen Berufs. Zumal Beamtinnen und Beamte der dritten Qualifikationsebene darin keine Schwierigkeiten haben sollten.

Vor diesem Hintergrund werden Sie gleich zu Beginn des Aufgabenbogens mit einem anspruchsvollen Sachtext zu einem aktuellen Thema konfrontiert, zu dem es Fragen zu folgenden **Aspekten** zu beantworten gilt:

- Textart
- Inhalt
- Aufbau und Argumentation
- Wortschatz und Satzbau
- Schreibabsicht/Einstellung/Meinung des Verfassers
- Kontext des Textes

Um diese Aufgaben bewältigen zu können, benötigen Sie einschlägige **Fähigkeiten** und **Kenntnisse:**

- Fähigkeiten zum Sinn erfassenden Lesen
- grammatische und orthographische Kenntnisse
- die Kenntnis gängiger Fremdwörter und Redewendungen
- die Kenntnis grundlegender rhetorischer Mittel
- Hintergrund- und Allgemeinwissen

Im Gegensatz zur Textanalyse im Deutschunterricht werden von Ihnen in der Auswahlprüfung kein Aufsatz und keine umfassende Textanalyse erwartet. Im Regelfall sind in Form von **Multiple-Choice-Aufgaben** bestimmte Aussagen vorgegeben, die Sie mit Blick auf die Textvorlage überprüfen müssen: *Aussage trifft zu/trifft nicht zu, Thema hauptsächlich/nebensächlich/überhaupt nicht angesprochen …*

Als **Arbeitsschritte** für diesen Teil der Auswahlprüfung haben sich bewährt:

- Verschaffen Sie sich im Aufgabenbogen einen Überblick über die an den Text gestellten Fragen.
- Aktivieren Sie Ihr Vorwissen zum Thema des Textes und bilden Sie Hypothesen, worum es in ihm gehen könnte. Gehen Sie dabei zunächst vom Titel aus und berücksichtigen Sie Autor und Publikationsort.
- Überfliegen Sie den Text, um sich einen ersten Eindruck zu verschaffen.
- Gliedern Sie den Text nach Sinnabschnitten, z. B. durch die Einfügung von Zwischenüberschriften.
- Bestimmen Sie die Funktion der Sinnabschnitte im Textganzen.
- Markieren Sie wichtige Textstellen oder Schlüsselwörter. (Schlüsselwörter erkennen Sie daran, dass sie wiederholt im Text vorkommen und diesen wie ein „roter Faden“ durchziehen.)
- Erschließen Sie Ihnen unbekannte Wörter aus dem Zusammenhang.
- Überprüfen und modifizieren Sie Ihr Vorverständnis in allen Phasen der Auseinandersetzung mit dem Text.

So vorbereitet, wird es Ihnen nicht schwer fallen, die textbezogenen Fragen der Auswahlprüfung zu beantworten. Oft werden Sie dabei Aussagen an einer ganz bestimmten Textstelle überprüfen müssen, die es natürlich erst einmal zu finden gilt.

Tipp:

- Achten Sie bei diesem Teil der Auswahlprüfung unbedingt auf die Zeit.
- Gehen Sie pragmatisch vor. Hier können nur ca. 40 von insgesamt 300 Punkten erworben werden.
- Weiterführende Hinweise und Übungsmaterial zur Durchführung einer Textanalyse finden Sie in jedem Arbeitsbuch für den Deutschunterricht der Oberstufe.

2.1.2 Zusatzfragen

Mitunter werden im Anschluss an die Textanalyse allgemeine Fragen zur **Sprache, Rhetorik** oder **Grammatik** gestellt. Beliebt ist hierbei die Bestimmung von Nebensätzen oder Wortarten. Auch gilt es **Fremdwörter** einzudeutschen. Wo es die Textvorlage anbietet, werden im direkten Anschluss **literaturgeschichtliche Zusatzfragen** gestellt, um Ihr Allgemeinwissen zu testen.

Aufgabenbeispiele:

Berühmte Rätselfrage

„Was geht am Morgen auf vier Füßen, am Mittag auf zweien und am Abend auf dreien?"

a) Wer stellte diese wohl berühmteste Rätselfrage des Abendlands, auf die der Text in Z. 72 anspielt?

b) Wie lautete die richtige Antwort?

c) Wer gab sie und befreite dadurch Theben von einem gefürchteten Ungeheuer?

d) Welcher **zwei** Verbrechen machte sich der Löser des Rätsels, der durch Sigmund Freud auch in die Wissenschaftsgeschichte einging, schuldig?

Lösung:

a) = Sphinx b) = Der Mensch c) = Ödipus d) = Vatermord / Inzest mit Mutter

Künstlerleben

Jens-Christian Rabe spricht in seinem Artikel davon, dass „das Lebensmodell Künstler zu allen Zeiten immer auch ein prekäres gewesen ist" (Zeile 36).

Kreuzen Sie im Lösungsbogen die Kennzahlen jener Künstler an, deren Lebensumstände, auch abzulesen an ihrem vergleichsweise frühen Tod, besonders prekär waren.

1	Johann Wolfgang von Goethe	**3**	Gerhart Hauptmann	**5**	Klaus Mann
2	Thomas Mann	**4**	Theodor Fontane	**6**	Marilyn Monroe

Lösung:

Richtig: Künstler 5 und 6

Utopie

Ergänzen Sie folgenden Lückentext:

Der Begründer der literarischen Gattung Utopie ist der englische Staatsmann Thomas **(a)**, der 1516 ein Buch mit dem Titel „Utopia" veröffentlichte. Auch zwei der bekanntesten Utopien der Literatur des 20. Jahrhunderts kommen aus England: „Brave New **(b)**" (1932) von Aldous **(c)** und „**(d)**" von George **(e)**.

Lösung:

(a) = Morus; (b) = World; (c) = Huxley; (d) = 1984; (e) = Orwell

Deutschsprachige Autoren des 19. und 20. Jahrhunderts

Ergänzen Sie die im folgenden Text fehlenden Vor- oder Nachnamen.

1898 starb einer der größten Prosa-Schriftsteller des 19. Jahrhunderts, Theodor **(a)**; einer seiner bekanntesten Romane ist „Effi Briest".

1918 veröffentlichten zwei Schriftsteller-Brüder jeweils ein kritisches Werk zur Gesellschaft und Politik der Zeit: Heinrich **(b)** schrieb „Der Untertan" und sein Bruder **(c)** *(Vorname)* „Betrachtungen eines Unpolitischen".

Im selben Jahr starb der Münchner Schriftsteller, Schauspieler, Dramaturg und Autor des Dramas „Frühlings Erwachen" Frank **(d)**.

Lösung:

(a) = Fontane; (b) = Mann; (c) = Thomas; (d) = Wedekind

2.1.3 Abhandlung

Am Ende des Aufgabenbogens der Auswahlprüfung steht eine Abhandlung (**max. 60 Punkte** von insges. 300) zu einem **aktuellen Thema.** Hier müssen Sie einen **kurzen Aufsatz** schreiben, bei dem Sie Ihre Fähigkeiten im argumentativen Schreiben und Ihre Sicherheit in Sprache und Rechtschreibung unter Beweis stellen sollen. Benotet werden **Inhalt** und **Argumentation** (max. 45 Punkte) sowie **Sprache** und **Form** des Aufsatzes (max. 15 Punkte), für den eine Arbeitszeit von ca. **75 Minuten** vorgeschlagen wird.

Von der Beifügung einer Gliederung sowie von **Einleitung** und **Schluss** – wie sie bei Schulaufsätzen üblich sind – ist abzusehen. Nach jedem Argument sollten Sie eine **Leerzeile** setzen, um den Nachvollzug Ihrer Ausführungen zu erleichtern. Eine ansprechende **äußere Form** Ihres Aufsatzes trägt sicher dazu bei: Schreiben Sie so schön Sie können und nicht über den vorgegebenen Rand. Vergessen Sie die Leerzeilen nicht. Ihre Korrektoren werden es Ihnen danken!

Folgende **Themen** wurden in den vergangenen Jahren gestellt:

Es läuft derzeit nicht gut für Münzen und Scheine: Die Bundesregierung will Bargeld-Zahlungen auf 5.000 Euro begrenzen, die Europäische Zentralbank hat 2016 bereits beschlossen, die 500-Euro-Banknote abzuschaffen. Eine Diskussion um die Abschaffung des Bargeldes ist entbrannt.

▶ Nehmen Sie Stellung zu dieser Entwicklung. Entfalten Sie drei Argumente zu diesem aktuellen Thema. (2016)

Viele Abiturienten legen nach dem Ende ihrer Schulzeit erst einmal ein sogenanntes Orientierungsjahr (z. B. Freiwilliges Soziales Jahr, Auslandsaufenthalt) ein und wollen erst danach ein Studium oder eine Ausbildung beginnen.

▶ Beurteilen Sie diese Entscheidung. Entfalten Sie hierzu drei Argumente. (2015)

Wählen schon ab 16?

▶ Nehmen Sie Stellung zu dieser Frage. Entfalten Sie hierzu drei Argumente. (2014)

In den 80er-Jahren protestierten Zehntausende gegen die Erhebung privater Daten im Rahmen der von der Bundesregierung initiierten Volkszählungen. Heute geben viele Menschen in Sozialen Netzwerken persönliche Daten freiwillig preis.

▶ Beurteilen Sie diese Entwicklung. Entfalten Sie hierzu drei Argumente. (2013)

Halten Sie es für richtig, wenn große internationale Kultur- und Sportereignisse an Länder vergeben werden, in denen die Menschenrechte und rechtsstaatliche Grundsätze verletzt werden?

▶ Begründen Sie Ihren Standpunkt. Entfalten Sie hierzu drei Argumente. (2012)

Seit Langem bewegt sich die Zahl der Geburten in Deutschland auf einem konstant niedrigen Niveau. Zuletzt wurden in keinem anderen Staat der EU pro Einwohner weniger Kinder geboren.

▶ Erläutern Sie drei wesentliche Ursachen für die niedrige Geburtenrate in unserem Land. (2011)

Die Ölpest im Golf von Mexiko wirft Fragen auf, die über den Aspekt der Umweltverschmutzung weit hinausgehen!

▶ Erläutern Sie diese Behauptung. Entfalten Sie hierzu drei Argumente. (2010)

Der Vizepräsident des Bundesverfassungsgerichts, Andreas Voßkuhle, hat sich Mitte April 2009 für eine Senkung des Wahlalters ausgesprochen. „Eine Wahlentscheidung kann man bereits mit 16 Jahren treffen."

▶ Beurteilen Sie diesen Vorschlag. Entwickeln Sie dazu drei Argumente. (2009)

Bewertungskriterien im Bereich **„Inhalt"** und **„Argumentation"** sind:

- Themarelevanz und Vielfalt der Bezüge
- Differenziertheit der Argumentation
- Anschaulichkeit der Beispiele
- Übersichtlichkeit des Aufbaus
- Stichhaltigkeit der Logik
- Adäquatheit des Abstraktionsniveaus
- Klarheit der Aussage

Bewertungskriterien im Bereich **„Sprache"** und **„Form"** sind:

- Angemessenheit der Wortwahl
- Korrektheit von Grammatik und Satzbau
- „Lesbarkeit"
- Korrektheit von Rechtschreibung und Zeichensetzung
- Schriftbild und äußere Form

Als **Arbeitsschritte** für die Abhandlung haben sich bewährt:

- Erschließen des Themas: Worum geht es genau?
- Sammeln von Stichpunkten zum Thema (spontan und/oder mit Hilfe von W-Fragen: Wer …? Was …? Wo …? Wie …? Warum …?). Hier hilft oft eine Mindmap.
- Auswahl der relevanten Stichworte und Zusammenführung zu drei Argumenten, wie von der Aufgabenstellung erwartet.
- Anordnen der Argumente nach dem Prinzip der **steigernden Darstellung:** Am Ende sollte das wichtigste Argument stehen und als solches am Ende auch sprachlich hervorgehoben werden („Der wichtigste Punkt meiner Argumentation ist …").

Nun müssen Sie nur noch schreiben und Ihren Text am Ende überarbeiten. Beachten Sie hierbei die **Regeln des argumentativen Schreibens:**

- Wählen Sie einen **sachlichen Sprachstil.**
- Argumentieren Sie **differenziert** und **logisch.** Sie können sich dabei auch mit möglichen Gegenargumenten auseinandersetzen. Ihre Ausführungen gewinnen dadurch an Überzeugungskraft.
- **Begründen** Sie Ihre Behauptungen.
- **Veranschaulichen** Sie Ihre Begründung mit überzeugenden **Beispielen.**
- Runden Sie Ihre Argumente mit einer **Folgerung** und **Rückführung** zur **Behauptung** ab.
- Am Ende der Ausführungen sollte ein kurzes **Fazit** stehen, das Ihre Argumentation zusammenfasst und noch einmal auf den Punkt bringt.

Hierdurch ergibt sich folgende **Grundstruktur** für ein Argument:

Behauptung – Begründung – Veranschaulichung durch Beispiele – Folgerung – Rückführung zur Behauptung

Hier ein **Beispiel** für ein Argument zum Thema „Fußball ist mehr als ein Spiel!", das wir aus Gründen der Übersichtlichkeit nach den einzelnen Argumentationsschritten für Sie gegliedert haben. Im Original erscheint das Argument natürlich als ein zusammenhängender Block.

Fußball hat in unserer Zeit nicht nur mit Sport zu tun, sondern auch eine hohe wirtschaftliche Dimension.	**Behauptung**
Hier werden Jahr für Jahr Milliarden umgesetzt.	**Begründung**
Zunächst ist dabei an die Eintrittsgelder zu denken, die Woche für Woche in die Kassen der Vereine fließen. Bezeichnenderweise werden diese oft als Aktiengesellschaften geführt. Um ein Vielfaches höher als die Eintrittsgelder sind jedoch die Einnahmen durch den Handel mit Trikots und Fan-Artikeln aller Art im Rahmen des Merchandising, das die Vereine seit geraumer Zeit für sich entdeckt haben. Beim Poker um die TV-Übertragungsrechte in der Champions League müssen ca. 50 Millionen Euro auf den Tisch gelegt werden, bei der Bundesliga waren es zuletzt rund 500 Millionen Euro, wie einem Bericht der FAZ zum Thema zu entnehmen war. Bei Sportwetten werden weltweit hohe Milliardenbeträge umgesetzt, ein Großteil davon bei Fußballwetten. Auch der Spielerhandel ist ein großes Geschäft, bei dem hohe Umsätze erzielt werden. Der Marktwert von Mario Gomez zum Beispiel, so ist zu hören, beträgt dieser Tage über 40 Millionen Euro. Beneidenswert sind auch die Werbeeinnahmen bekannter Spieler und ihr Gehalt, das bei Mario Gomez rund 4,5 Millionen Euro im Jahr beträgt. Normalverdiener, aber auch Spitzenmanager oder Politiker können hiervon nur träumen.	**Beispiele**
Mit der Uridee des Fußballsports hat dies alles nichts mehr zu tun.	**Folgerung**
Im Fußballsport von heute dreht sich das meiste nur noch ums Geschäft.	**Rückführung**

Um Abwechslung in Ihrer Darstellung zu erreichen, können die genannten Argumentationsschritte auch **umgestellt** werden. Machen Sie bei unserem Beispiel die Probe: Beginnen Sie mit der **Ebene der Beispiele** („Woche für Woche fließen Eintrittsgelder in Millionenhöhe in die Kassen der Vereine ...), gefolgt von der **Begründung** („Man sieht, hier werden Jahr für Jahr Millionen umgesetzt") und der **Folgerung** („Mit der Uridee des Fußballsports hat dies alles nichts mehr zu tun"), die schließlich zur nachgestellten **Behauptung** führen („Fußball ist heute weit mehr als ein Spiel. Es ist zu einem Milliardengeschäft geworden").

Vergessen Sie nicht, dass Ihre Abhandlung sprachlich flüssig und zusammenhängend ausfallen sollte. Hierzu helfen folgende **Satzbausteine:**

Einleitungen und Überleitungen	• Zum Ersten – Erstens – Zunächst – Eine wichtige Rolle spielt – Es steht außer Frage, dass • Zum Zweiten – Zweitens – Außerdem lässt sich anführen – Hinzu kommt noch – Mindestens ebenso wichtig wie – Noch wichtiger als • Zum Dritten – Drittens – Besonders wichtig/Am wichtigsten ist – Vor allem/Insbesondere aber – Besonders schwerwiegend erscheint
Einleitungen für Beispiele	• Dies belegt/zeigt/unterstreicht/dokumentiert/betont – Wie das Beispiel zeigt – Beispielsweise – Aus eigener Erfahrung kann ich sagen – Wie ein Bericht aus ... zeigt
Satzverknüpfung (Konjunktionen und Adverbien)	• deshalb, sodass, daher, infolgedessen, demzufolge, zudem, auch, außerdem, ebenso, ferner, sowie, deshalb, da, weil, daher, denn
Einleitungen bei Bezug auf Gegenargumente	• Dem kann man entgegenhalten, dass ... • Sicherlich ist richtig, wenn ..., aber/dennoch • obwohl, allerdings, trotzdem, dagegen, dennoch, zwar

2.2 Erdkunde/Geographie

Erdkunde/Geographie ist ein breit gefächertes Fach, das in jeder Auswahlprüfung seine Spuren hinterlässt. Worum es dabei geht und was von den Teilnehmern der Auswahlprüfung auf diesem Feld erwartet werden kann, beschreibt das Fachprofil Geographie des bayerischen Gymnasiums:

> „Im Fach Geographie beschäftigen sich die Schüler mit **räumlichen Strukturen** und **Prozessen auf der Erde.** [...] An globalen, regionalen und lokalen Raumbeispielen zeigt das Fach Geographie sowohl die gestaltende Wirkung der **Naturkräfte** als auch die raumprägenden **Einflüsse des Menschen.** Die Schüler lernen somit natur- und gesellschaftswissenschaftliche Erkenntnisse, Sichtweisen und Methoden zu verbinden. Mit den Inhalten der **Physischen Geographie,** der **Kulturgeographie** und der **Regionalen Geographie** werden auch Kenntnisse aus anderen **Geowissenschaften,** wie zum Beispiel der Geologie, Meteorologie, Ozeanographie oder der Stadtplanung, vermittelt. Durch die Arbeit mit topographischen, physischen und thematischen **Karten** wird das räumliche Vorstellungsvermögen verbessert. [...] Dabei werden neben dem **Orientierungswissen** auch **geographische Ordnungsraster** aufgezeigt."

In den Auswahlprüfungen der letzten Jahre lassen sich vor diesem Hintergrund folgende **Aufgabenschwerpunkte** feststellen:

Topographie

Es wurden wiederholt Fragen zur naturräumlichen und politischen Gliederung Bayerns, Deutschlands, Europas und der Welt gestellt, z. B. zu Flüssen, Meeren, Gebirgen, Wüsten, Städten, Ländern, Regionen oder Kontinenten. Hierfür mussten u. a. Tabellen ergänzt, „stumme Karten" beschriftet oder Städte in die richtige Reihenfolge (z. B. von Ost nach West) gebracht werden. Auch die Zuordnung von Hauptstädten oder Flüssen zu Regionen oder Ländern gehörte zu diesem Aufgabenkreis, der am besten durch die Arbeit mit dem Schulatlas vorbereitet werden kann.

Physische Geographie

In diesem Bereich ging es vor allem um das Klima und seine Bestimmungsfaktoren, in allgemeiner Hinsicht oder mit Bezug zu bestimmten Klimazonen. 2011 z. B. wurde das Klima in Europa thematisiert, wobei auch ein Klimadiagramm für Südeuropa erkannt und ausgewertet werden musste. Der Klimawandel spielte bei diesen Aufgaben eine besondere Rolle. Anlässlich des Vulkanausbruchs auf Island 2010 wurde nach berühmten Vulkanen gefragt, anlässlich des Reaktorunfalls in Fukushima 2011 nach der Plattentektonik im pazifischen Raum, deren Verschiebung ein verheerendes Erdbeben auslöste. Im gleichen Jahr kam angesichts schwindender Ölreserven das Thema „Nachhaltigkeit" zur Sprache.

Länderkunde – Humangeographie

Ausgehend von der aktuellen Nachrichtenlage wurde landeskundliches Wissen abgefragt, z. B. über die Ukraine (2012), Syrien (2013) oder Brasilien (2014), dem Veranstalter der Fußball-WM in diesem Jahr. 2016, anlässlich des Bekanntwerdens der dubiosen Finanzstrategien des Offshore-Dienstleisters Mossack Fonseca, Panama. Mitunter gelten die Fragen aber auch Ländergruppen, wie z. B. den Entwicklungsländern und ihren gemeinsamen Merkmalen und Problemen. Ein beliebter Fragetyp ist die Vorgabe statistischer Kenndaten (Fläche, Einwohnerzahl, Wirtschaftsleistung etc.), denen die Länder einer Auswahlliste zugeordnet werden sollen.

Voraussetzung für eine erfolgreiche Lösung so mancher geographischen Aufgabe der Auswahlprüfung ist:

- die Kenntnis geographischer **Grundbegriffe** (wie z. B. Äquator, Aridität, Bodenerosion, Desertifikation, Humidität, Tropen, Tundra, Watt),
- die Kenntnis geographischer **Ordnungsraster** (z. B. Breiten- oder Längengrade) und
- die Fähigkeit zur Auswertung physikalischer und thematischer **Karten** sowie von **Statistiken** und **Diagrammen.**

Aufgabenbeispiele:

Städte und Flüsse

Kreuzen Sie im Lösungsbogen an, welche der nachfolgenden Aussagen falsch ist/sind.

1 Durch München fließt die Isar.

2 Die Elbe fließt durch Dresden und Magdeburg.

3 Bremen liegt an der Spree.

4 Der Main fließt durch Würzburg, Frankfurt und Wiesbaden.

5 In Koblenz mündet die Mosel in den Rhein.

6 In Passau fließen Donau, Ilz und Isar zusammen.

Lösung:

Falsch sind die Aussagen 3 und 6.

Geographie

Deutschland

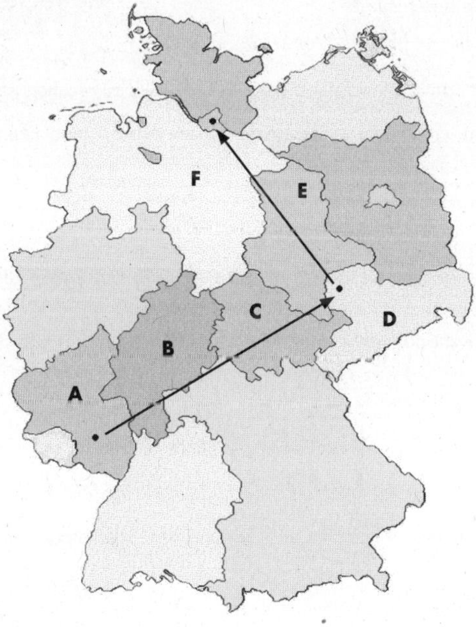

Anlässlich der Fußball-WM 2006 schaute sich ein Fan zunächst ein Vorrundenspiel in Kaiserslautern an, flog daraufhin nach Leipzig zu einem Achtelfinalspiel und schließlich zu einem Viertelfinalspiel nach Hamburg. Mit dem Flugzeug legte er die in der Karte eingezeichnete Route zurück.

Tragen Sie in die folgende Tabelle die Bundesländer (A–F) ein, die er dabei unter anderem überflog.

	Bundesland
A	
B	
C	
D	
E	
F	

Lösung:

A = Rheinland-Pfalz

B = Hessen

C = Thüringen

D = Sachsen

E = Sachsen-Anhalt

F = Niedersachsen

Klimawandel

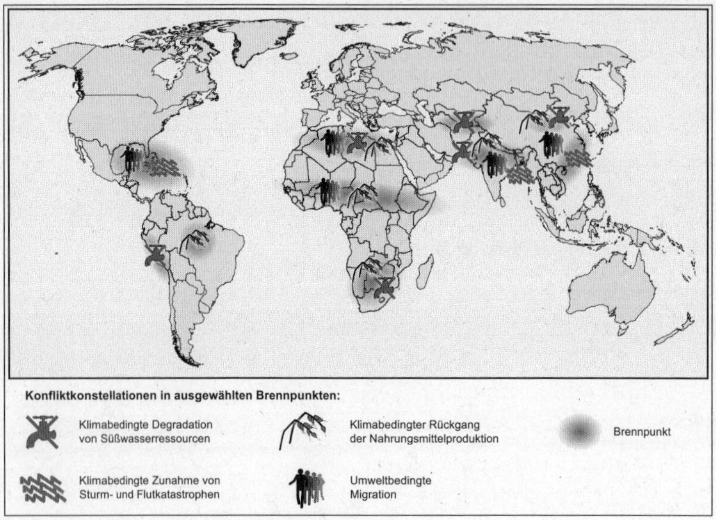

Quelle: WBGU – Wissenschaftlicher Beirat der Bundesregierung Globale Umweltveränderungen (2007): Welt im Wandel: Sicherheitsrisiko Klimawandel. Zusammenfassung für Entscheidungsträger. Berlin: WBGU.

a) Die vorstehende Weltkarte „Sicherheitsrisiken durch Klimawandel" veranschaulicht zentrale und regionale Brennpunkte aus der Sicht des Wissenschaftlichen Beirats der Bundesregierung Globale Umweltveränderungen (WBGU). Welche der folgenden Aussagen zur Karte sind richtig?

Geben Sie im Lösungsbogen den Kennbuchstaben der zutreffenden Antwortkombination an.

1 Die Karte zeigt, dass auf allen Kontinenten mit Konflikten aufgrund des Klimawandels zu rechnen ist.

2 Mit den Problemen umweltbedingter Migration werden unter anderem die Länder Indien, China, Elfenbeinküste und Algerien zu kämpfen haben.

3 Für die karibischen Länder bringt der Klimawandel eine höhere Gefahr von Sturm- und Flutkatastrophen mit sich, dabei handelt es sich zumeist um Hurrikans, die sich über dem Pazifik bilden.

4 Peru, Südafrika, Libyen, Namibia, Jemen und Botswana zählen zu den Ländern, die mit Wasserknappheit aufgrund des Klimawandels rechnen müssen.

5 Auf der Karte sind für Grönland, Argentinien, Kanada und Skandinavien keine Brennpunkte ausgewiesen.

Antwortkombinationen:

A	alle	**C**	alle außer (1)	**E**	(2) und (5)
B	(2) und (3)	**D**	nur (4)	**F**	keine

b) Ergänzen Sie den nachstehenden Lückentext zur Krisenregion in Indien und den angrenzenden Staaten mit den passenden Wörtern aus folgender Auswahlliste:

Afghanistan – Aden – des Zinsniveaus – in den Anden – des Meeresspiegels – Pakistan – Kalkutta – Ölreserven – des Monsuns – im Himalaya – Wasserversorgung – Passats – der Grundstückspreise – Bengalen – der Terrorismusgefahr – Myanmar – im indischen Hochland

Die Auswirkungen des Klimawandels sind in dieser Weltregion besonders stark: Die Gletscherschmelze **(a)** gefährdet die **(b)** für Millionen von Menschen, Veränderungen **(c)** beeinflussen die Landwirtschaft, der Anstieg **(d)** und Wirbelstürme bedrohen Lebensräume am bevölkerungsreichen Golf von **(e)**. Diese Dynamiken erhöhen das gesellschaftliche Krisenpotenzial in einer Region, die auch durch grenzüberschreitende Konflikte zwischen Indien und **(f)** belastet ist.

Lösung:

a) Die richtige Antwortkombination ist E.

b) (a) = im Himalaya; (b) = Wasserversorgung; (c) = des Monsuns; (d) = des Meeresspiegels; (e) = Bengalen; (f) = Pakistan

Klimazonen und Breitenkreise

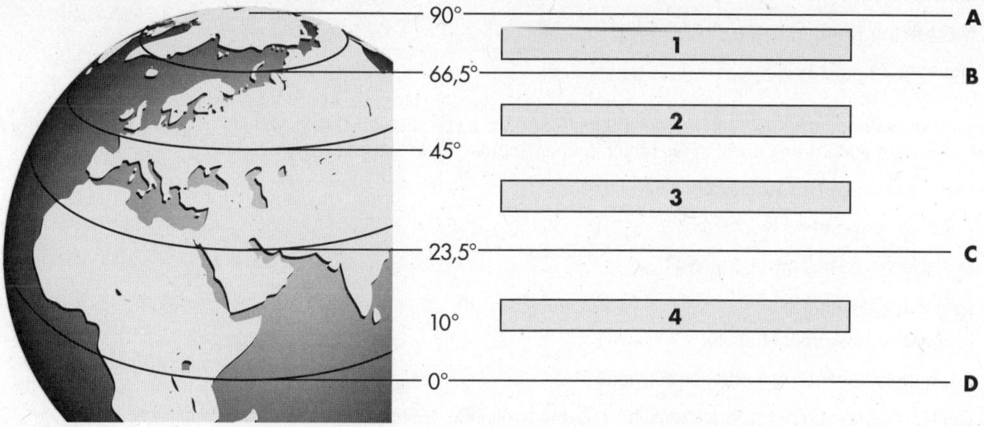

Quelle: Kopiervorlagen, Seydlitz Geographie Bayern 8, Schroedel Verlag, 2007, S. 1

Benennen Sie die in der vorstehenden Grafik gekennzeichneten Klimazonen (1 bis 4) und Breitenkreise (A bis D) der Nordhalbkugel.

Lösung:

Klimazonen: 1 = Polargebiete; 2 = (hohe) Mittelbreiten/gemäßigte Zone; 3 = Subtropen; 4 = Tropen

Breitenkreise: A = Nordpol; B = nördlicher Polarkreis; C = nördlicher Wendekreis; D = Äquator

Israel

a) Nennen Sie die vier Nachbarstaaten Israels, die in der Karte mit den Ziffern 1–4 gekennzeichnet sind.

b) Wie heißt die Wüste, die den Süden des Landes prägt? Wie die Stadt am Golf von Akaba?

c) Nennen Sie das größte Binnengewässer. Wofür ist es bekannt?

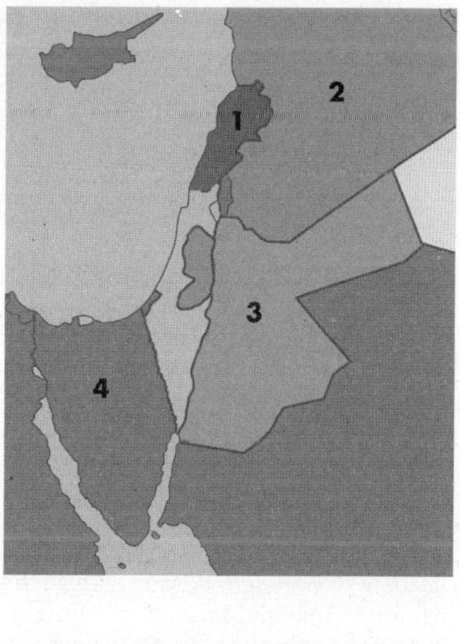

Lösung:

a) 1 = Libanon; 2 = Syrien; 3 = Jordanien; 4 = Ägypten

b) Wüste = Negev; Stadt = Eilat

c) Totes Meer; hoher Salzgehalt

2.3 Geschichte

Im Geschichtsunterricht haben Sie die Vergangenheit der Menschen von ihren Anfängen in der Steinzeit bis in unsere Tage durchgenommen und dabei folgende **Grobgliederung** kennengelernt:

- Vor- und Frühgeschichte
- Antike (500 v. Chr. bis 500 n. Chr.)
- Mittelalter (500 bis 1500)
- Neuzeit (ab 1500)
- Neueste Zeit (ab 1900)

Bei Ihrem ersten, chronologisch angeordneten Gang durch die Geschichte ergab sich in etwa eine **Feingliederung,** wie sie auch dem Lehrplan Geschichte aller Schularten in Bayern zugrunde liegt:

- Menschen in vorgeschichtlicher Zeit
- Ägypten – eine frühe Hochkultur
- Die griechisch-hellenistische Welt
- Das Imperium Romanum
- Von der Antike zum Mittelalter
- Die mittelalterlichen Grundlagen Europas
- Die Herausbildung der frühneuzeitlichen Staatenwelt (13.–16. Jahrhundert)
- Neue geistige und räumliche Horizonte (1350–1650)
- Die Zeit des Absolutismus
- Europa im Zeitalter der Revolutionen (18. bis Mitte 19. Jahrhundert)
- Politik, Gesellschaft und Wirtschaft in Deutschland 1850–1914
- Imperialismus und Erster Weltkrieg
- Weimarer Republik
- Nationalsozialismus und Zweiter Weltkrieg
- Blockbildung, deutsche Teilung und Ost-West-Konflikt bis in die 1960er Jahre
- Weltpolitische Veränderungen im Schatten des Kalten Krieges
- Weltpolitische Veränderungen und Wandlungen in Deutschland von den 1960er bis zu den 1980er Jahren
- Die Auflösung des Ostblocks und die deutsche Einheit
- Europa und die Welt nach dem Ende des Ost-West-Konflikts

In der Oberstufe des Gymnasiums und an FOS/BOS wurden in einem **zweiten Durchgang** zentrale Themen der Geschichte (z. B. Demokratie und Diktatur, Gesellschaft im Wandel) exemplarisch und methodenbewusst vertieft. Die Geschichte des 20. Jahrhunderts stand dabei im Mittelpunkt.

Keine Angst: Die Auswahlprüfung des Landespersonalausschusses ist kein Staatsexamen für angehende Geschichtslehrer oder Historiker. Niemand erwartet, dass Sie 5000 Jahre Menschheitsgeschichte bis ins Detail überblicken. Der Schwerpunkt der Aufgaben liegt vielmehr auf den **Grundlinien** der historischen Entwicklung und den politischen, verfassungsrechtlichen, gesellschaftlichen, kulturellen sowie geistesgeschichtlichen **Meilensteinen der Vergangenheit.** Dem allerdings müssen Sie sich in der Auswahlprüfung stellen.

Zu dem erwarteten Wissen zählen **herausragende Ereignisse** und **Persönlichkeiten** insbesondere der **neueren Geschichte** ab der Französischen Revolution. Die jüngere **deutsche Geschichte** und das **19.** und **20. Jahrhundert** werden dabei besonders beachtet. Oft gehen die Aufgabensteller auch von aktuellen **Großereignissen, Jubiläen, Kontroversen, Ausstellungen** oder **historischen Filmen** aus, über die in allen Medien breit berichtet wurde. Dies in der Vorbereitungsphase auf die Prüfung genau zu verfolgen, lohnt sich sicher. Markante **Jahreszahlen** sollte man parat haben.

Aufgabenbeispiele:

Geschichtliches

a) Im 100-jährigen Krieg zwischen Frankreich und England verdankt Karl VII. 1429 die Königskrone dem nationalen Widerstand, der von einer lothringischen Bauerntochter angeleitet wurde.

Nennen Sie den Namen der Bauerntochter.

Welcher deutsche Schriftsteller veröffentlichte 1801 zu dieser Thematik ein Drama, das bis heute oft im Deutschunterricht gelesen wird?

b) Erfahrungen aus Kriegen zwischen Dynastien, Erbfolge-, Sezessions- und Revolutionskriegen begründeten in der zweiten Hälfte des 18. Jahrhunderts die Vision vom „Ewigen Frieden".

Nennen Sie den Ideengeber dieses „Weltprogramms" aus Königsberg und den Titel seines berühmten Werks, das die Erkenntnistheorie auf eine neue Grundlage stellte.

c) Der Wiener Kongress 1815 ordnete Europa neu.

Nennen Sie die **drei** Prinzipien dieser Neuordnung.

d) Welches Gremium wurde nach dem Ende des Zweiten Weltkriegs als höchste Regierungsgewalt in Deutschland eingesetzt?

Durch welchen Vertrag wurde dieses Gremium formal erst 1990/1991 aufgelöst?

Lösung:

a) Jeanne d'Arc; Schiller

b) Kant; Kritik der reinen Vernunft

c) Restauration – Legitimität – Solidarität

d) Alliierter Kontrollrat; Zwei-plus-Vier-Vertrag

Erstes gesamtdeutsches Parlament

a) Am 18. Mai 1848 trat das erste gesamtdeutsche Parlament zusammen.

In welcher Stadt und an welchem Ort geschah dies?

b) Welcher Vorgang führte zu diesem Ereignis?

Aus welchem Land sprang hier der Funke über?

c) Beschreiben Sie stichpunktartig die soziale Zusammensetzung dieses Parlaments.

Welche Schicht gab den Ton an, welche Schichten waren unter- oder gar nicht repräsentiert?

d) Nennen Sie die bedeutendste Leistung dieses Parlaments.

e) Welcher Staat wurde durch die Entscheidung dieses Parlaments aus dem Deutschen Bund ausgeschlossen?

Welchem Staat kam hinfort die Führungsrolle zu?

Lösung:

a) Stadt: Frankfurt am Main; Ort: Paulskirche

b) Vorgang: (März-)Revolution; Land: Frankreich

c) Dominanz des Bildungsbürgertums; kaum Handwerker; keine Arbeiter,

d) Proklamation der Grundrechte des deutschen Volkes

e) Ausschluss von: Österreich-Ungarn; Führungsrolle: Preußen

Weimarer Republik

Die im Versailler Vertrag beschlossenen und erst 1921 hinsichtlich Höhe und Laufzeit präzisierten Wiedergutmachungsleistungen stellten für die Weimarer Republik eine schwere Belastung dar.

a) Nennen Sie den Fachbegriff für diese Zahlungen.

b) Welche Annahme liegt ihnen zugrunde?

c) 1924 und 1929 wurde die Frage der Wiedergutmachung neu geregelt.
Nennen Sie die Namen der beiden Pläne.

d) Welcher Kurswechsel der US-Außenpolitik wird durch beide Pläne signalisiert?

e) Nennen Sie die Nachnamen der beiden Außenminister, die auf deutscher und französischer Seite wesentlichen Anteil an der internationalen Entspannung in jenen Jahren hatten und dafür später ausgezeichnet wurden?

f) Prominentestes Opfer der Hetze von rechts wurde 1922 der deutsche Außenminister, der den Vertrag von Rapallo unterzeichnet hatte.
Nennen Sie seinen Nachnamen.

Lösung:

a) Reparationen

b) Kriegsschuld Deutschlands

c) Dawesplan/Youngplan

d) Aufgabe der Politik der freiwilligen Isolation oder Wiedereinmischung in Europa

e) Stresemann/Briand

f) Rathenau

Zeitgeschichte

a) Auf welche Verhandlungen reagiert die nebenstehende Karikatur?

b) In welchem Jahr fanden sie statt?

c) Nennen Sie die Nachnamen der **beiden** deutschen Politiker, die die Verhandlungen für Deutschland führten?

d) Nennen Sie das völkerrechtliche Ziel der deutschen Verhandlungsführer.

e) Welches historische Ereignis wurde durch den erfolgreichen Abschluss der Verhandlungen ermöglicht?
Datieren Sie es genau.

Quelle: Karikatur von Brigitte Schneider, SZ

Lösung:

a) Zwei-plus-Vier-Gespräche

b) Jahr: 1990

c) Kohl/Genscher

d) Hauptziel: Wiederherstellung der staatlichen Souveränität Deutschlands

e) Ereignis: Vereinigung Deutschlands; Datum: 3. Oktober 1990

2.4 Wirtschaft und Recht

Die Gebiete Wirtschaft und Recht sind an den bayerischen Schulen nicht gleichermaßen als Unterrichtsfach vertreten. Vor allem diejenigen Teilnehmer der Auswahlprüfung, die aus diesem Grund nur über geringe und oberflächliche Kenntnisse in diesen Bereichen verfügen, müssen sich demnach bei der Vorbereitung auf die Prüfung besonders anstrengen, um ihre Lücken zu schließen. Schulbücher, Wirtschafts- und Rechtslexika, die das einschlägige Grundlagenwissen kompakt zusammenfassen, sind hierfür ebenso eine gute Hilfe wie die aktuelle Berichterstattung in den Medien. Die zum Verständnis nötigen Fachtermini und Konzepte finden sich natürlich auch im Internet.

Mit Blick auf das Fachprofil „Wirtschaft und Recht“ des Gymnasiums in Bayern können u. a. folgende **Themen** aus der Mittelstufe bei der **Aufgabestellung der Auswahlprüfung** berücksichtigt werden:

- **Wirtschaftliches Handeln der privaten Haushalte**
  - Entscheidungen beim Konsum und beim Umgang mit Geld
  - Entscheidungen im Zusammenhang mit Ausbildung und Berufswahl
- **Rechtliches Handeln der privaten Haushalte**
  - Bedeutung und Abschluss von Verträgen am Beispiel der Kaufhandlung
  - Rechte des Verbrauchers bei Pflichtverletzungen
  - Die rechtliche Stellung Minderjähriger
- **Wirtschaftliches und rechtliches Handeln in Unternehmen**
  - Entscheidungen bei der Gründung eines Unternehmens
  - Typische Geschäftsprozesse in Unternehmen
  - Das Rechnungswesen als Grundlage unternehmerischen Handelns
- **Denken in gesamtwirtschaftlichen Zusammenhängen**
  - Unternehmen und Haushalte auf dem Markt
  - Unternehmen und Haushalte in der Gesamtwirtschaft
- **Zentrale Aspekte der deutschen Wirtschafts- und Rechtsordnung**
  - Soziale Marktwirtschaft als Wirtschaftsordnung
  - Steuern und soziale Sicherung in der sozialen Marktwirtschaft
  - Öffentliches Recht als Handlungsrahmen
- **Europäische Einigung und weltwirtschaftliche Verflechtung**
  - Chancen und Risiken internationaler Arbeitsteilung
  - Währungen und Europäische Währungsunion
  - Europäisches Recht als Quelle nationalen Rechts

In den Jahrgangsstufen 11 und 12 wird das in der Mittelstufe erworbene Wissen anhand folgender Themenbereiche auf einem höheren Abstraktionsniveau erweitert und vertieft:

- **Wirtschaft ...**
  - Wirtschaftliche Zielsetzungen in der sozialen Marktwirtschaft
  - Volkswirtschaftliche Schwankungen und Konzepte der Wirtschaftspolitik
  - Wirtschaftspolitische Entscheidungsfelder: Beschäftigung und Einkommen, Geld und Währung, Außenwirtschaft
- **... und Recht**
  - Grundlagen unserer Rechtsordnung
  - Grundfragen und juristische Arbeitstechnik
  - Prinzipien des Strafrechts
  - Aufbau des Bürgerlichen Gesetzbuches; Analyse und Anwendung von Rechtsnormen: Recht der Leistungsstörungen, Eigentumsordnung

Die Aufgaben der Auswahlprüfungen in den vergangenen Jahren im Bereich **Wirtschaft** zeigen, dass hier vor allem wirtschafts- und währungspolitische Fragen dominierten – angesichts der Wirtschafts-, Finanz- und Währungskrisen unserer Tage kein Wunder. Dem Euro und den öffentlichen Haushalten (Staatseinnahmen und Staatsausgaben) kam dabei ein besonderer Stellenwert zu.

Im Bereich **Recht** musste immer wieder Grundlagenwissen zum deutschen Rechtssystem unter Beweis gestellt werden (Rechtsgebiete, Rechtsquellen, Rechtsgeschäfte, Rechtsformen von Unternehmen etc.). Daneben wurden Aufgaben aus dem Vertragswesen (Miet- und Kaufvertrag) und aus den Gebieten des Verwaltungs-, Tarif- und Strafrechts gestellt. Fragen zur Rechtsstellung Jugendlicher und zum Jugendschutz erfreuten sich großer Beliebtheit. Wiederholt wurden Gesetzestexte zur Entscheidung eines Sachverhalts vorgelegt.

Aufgabenbeispiele Wirtschaft:

Konjunkturzyklus

a) In der nachstehenden Abbildung ist ein Konjunkturzyklus dargestellt.
Benennen Sie die einzelnen Phasen a bis d und die beiden Achsen e und f.

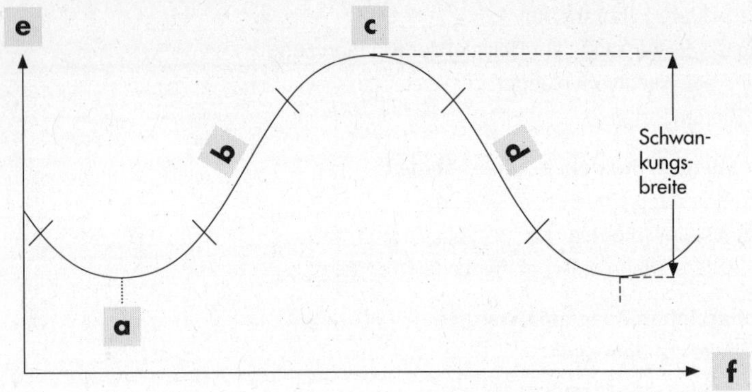

b) Um den jeweiligen Standort in einem Konjunkturzyklus zu messen, bedient man sich Konjunkturindikatoren.
Geben Sie für die folgenden Indikatoren im Lösungsbogen an, ob es sich dabei jeweils um einen Früh-, Präsens- oder Spätindikator handelt.

1 Kapazitätsauslastung der Betriebe
2 Arbeitslosenquote
3 Geschäftsklimaindex
4 Auftragseingänge
5 Index der Produktion
6 Preisindex der Lebenshaltung

Lösung:

a) a = Depression; b = Aufschwung; c = Boom; d = Rezession;
e = Wachstumsraten des BSP/BIP; f = Zeit

b) Frühindikator = 3 und 4; Präsensindikator = 1 und 5; Spätindikator = 2 und 6

Wirtschaftskrise 2008

Geben Sie im Lösungsbogen die fehlenden Wörter für den folgenden Lückentext an.

Am Anfang der aktuellen Wirtschafts- und Finanzkrise stand der Verfall der Preise der ___(a)___ in den USA. Betroffen waren zunächst vor allem ___(b)___-Kredite, die überwiegend an Kreditnehmer mit geringer Bonität vergeben worden waren. In der Folge kamen viele ___(c)___ in existenzielle Bedrohung. Einige gingen in Konkurs oder wurden durch Milliardenhilfen der Regierung am Leben erhalten. Ausgehend vom Finanzsektor erreichte die Krise bald die sogenannte ___(d)___ und weitete sich global aus. Die weltweite Hochkonjunktur der letzten Jahre mündete dadurch in eine Phase der __(e)__. Seither bemühen sich alle Industriestaaten um eine Eindämmung der Krise. Hierbei lässt sich eine Abkehr von den Prinzipien der __(f)__ beobachten. Die Gefahr der __(g)__-verschuldung wächst.

Lösung:

(a) = Immobilien; (b) = Subprime-; (c) = Banken; (d) = Realwirtschaft;
(e) = Rezession; (f) = Marktwirtschaft; (g) = Staats-

Buchmarkt

Kreuzen Sie im Lösungsbogen an, welche der folgenden Aussagen bezogen auf das Schaubild „Das verkaufte Buch" **richtig**, **falsch** oder ihm **nicht zu entnehmen** sind.

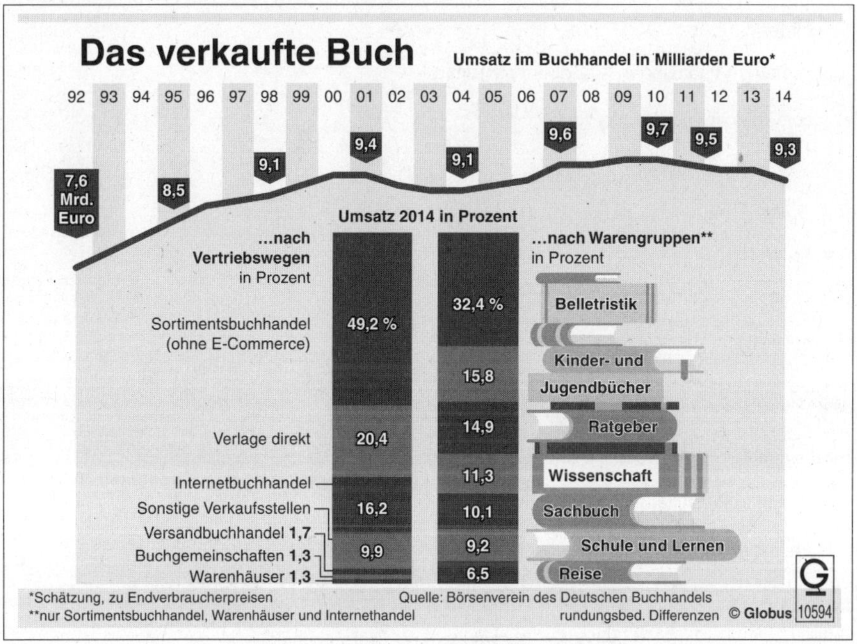

1 Der Umsatz des Buchhandels ist von 1992 bis Ende 2014 um 1,7 Prozent gestiegen.

2 Für das Geschäftsjahr 2004 verzeichnete der Buchhandel gegenüber 2001 einen Gewinnrückgang von 0,3 Mrd. Euro.

3 Die Umsatzzahlen des Schaubilds stammen von einer Bundesbehörde.

4 Der Buchhandel verzeichnete 2014 gegenüber 2010 einen Umsatzrückgang von über vier Prozent.

5 Ab 1992 stiegen die Buchpreise acht Jahre in Folge.

6 E-Books trugen 2014 mit einem Anteil von über 16 Prozent zum Umsatz des Buchhandels bei.

7 Eine Buchgemeinschaft ist ein Vertriebssystem für Bücher, die exklusiv oder zu Vorzugspreisen an Mitglieder der Buchgemeinschaft verkauft werden.

8 Die Sparte „Typische Unterhaltungsliteratur" war 2014 das Segment, das im Bereich Sortimentsbuchhandel, Warenhäuser und Internethandel am stärksten zum Umsatz beitrug.

Lösung:

richtig: 4 und 8
falsch: 1 und 3
nicht zu entnehmen: 2, 5, 6, 7

Volkswirtschaftliche Lehrmeinungen

Durch die jüngsten Turbulenzen an den Finanzmärkten bzw. Unsicherheiten der Weltwirtschaftslage ist die Diskussion um die richtige volkswirtschaftliche Lehrmeinung wieder entfacht.

Zwei wesentliche, konträre, volkswirtschaftliche Lehrmeinungen sind die **nachfrageorientierte** Wirtschaftspolitik und die **angebotsorientierte** Wirtschaftspolitik.

Kreuzen Sie für die nachfolgenden Personen und Begriffe im Lösungsbogen an, welcher dieser beiden wirtschaftspolitischen Strömungen sie zuzuordnen sind.

1 Margaret Thatcher

2 Ronald Reagan

3 John Maynard Keynes

4 staatliches, durch Steuern finanziertes Ausgabenprogramm

5 Rückzug des Staates aus der Ökonomie/vom Markt

Lösung:

Nachfrageorientiert = 3 und 4

Angebotsorientiert = 1, 2 und 5

Aufgabenbeispiele Recht:

Jugendschutz

Entscheiden Sie für die nachfolgenden Fälle, ob ein Verstoß gegen das Jugendschutzgesetz vorliegt.

1 Rudi (15 Jahre) raucht in Begleitung eines Erwachsenen.

2 Martina (14 Jahre) nimmt auf einem Gemeindefest an einer Tombola teil.

3 Hans (16 Jahre) trinkt in einer Gaststätte mit Freunden (keine Erwachsenen) um 12.00 Uhr ein Bier.

4 Maria (15 Jahre) trinkt um 12.00 Uhr mittags in Begleitung ihrer Eltern ein Bier.

5 Robert (17 Jahre) kauft im Supermarkt eine Flasche Schnaps. Seine Eltern sind dabei.

Lösung:

Verstoß = Aussage 1 und 5; Kein Verstoß = Aussagen 2, 3 und 4

Schadensersatz

Die 5-jährige Anna fährt in Begleitung ihrer Mutter mit ihrem Fahrrad. Dabei beschädigt sie ein parkendes Auto.

a) Muss Anna den Schaden bezahlen? Begründen Sie Ihre Entscheidung!
(Auf eine eventuelle Schadensersatzpflicht der Mutter ist nicht einzugehen.)

b) In welcher Rechtsquelle ist dies geregelt?

Lösung:

a) Nein, Anna muss nicht zahlen, da sie das 7. Lebensjahr noch nicht vollendet hat.

b) Rechtsquelle: Bürgerliches Gesetzbuch (BGB)

Tarifrecht und Kündigung

a) Erläutern Sie den Grundsatz der Tarifautonomie.

b) Nennen Sie allgemein die Vertragsparteien beim Tarifvertrag.

c) Geben Sie die korrekte Kündigungsfrist (bzw. den letzten Arbeitstag) an, die nach dem Wortlaut des § 622 BGB in den nachfolgenden Fällen eines Großunternehmens jeweils einzuhalten ist.

Tragen Sie hierzu den Kennbuchstaben der zutreffenden Antwortmöglichkeit in den Lösungsbogen ein.

§ 622 BGB Kündigungsfristen bei Arbeitsverhältnissen

(1) Das Arbeitsverhältnis eines Arbeiters oder eines Angestellten (Arbeitnehmers) kann mit einer Frist von vier Wochen zum Fünfzehnten oder zum Ende eines Kalendermonats gekündigt werden.

(2) Für eine Kündigung durch den Arbeitgeber beträgt die Kündigungsfrist, wenn das Arbeitsverhältnis in dem Betrieb oder Unternehmen

1. *zwei Jahre bestanden hat, einen Monat zum Ende eines Kalendermonats,*
2. *fünf Jahre bestanden hat, zwei Monate zum Ende eines Kalendermonats,*
3. *acht Jahre bestanden hat, drei Monate zum Ende eines Kalendermonats,*
4. *zehn Jahre bestanden hat, vier Monate zum Ende eines Kalendermonats,*
5. *zwölf Jahre bestanden hat, fünf Monate zum Ende eines Kalendermonats,*
6. *15 Jahre bestanden hat, sechs Monate zum Ende eines Kalendermonats,*
7. *20 Jahre bestanden hat, sieben Monate zum Ende eines Kalendermonats.*

Bei der Berechnung der Beschäftigungsdauer werden Zeiten, die vor der Vollendung des 25. Lebensjahrs des Arbeitnehmers liegen, nicht berücksichtigt.

(3) Während einer vereinbarten Probezeit, längstens für die Dauer von sechs Monaten, kann das Arbeitsverhältnis mit einer Frist von zwei Wochen gekündigt werden. [...]

1. Ein 53-jähriger Facharbeiter ist seit 9 Jahren im Unternehmen beschäftigt und erhält die Kündigung.

   A 3 Monate zum Monatsende
   B 3,5 Monate zum Monatsende
   C Ende des darauf folgenden Monats
   D 4 Wochen zum 15. oder Ende des Kalendermonats

2. Ein 24-jähriger ungelernter Arbeiter gehört seit 7 Jahren dem Betrieb an und wird gekündigt.

   A keine Kündigungsfrist
   B 4 Wochen zum 15. eines Monats oder zum Ende des Kalendermonats
   C 2 Monate zum Ende des Kalendermonats
   D 2 2/3 Monate zum Monatsende

3. Ein Arbeitnehmer, der seit 11 Monaten beim selben Arbeitgeber beschäftigt ist, erhält am 20. Februar die Kündigung.

   A Ende des laufenden Monats
   B 15. März
   C keine Kündigungsfrist
   D 31. März

4. Ein Mitarbeiter, der seit 5 Jahren im Unternehmen ist, kündigt am 1. Mai.

   A 31. Mai
   B 30. Juni
   C keine Kündigungsfrist
   D 15. Juni

<u>Lösung</u>:

a) Tarifparteien sind unabhängig vom Staat und haben das Recht, Tarifverträge selbstständig auszuhandeln und abzuschließen.

b) Arbeitgeber (auch: Arbeitgeberverbände); Gewerkschaften (nicht: Arbeitnehmer)

c) 1 = A; 2 = B; 3 = D; 4 = A

Rechtsquellen

Nennen Sie **vier** verschiedene Rechtsquellen in Deutschland, die im Rahmen von staatlicher und kommunaler Rechtssetzung zustande kommen bzw. zustande gekommen sind.

Lösung:

Verfassung/Grundgesetz; Verordnungen; Gesetze; Satzungen

Verwaltungsakt

Entscheiden Sie unter Zuhilfenahme des nachstehenden Paragrafen, bei welchen der Fälle 1–6 ein Verwaltungsakt vorliegt.

Kreuzen Sie hierzu im Lösungsbogen das oder die entsprechenden Antwortfelder an.

§ 35 Bayerisches Verwaltungsverfahrensgesetz

Verwaltungsakt ist jede Verfügung, Entscheidung oder andere hoheitliche Maßnahme, die eine Behörde zur Regelung eines Einzelfalls auf dem Gebiet des öffentlichen Rechts trifft und die auf unmittelbare Rechtswirkung nach außen gerichtet ist. Allgemeinverfügung ist ein Verwaltungsakt, der sich an einen nach allgemeinen Merkmalen bestimmten oder bestimmbaren Personenkreis richtet oder die öffentlich-rechtliche Eigenschaft einer Sache oder ihre Benutzung durch die Allgemeinheit betrifft.

1 Rundschreiben einer Gemeinde an alle Haushalte zur Beantragung eines Personalausweises.

2 Das Kultusministerium regelt die Aufgaben/Zuständigkeiten in seiner Behörde neu.

3 Die Schülerin Simone erhält im Jahresendzeugnis in Deutsch die Note 2.

4 Das Kultusministerium beauftragt eine private Agentur, die Neuerungen des G8 bei den Schülerinnen und Schülern sowie Eltern bekannt zu machen.

5 Der Schulleiter verweist eine Schülerin von der Schule.

6 Dem Schüler Hans wird der Zugang zum Computerraum der Schule verweigert.

Lösung:

Ein Verwaltungsakt liegt vor im Fall 3 und 5.

2.5 Staat und Politik

In diesem Prüfungsbereich geht es um die staatlichen und politischen Grundlagen **Bayerns,** der **Bundesrepublik Deutschland** und der **Europäischen Union,** die aus dem Sozialkunde- und auch Geschichtsunterricht hinreichend bekannt sein sollten. Aufgaben zur **Bayerischen Verfassung** und dem **Grundgesetz** finden sich hier ebenso wie Aufgaben zu aktuellen Handlungsfeldern der Politik. Fragen zur Entwicklung der **Gesellschaft** stehen neben Fragen zur **internationalen Politik.** Aktuelle Ereignisse wie Wahlen oder Debatten um zentrale politische und rechtliche Themen bieten vielfältige Anlässe für Fragestellungen, die insbesondere mit Hilfe der Berichterstattung in den Medien zu beantworten sind.

Im Einzelnen sollten Sie bei Ihrer Vorbereitung auf die Auswahlprüfung vor allem folgenden **Themen** Ihre Aufmerksamkeit schenken:

- Menschen- und Grundrechte (einschl. ihrer Geschichte)
- Staatsorgane und Funktionsweise der parlamentarischen Demokratie
- Grundlagen und Probleme des Föderalismus sowie des Rechts- und Sozialstaats
- Parteien und Wahlen
- Bevölkerungsentwicklung und -struktur
- Europäische Union: Geschichte, Politische Strukturen, Probleme der Integration und Erweiterung
- Internationale Politik: Organisationen, Sicherheitspolitik, globale Krisenherde

Aufgabenbeispiele:

Parteien und Wahlen

„Seine Majestät, der Wähler"

„Ist ja Gottseidank nur einmal in vier Jahren!"

Quelle: Schwäbisches Tagblatt Tübingen, 4. Oktober 1998

a) Fassen Sie die Aussage der vorliegenden Karikatur mit einem Satz zusammen.

b) Welches verfassungsrechtliche Prinzip wird durch die vorliegende Karikatur thematisiert?

c) Wodurch wird dieses Prinzip in der Karikatur in erster Linie sinnfällig gemacht bzw. symbolisiert?

d) Die Vertreter der Parteien sprechen von einem Wahlturnus von vier Jahren. Auf welche Wahl beziehen Sie sich dabei?

e) Welcher Wahlturnus gilt für die bayerischen Kommunalwahlen?

Lösung:

a) Aussage: Die Parteien hofieren den Wählbürger besonders vor der Wahl, weil er am Wahltag über ihren Erfolg oder Misserfolg entscheidet.

b) Prinzip: Volkssouveränität (auch: Demokratie)

c) Der Wähler/das Volk als König/Majestät bzw. Souverän

d) Bundestagswahlen (auch: Bürgerschaftswahlen in Bremen/Hamburg)

e) Wahlturnus: 6 Jahre

Grundgesetz

Geben Sie im Lösungsbogen die fehlenden Wörter für den folgenden Lückentext an.

Das Grundgesetz der Bundesrepublik hat sich als eine Erfolgsgeschichte erwiesen und feierte am ___(a)___ 2009 seinen ___(b)___ Geburtstag. Besondere Bedeutung im Grundgesetz haben aufgrund der Erfahrungen mit dem Nationalsozialismus die ___(c)___. Sie binden die Staatsgewalt als ___(d)___ Recht. Wegweisend für die Beratungen zum Grundgesetz waren die von den westlichen Siegermächten überreichten ___(e)___ Dokumente sowie der Verfassungskonvent auf der Insel ___(f)___. Wesentliche Änderungen erfuhr das Grundgesetz durch die Wiedereinführung der ___(g)___ 1956 und die ebenso umstrittenen ___(h)___ 1968.

Lösung:

(a) = 23. Mai; (b) = 60.; (c) = Grundrechte; (d) = unmittelbar geltendes; (e) = Frankfurter; (f) = Herrenchiemsee; (g) = Wehrpflicht; (h) = Notstandsgesetze

Bundestagswahl

Geben Sie im Lösungsbogen die fehlenden Wörter für den folgenden Lückentext an:

Der Deutsche Bundestag wird nach dem ___(a)___-wahlsystem, gemischt mit Elementen des ___(b)___-wahlsystems gewählt. Für die Mehrheitsverhältnisse im Bundestag sind zum einen die prozentualen Anteile der von den Parteien gewonnenen ___(c)___-stimmen maßgeblich. Die Hälfte der Abgeordneten zieht über die ___(d)___-listen der Parteien in das Parlament ein. Dabei kann die Wählerschaft die Rangfolge nicht verändern. Die zweite Hälfte der Abgeordneten hat in ihrem ___(e)___ die Stimmenmehrheit gewonnen. Erringt eine Partei mehr dieser Direktmandate, als ihr gemäß der Verteilung der Zweitstimmen zustehen, bleiben sie ihr als ___(f)___ erhalten.

(Nach: www.bpb.de)

Lösung:

(a) = Verhältnis-; (b) = Mehrheits-; (c) = Zweit-; (d) = Landes-; (e) = Wahlkreis; (f) = Überhangmandate

2.6 Zeitgeschichtliche Ereignisse in Kultur und Politik

Dieser Bereich der Auswahlprüfung ist ganz der **Aktualität** verpflichtet und stellt Aufgaben zu bedeutenden Ereignissen der letzten 12 Monate. Er erweitert den bislang abgesteckten Fragehorizont der Prüfung um die Kultur der Gegenwart. Die inhaltliche Bandbreite reicht von den **internationalen Krisenherden** des vergangenen Jahres über **Gedenktage** und **Jubiläen** aller Art bis hin zur Verleihung bedeutender **Auszeichnungen** in **Wissenschaft und Kunst.** Die bildenden Künste und die Architektur gehören hier ebenso dazu wie Literatur, Film, Musik oder Theater. Auf diesem Feld kann nur bestehen, wer das Zeitgeschehen in Bayern, Deutschland und Europa sowie in aller Welt bewusst und ganz genau verfolgt. Die Berichterstattung in den Medien ist hierzu die wohl beste Grundlage.

Die hier beschriebene Dimension der Aufgabenstellung steht in engem Zusammenhang mit allen bisher genannten Bereichen der Auswahlprüfung. Soweit wie möglich werden dabei durchgehend aktuelle Fragestellungen aufgegriffen, um die **Allgemeinbildung** der Prüfungsteilnehmer festzustellen. Zeitgeschichtliche Ereignisse bilden hierfür einen beliebten Aufhänger, bevor es dann in die Tiefe geht. Im Folgenden zeigen wir Ihnen einige Aufgabenbeispiele aus dem Bereich Kultur. Aktuelle Aufgabenbeispiele aus der Politik (national wie international) finden Sie in den Aufgabenbögen der beiden letzten Auswahlprüfungen in Teil 4 und 5 dieses Buches.

Aufgabenbeispiele:

Darwin

Geben Sie im Lösungsbogen die fehlenden Wörter für den folgenden Lückentext an.

Charles Robert Darwin wurde vor 200 Jahren geboren. Eine 1831 begonnene Schiffsreise führte ihn zunächst über die Kanarischen Inseln nach Südamerika und zu den ___**(a)**___ Inseln. Darwin hat diese Schiffsreise später als das bedeutendste Ereignis in seinem Leben bezeichnet. 1859 veröffentlichte er sein Hauptwerk ___**(b)**___, in dem er seine ___**(c)**___ entwickelte. Stieß bereits dieses Werk keineswegs auf allgemeine Zustimmung, so gab er mit seinem 1871 erschienenen Werk von der Abstammung des Menschen den Anstoß zu erbitterten Diskussionen, da damit scheinbar die ___**(d)**___ der Bibel widerlegt wurde. Gegenbewegung gegen die Theorie Darwins ist heute der ___**(e)**___, der vor allem in den USA viele Anhänger findet. Eine missbräuchliche Umdeutung erfuhr die Theorie Darwins gegen Ende des 19. Jahrhunderts mit der Ideologie des ___**(f)**___.

Lösung:

(a) = Galapagos; (b) = Die Entstehung der Arten; (c) = Evolutionstheorie;
(d) = Schöpfungsgeschichte/-lehre; (e) = Kreationismus; (f) = Sozialdarwinismus

Heinrich Heine

Am 17. Februar 2006 jährte sich der Todestag Heinrich Heines zum 150. Mal.
Welche der unten stehenden Aussagen über diesen Dichter sind **falsch?** Kreuzen Sie die zutreffende Antwortkombination an.

(A) Heinrich Heine, der ursprünglich Harry Heine hieß, studierte zunächst Jura und wandte sich erst später der Dichtung zu.

(B) Als sehr religiöser Mensch trat er 1820 vom Katholizismus zum Protestantismus über.

(C) Er war lange Zeit Korrespondent der Augsburger Allgemeinen Zeitung und einer der Begründer des modernen Journalismus.

(D) Heines Schriften wurden in Deutschland 1835 durch Bundestagsbeschluss verboten.

(E) In den Schriften „Deutschland. Ein Wintermärchen" und „Fragen eines lesenden Arbeiters" übte er scharfe Kritik an den politischen und gesellschaftlichen Zuständen in Deutschland.

(F) Heinrich Heine war eng mit Goethe und Schiller befreundet und wurde in seinem literarischen Schaffen stark durch sie beeinflusst.

(G) Heinrich Heine starb 1856 in Berlin und erhielt ein Staatsbegräbnis.

Antwortkombinationen:

- ☐ A, B, F, G
- ☐ B, C, G
- ☐ B, E, F, G
- ☐ A, C, E, F
- ☐ B, D, F

Lösung:

Richtig sind die Aussagen: B, E, F, G

Eine Parallele zu „Schindlers Liste"

Der folgende Text ist ein Auszug aus einem Tagebuch von 1937 und erschien im Juli 1938 im Ostasiatischen Beobachter. 70 Jahre später wurde das Tagebuch zur Grundlage für einen Film von Florian Gallenberger, der im April 2009 in die Kinos kam und umgehend den Bayerischen und Deutschen Filmpreis erhielt.

> *„11. Dezember:*
>
> *Wasserleitung und elektrisch Licht versagt. Die Beschießung dauert immer noch an. Mein Kanarienvogel ‚Peter' scheint das zu lieben, – er singt dazu, was die Kehle hergeben will. Solch Kanarienvogel scheint bessere Nerven zu haben als ein Rabe – nach Singen ist mir nicht gerade zu Mute …*
>
> *Um acht Uhr abends beginnt der letzte Akt des Dramas – die große Kanonade! Im Süden steht der ganze Himmel in Flammen. Die beiden Unterstände bei mir im Garten sind bis zum Rand mit Flüchtlingen gefüllt. Es pocht an beiden Haustoren – Frauen und Kinder bitten flehentlich um Einlass. Einige beherzte Männer steigen hinter der Schule über die Gartenmauer, um Einlass und Schutz zu bekommen. Da ich das Jammern nicht mehr mit anhören kann, öffne ich beide Tore und lasse alles hinein, was hinein will. Da in den Unterständen kein Platz mehr ist, verteile ich die Leute zwischen den Gebäuden und in den Ecken der Häuser. Die meisten haben ihr Bettzeug mitgebracht und legen sich im Freien schlafen. Einige ganz Schlaue breiten ihre Betten unter der horizontalen großen deutschen Flagge aus. Die Granaten heulen und die Bomben fallen …"*
>
> *Quelle: Ostasiatischer Beobachter, Folge 57, 7/1938, S. 50–52*

a) Wie heißt der Autor des Tagebuchs und gleichzeitig Titelheld des Films? Nennen Sie Vor- und Nachnamen.

b) Für welche deutsche Weltfirma war er dort tätig?

c) Welches Ereignis in China im Jahr 1937 ist der Anlass des Textes?

d) Was war in diesem Zusammenhang die besondere Leistung der gesuchten Person?

Lösung:

a) Autor: John Rabe

b) Firma: Siemens

c) Anlass: Eroberung von Nanking durch japanische Truppen

d) Rettung von 200.000 Chinesen (durch Errichtung einer Sicherheitszone)

Geburtstage

Geben Sie die fehlenden Namen und Titel **(a)** bis **(e)** des folgenden Lückentextes an (bei Personen genügen die Nachnamen).

Anlässlich seines 125. Geburtstags am 4. Juni 2007 erinnerte das Feuilleton der Süddeutschen Zeitung an eine der kauzigsten Figuren der Münchner Künstlerszene, ____**(a)**____. Mit seiner Partnerin, ____**(b)**____, bildete er eines der namhaftesten deutschen Komikerduos des 20. Jahrhunderts. Szenen wie „Der Firmling" oder „Buchbinder ____**(c)**____" bleiben unvergesslich. Den Höhepunkt des Literaturjahres 2007 markierte Mitte Oktober der 80. Geburtstag von Günter Grass. Der Autor der „____**(d)**____" (1959) gilt neben Martin ____**(e)**____ als bekanntester Vertreter der deutschsprachigen Gegenwartsliteratur.

Lösung:

(a) = (Karl) Valentin; (b) = (Liesl) Karlstadt; (c) = Wanninger; (d) = Blechtrommel; (e) = Walser

3 AUFGABENTYPEN DER AUSWAHLPRÜFUNG

Bei der Auseinandersetzung mit den Aufgabenbeispielen in Teil 2 haben Sie sicher schon bemerkt, dass Sie in der Auswahlprüfung eine Vielzahl ungewohnter Aufgabentypen bewältigen müssen: Lückentexte, Multiple-Choice-Aufgaben mit und ohne Vorgabe, Aufgaben in Tabellenform und andere. Der Unterschied zu schulischen Prüfungen ist groß. Hier möglichst früh Bescheid zu wissen, ist auf alle Fälle eine große Hilfe. Umso mehr, als am Prüfungstag sicherlich die Zeit drängt.

Im Folgenden stellen wir Ihnen deshalb die wichtigsten Aufgabentypen anhand von Beispielen aus früheren Prüfungen vor. Gleichzeitig geben wir Ihnen Hinweise, wie Sie am besten und am schnellsten mit ihnen umgehen. Sie profitieren maximal von diesem Übungsteil, wenn Sie zunächst selbst versuchen, die Aufgaben zu lösen. Überdenken Sie dabei Ihre Lösungsstrategie und lassen Sie sich danach von unseren Vorschlägen anregen. Die jeweiligen Lösungen finden Sie am Ende der Hinweise.

3.1 Aufgaben – mit frei formulierten Kurzantworten

Rechtsformen von Unternehmen

Nennen Sie **zwei** Rechtsformen der Unternehmung, bei denen es keine persönliche Haftung der Gesellschafter gibt!

Dieser Aufgabentyp ist der einfachste der Auswahlprüfung. Das jeweilige Wissen, hier aus den Bereichen Wirtschaft und Recht, kann im Schulunterricht erworben werden.

Lösung:

GmbH und AG, auch: GmbH & Co. KG oder KGaA

Die Hymne der Bundesrepublik Deutschland

„Deutschland könnte sich zum (...) Geburtstag eine zweite Strophe zur Nationalhymne schenken. Es böte sich die erste Strophe der frühen DDR-Hymne an" (Heribert Prantl in SZ am 21. 04. 2009)

A Nennen Sie den Dichter der deutschen Nationalhymne (Lied der Deutschen).

B Von welchem Komponisten stammt die Melodie?

C Wie heißt der Beginn der ersten Strophe der alten DDR-Hymne?

D Von welchem Schriftsteller der DDR wurde sie verfasst?

E Welcher Passus der alten DDR-Hymne missfiel den DDR-Machthabern, sodass diese seit 1973 nicht mehr gesungen werden durfte?

F Wie hieß der letzte, demokratisch gewählte DDR-Ministerpräsident, der bei den Verhandlungen zum Einigungsvertrag von 1990 bereits an eine Verknüpfung beider Hymnen gedacht hatte?

Auch dieser Aufgabentyp ist leicht verständlich. Vorangestellt ist ein Zitat, das die Aktualität der Fragestellung unterstreicht. Das zur Beantwortung nötige Sachwissen vermittelt der Geschichts- und Sozialkunde- bzw. der Musikunterricht.

Lösung:

A = (August Heinrich Hoffmann von) Fallersleben; B = (Joseph) Haydn; C = „Auferstanden aus Ruinen"; D = (Johannes R.) Becher; E = „Deutschland einig Vaterland"; F = (Lothar) de Maizière

Novemberrevolution 1918/19

1918/19 wurde in Deutschland um zwei gänzlich unterschiedliche Formen der Demokratie gekämpft.

Nennen Sie die beiden Formen, ordnen Sie den jeweils bekanntesten Politiker auf der Reichsebene zu und geben Sie die jeweilige Partei an.

Nennen, zuordnen, angeben – diese Aufgabe ist **dreiteilig.** Im Lösungsbogen sind die hierfür erforderlichen Felder auszufüllen. Das zur Beantwortung der Aufgabe nötige Wissen wird im Geschichtsunterricht vermittelt.

Lösung:

Form	Politiker	Partei
Parlamentarische Republik	(Friedrich) Ebert	SPD
Räterepublik	(Karl) Liebknecht auch: (Rosa) Luxemburg	KPD

3.2 Aufgaben mit Auswahlantworten

... richtig?

Euro

Wie viele Staaten umfasst die Euro-Zone am 1. Januar 2019?

Tragen Sie in den Lösungsbogen den richtigen Kennbuchstaben ein.

A 10 Staaten

B 19 Staaten

C 23 Staaten

D 27 Staaten

Im Gegensatz zu den eben beschriebenen Aufgaben mit frei formulierten Kurzantworten müssen Sie hier die Antwort nicht wissen, sondern können aus vier Möglichkeiten auswählen. Sicher hilft bei der Auswahl, wenn Sie aus dem Sozialkunde- oder Geschichtsunterricht in Erinnerung behalten haben, dass die Europäische Union (EU) seit dem Beitritt Kroatiens (2013) aus 28 Mitgliedstaaten besteht. Und einige EU-Staaten haben sich ja, wie z. B. England, gegen die Einführung des Euro ausgesprochen. Kommen Sie bei dieser Aufgabe trotzdem nicht zu einer plausiblen Erklärung, haben Sie eine Ratechance von 25 %! Bei einer Wissensabfrage ohne Vorgaben wäre es bei derlei Themen deutlich schwieriger, einen Punkt zu erhalten!

Lösung:

B

Hauptstädte

Zwei der nachfolgend genannten Städte sind die **Hauptstädte** des jeweiligen Landes.

Tragen Sie die jeweiligen Kennbuchstaben in den Lösungsbogen ein.

A Caracas

B Bonn

C Pisa

D Bratislava

E St. Petersburg

F Porto

Hier gilt es nicht nur eine, sondern zwei **richtige** Antworten auszuwählen. Ein relativ einfacher Aufgabentyp, wie auch die Aufgabe falsche Angaben zu finden (siehe S. 41). Hier wie dort wird Wissen abgefragt, im vorliegenden Fall aus dem Bereich der Länderkunde. Wenn Sie Glück haben, finden sich die zutreffenden Aussagen relativ weit oben in der Liste. Haben Sie dann bereits zwei (Aufgabe genau lesen!) Hauptstädte gefunden, können Sie sich die Überprüfung der folgenden Städtenamen sparen und gewinnen dadurch Zeit.

Lösung:

A und D. Caracas ist die Hauptstadt von Venezuela, Bratislava, deutsch Pressburg, die Hauptstadt der Slowakei.

... falsch?

Schriftsteller

Zwei der nachfolgend genannten Künstler sind **keine** Schriftsteller.

Tragen Sie die jeweiligen Kennbuchstaben in den Lösungsbogen ein.

A	Georg Büchner	**D**	Dante
B	Paul Klee	**E**	Victor Hugo
C	Boccaccio	**F**	Giuseppe Verdi

Achten Sie auch hier genau auf die Fragestellung. Es ist nur nach den **falschen** Namen gefragt.

Lösung:

B und F müssen in den Lösungsbogen übertragen werden. Paul Klee ist ein bekannter Maler, Giuseppe Verdi ein bekannter Komponist aus dem 19. Jahrhundert.

... richtig oder falsch?

Bundespräsidenten der Bundesrepublik Deutschland

Überprüfen Sie jeweils die folgenden Aussagen zum Amt und den Aufgaben bzw. Kompetenzen des Bundespräsidenten nach ihrer Richtigkeit. Kreuzen Sie die zutreffenden Aussagen an.

Kreuzen Sie die zutreffenden Aussagen an.

A Der Amtssitz des Bundespräsidenten ist das Schloss Bellevue in Berlin sowie die Villa Hammerschmidt in Bonn.

B Der Bundespräsident ist Teil der Legislative, indem er ein beschlossenes Gesetz vor seiner Verkündigung ausfertigt bzw. unterzeichnet.

C Der dem Bundespräsidenten obliegende Vollzugsakt der Ausfertigung kann sowohl aus politischen als auch aus Rechtsgründen verweigert werden.

D Der Bundespräsident gilt als Staatsoberhaupt der BR Deutschland, das nur einmal wiedergewählt werden darf.

E Die Wahl von Bundestag und Bundespräsident 2009 zeigt, dass die Amtszeit des Bundespräsidenten im Regelfall mit der Dauer einer Legislaturperiode des Bundestags übereinstimmt.

F Die Mehrheitsverhältnisse in der Bundesversammlung sind in der Regel ein Spiegelbild der Mehrheitsverhältnisse im Bundestag.

Kreuzen Sie an:	**A**	**B**	**C**	**D**	**E**	**F**
richtig	☐	☐	☐	☐	☐	☐
falsch	☐	☐	☐	☐	☐	☐

Hier müssen Sie **jede** Aussage überprüfen. Das hierfür erforderliche Wissen vermittelt der Sozialkundeunterricht. Wenn Sie die Antworten nicht sicher wissen, haben Sie hier immerhin eine Ratechance von 50 %! Tragen Sie aber **nie zwei Kreuze in einer Spalte** ein! In diesem Fall würden die jeweiligen Zeilen nicht gewertet werden.

Lösung:

richtig = A und D; falsch = B, C, E und F

... richtig, falsch, nicht zu entnehmen?

Armutsgefährdung in Deutschland

Im Frühjahr 2016 rückte das Thema der Armutsgefährdung in den Blickpunkt der Öffentlichkeit. Kreuzen Sie im Lösungsbogen an, welche der folgenden Aussagen bezogen auf das nachfolgende Schaubild **richtig**, **falsch** oder ihm **nicht zu entnehmen** sind.

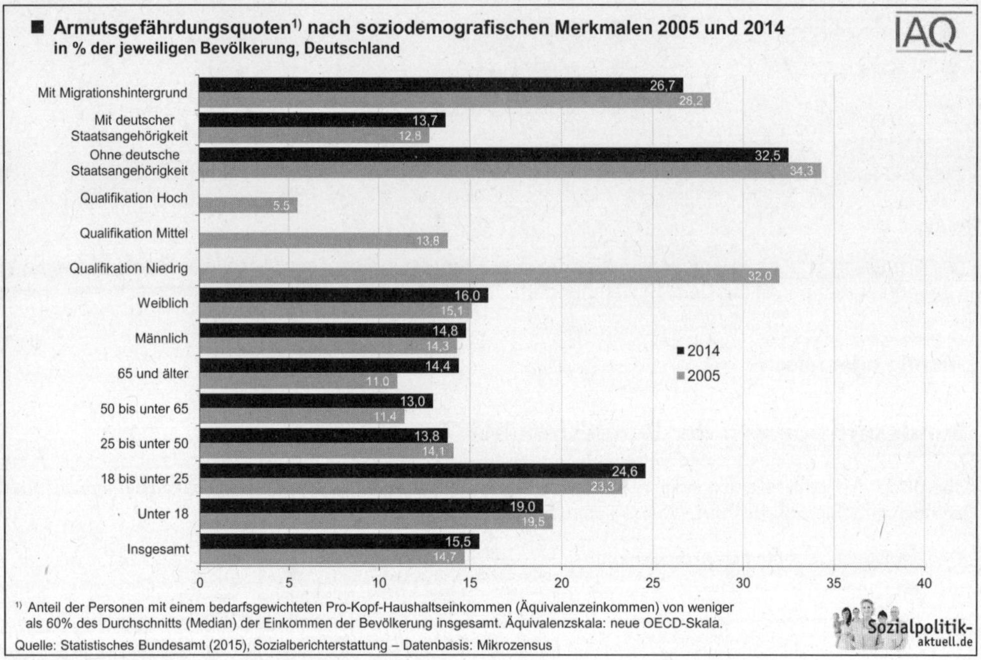

1 In der Gruppe mit den ältesten Befragten ist der prozentuale Anteil der Armutsgefährdeten im Betrachtungszeitraum am stärksten angestiegen.

2 Die Grafik weist bei besserem Bildungsniveau ein geringeres Armutsrisiko aus.

3 Das Armutsrisiko von Personen nicht deutscher Staatsangehörigkeit war im Untersuchungszeitraum leicht rückläufig.

4 Die Armutsgefährdung in der Bevölkerung hat seit 2005 EU-weit um 0,8 Prozentpunkte zugenommen.

5 Der Rückgang der Armutsgefährdung bei Personen mit Migrationshintergrund ist der Beweis für die Wirksamkeit der politischen Maßnahmen zur gesellschaftlichen Integration.

6 Das Risiko, arm zu werden, war 2014 für Menschen ohne deutsche Staatsangehörigkeit um über 200 Prozent höher als für deutsche Staatsbürger.

7 Das Armutsrisiko steigt mit zunehmendem Alter kontinuierlich an.

8 Bei Alleinerziehenden und Erwerbslosen besteht eine hohe Armutsgefährdung.

9 Bei den Befragten mit deutscher Staatsangehörigkeit ist das Armutsrisiko in der Gruppe von 18 bis unter 25 Jahren am höchsten.

Lösung:

richtig: 1, 2 und 3; falsch: 6 und 7
dem Schaubild nicht zu entnehmen: 4, 5, 8 und 9

... mit Antwortkombinationen

Bayerns Handelspartner

Überprüfen Sie, welche Aussagen **nicht** mit dem nebenstehenden Schaubild **übereinstimmen**. Kreuzen Sie im Lösungsbogen die Antwortkombination an, die alle **nicht** zutreffenden Aussagen enthält.

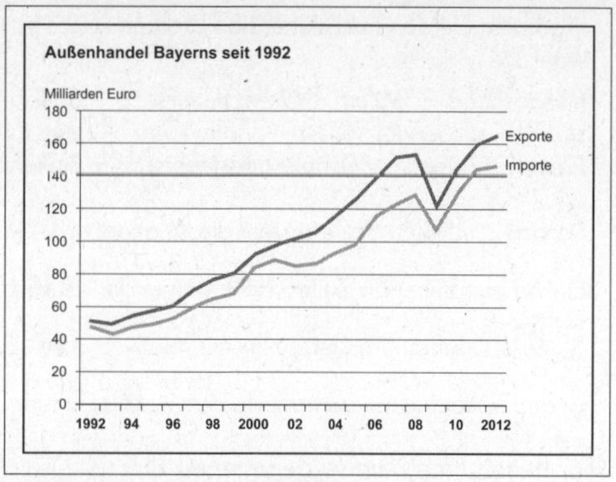

Quelle: https://www.statistik.bayern.de/presse/archiv/2013/56_2013.php

1 Die Außenhandelsbilanz Bayerns ist seit 1992 stets positiv.

2 Im betrachteten Zeitraum haben die Importe die Exporte meist übertroffen.

3 Das Wachstum der Exporte und Importe verzeichnete zwischen 1992 und 2012 stets positive Werte.

4 Die Außenhandelsbilanz war in keinem Jahr des Betrachtungszeitraums ausgeglichen.

5 Das Wachstum der Exporte hat sich 2012 gegenüber dem Vorjahr stärker verlangsamt als das der Importe.

6 Die Außenhandelsbilanz geriet 2009 infolge der Finanzkrise in die roten Zahlen.

Antwortkombinationen:

A keine

B nur (1) und (4)

C alle, außer (2) und (5)

D nur (2) und (6)

E (2), (3), (5) und (6)

F nur (3)

G (2), (3), (5)

Hier gilt es schrittweise alle Aussagen anhand des Schaubilds zu überprüfen. Danach steht fest:

Lösung:

E

3.3 Lückentexte

... ohne Vorgabe einer Antwortliste

Hydra

Ergänzen Sie folgenden Lückentext. Tragen Sie in den Lösungsbogen den jeweils fehlenden Begriff ein:

Die Hydra ist eine Figur aus der griechischen **(a)**. Die übergroße **(b)** lebte überwiegend im **(c)** und hatte neun Köpfe, von denen der mittlere unsterblich war. Der berühmte Bezwinger der Hydra war **(d)**, ein Sohn des Göttervaters **(e)**. Auf künstlerischen Darstellungen erkennen wir den Helden an den für ihn typischen Attributen: Bogen und Köcher sowie einer großen Keule. Oft wird er auch mit dem Fell eines **(f)** dargestellt.

Hier geht es um Faktenwissen, das Ihr Allgemeinwissen überprüft. Auch raten hilft hier im Regelfall nicht weiter. Entweder Sie wissen die Antwort – oder eben nicht, dann schnell weiter zu den nächsten Fragen.

Lösung:

(a) = Mythologie (auch: Sage); (b) = Schlange; (c) = Wasser (deshalb auch Hydrant!);
(d) = Herakles (auch: Herkules); (e) = Zeus (auch: Jupiter); (f) = Löwen

… mit Vorgabe einer Antwortliste

Kalte Progression

Ergänzen Sie den nachstehenden Lückentext zur kalten Progression mit den passenden Wörtern aus folgender Auswahlliste:

französische – realen – Grenzsteuersatz – überproportional – berücksichtigt – steigendem Wohlstand – stabil – steigenden Zinsen – nominalen – deutsche – geringem – hohem – nicht berücksichtigt – Preise – Zinsen – Durchschnittssteuersatz – sinkender Kaufkraft – fiktiven – Höchststeuersatz

Da das **(a)** Steuersystem die Inflation **(b)**, steigt mit jeder **(c)** Erhöhung des Bruttolohns auch die Einkommensteuer. In Zeiten stark steigender **(d)** kann dies zu **(e)** Einkommensverlusten und damit zu **(f)** führen. Steuerzahler mit relativ **(g)** Einkommen sind hiervon am stärksten betroffen. Grund hierfür ist der Einkommensteuertarif, da der **(h)** hier besonders rasch steigt.

Hier helfen Ihnen die vorgegebenen Schlüsselwörter, die richtige Lösung zu finden. Übertragen Sie zunächst diejenigen Begriffe in den Lösungsbogen, von denen Sie sicher sind, dass sie passen. Streichen Sie sie aus der Liste, wodurch sich die Auswahl verringert. Achten Sie bei Ihrer Auswahl auch auf die Stellung des jeweiligen Begriffs im Satz. Eigenschaftswörter z. B. passen zu Hauptwörtern und umgekehrt.

Wer die Schlüsselwörter genau betrachtet, wird erkennen, dass sie im vorliegenden Fall (leider ist dies nicht immer so!) paarweise angeordnet sind (deutsche – französische; Durchschnittssteuersatz – Grenzsteuersatz), wodurch sich die Auswahlmöglichkeit erneut einschränkt. Beachten Sie, dass die Schlüsselwörter in ihrer vorliegenden grammatischen Form in den vorgegebenen Text passen müssen. Auch hieraus wird sich das eine oder andere Mal eine richtige Lösung ergeben.

Lösung:

(a) = deutsche; (b) = nicht berücksichtigt; (c) = nominalen; (d) = Preise; (e) = realen;
(f) = sinkender Kaufkraft; (g) = geringem; (h) = Grenzsteuersatz

… in Form einer Tabelle ohne Auswahlliste

Bayern

Ergänzen Sie die folgende Tabelle.

Nennen Sie die fehlenden Städte und Regierungsbezirke A bis H.

A	Schwaben
B	**E**
Bayreuth	**F**
C	Niederbayern
D	Oberbayern
Regensburg	**G**
Würzburg	**H**

Die zweispaltige Tabelle ist unvollständig, die Spalten haben keine Überschrift. Leicht ist jedoch zu erkennen, dass in der rechten Spalte die bayerischen Regierungsbezirke (siehe auch Überschrift der Aufgabe bzw. den Arbeitsauftrag!) gelistet werden, denen in der linken Spalte die jeweiligen Regierungssitze zugeordnet werden sollen. Schwierig erscheint zunächst Zeile 2, da hier überhaupt kein Eintrag vorgegeben ist. Die Lösung findet sich erst am Ende Ihres Arbeitsprozesses.

Vorgehensweise:

- Verschaffen Sie sich einen Überblick über die Tabelle und erkennen Sie ihre Logik.
- Ergänzen Sie die leeren Zellen auf der Grundlage Ihres landeskundlichen Wissens. Gehen Sie dabei vom jeweiligen in der Zeile vorgegebenen Begriff aus.
- Am Ende erschließt sich auch die leere Zeile 2, da nun sechs der sieben bayerischen Regierungsbezirke genannt sind. Den siebten müssen Sie allerdings wissen: Mittelfranken mit dem Regierungssitz Ansbach. Für Franken kein Problem. Und Oberbayern sollten ja auch mal über ihren Tellerrand schauen!

Lösung:

A = Augsburg; B = Ansbach; C = Landshut; D = München; E = Mittelfranken;
F = Oberfranken; G = Oberpfalz; H = Unterfranken

... in Form einer Tabelle mit Auswahlliste

Länderfinanzausgleich

Die nachfolgende Tabelle zeigt ausgewählte statistische Kennziffern verschiedener Länder.

Geben Sie für die Ziffern I–IV an, um welches Land aus der Auswahlliste es sich jeweils handelt.

Zur Auswahl stehen:
Berlin – Hessen – Thüringen – Hamburg – Mecklenburg-Vorpommern – Bayern

Land	Länderfinanzausgleich		Einwohner/km²	Pro-Kopf-Verschuldung in €
	Zahler (in Mio. €)	Empfänger (in Mio. €)		
I	2.890	–	288	4.950
II	2.280	–	177	1.817
III	–	510	73	6.312
IV	–	630	143	6.803

(Quelle: Statistische Ämter des Bundes und der Länder, Finanzministerien 2007/2008)

Auswendig werden Sie das Ergebnis nicht wissen. Wir auch nicht. Doch mit Allgemeinwissen, einem systematischen Vorgehen und Logik wird auch hier die Lösung gelingen:

- Machen Sie sich zunächst das Thema der Tabelle bewusst und rekapitulieren Sie Ihr Vorwissen, hier zum Länderfinanzausgleich. Sicher haben Sie in Medienberichten das eine oder andere darüber gehört.
- Verschaffen Sie sich einen Überblick über den Aufbau der Tabelle und die von ihr dargestellten Aspekte bzw. Kategorien.
- Bestimmen Sie die **auffälligen,** d. h. **kleinsten** und **höchsten** Zahlenangaben und ordnen Sie die hierfür in Frage kommenden Länder aus der Auswahlliste zu. In diesem Fall das Land mit der deutlich niedrigsten Einwohnerdichte (73 = Mecklenburg-Vorpommern) bzw. das Land mit der deutlich niedrigsten Pro-Kopf-Verschuldung (1.817 = Bayern). Zeile II und III sind somit bestimmt.
- Hinsichtlich Zeile I ist nun ein Land gesucht, das eine hohe Einwohnerdichte hat und auch zu den großen Geberländern im Länderfinanzausgleich gehört. Die erste Bedingung lässt zunächst an die Stadtstaaten Berlin und Hamburg denken, die jedoch durch die zweite Bedingung ausscheiden. Thüringen, als neues Bundesland und „grünes Herz" Deutschlands, kommt auch nicht in Frage. Verbleibt Hessen, das die Bedingungen „hohe Einwohnerdichte" (Rhein-Main-Region, Frankfurt!) und „wirtschaftlicher Erfolg" erfüllt.
- Zeile IV: Hier ist ein Land gesucht, das eine relativ niedrige Einwohnerdichte (143) hat und unter den genannten Ländern am meisten vom Länderfinanzausgleich profitiert. Letzteres trifft sicher auf Berlin zu, wie man aus Medienberichten weiß. Ersteres, die Einwohnerdichte, jedoch nicht. Mecklenburg-Vorpommern ist schon vergeben, also muss es sich in Zeile IV um Thüringen handeln!

Lösung:

I = Hessen; II = Bayern; III = Mecklenburg-Vorpommern; IV = Thüringen

3.4 „Irrläufer“

Irrläufer

Ein Begriff gehört jeweils **nicht** in die Reihe.

Nennen Sie den „Irrläufer“ und begründen Sie kurz Ihre Entscheidung.

a) Wachswalze – Schallplatte – Tonband – Radio – CD – DVD-Audio

Irrläufer: ______________________________

Begründung: ______________________________

b) Malerei – Kunst – Grafik – Theater – Tanz – Film

Irrläufer: ______________________________

Begründung: ______________________________

Hier müssen Sie den gemeinsamen Nenner der jeweiligen Reihe finden, der von einem Begriff nicht erfüllt wird, dem „Irrläufer“! Halten Sie Ihre Begründung für den „Irrläufer“ möglichst kurz.

Lösung:

a) Irrläufer = Radio, da Empfangsgerät; alle anderen Begriffe = Tonträger

b) Irrläufer = Kunst, da Oberbegriff; alle anderen Begriffe = Kunstformen

3.5 Zuordnungsfragen

Ereignisse des 20. Jahrhunderts

Die nachstehenden Ereignisse des 20. Jahrhunderts fanden vor 40, 60, 70, 75 und 90 Jahren statt.

Bringen Sie sie in die richtige Reihenfolge, indem Sie die Kennbuchstaben den Jahreszahlen im Lösungsbogen zuordnen.

A „Anschluss“ Österreichs an das Deutsche Reich

B Studentenunruhen in Paris, Berlin und anderen Universitätsstädten

C Kurt Eisner proklamiert die „Regierung der Arbeiter-, Bauern- und Soldatenräte“ in München

D Ende des 1. Weltkriegs

E Annahme der Notstandsverfassung durch den Bundestag

F Reichspogromnacht

G Währungsreform

H Proklamation des Staates Israel

I Verabschiedung des Ermächtigungsgesetzes

Auch so – wie 2008 – kann man geschichtliches Grundwissen abfragen. Beginnen Sie mit den Ereignissen, die Sie sicher verorten können. Streichen Sie sie im Aufgabenbogen, um die Komplexität zu reduzieren. Am Ende hilft Ihnen ggf. die Aufgabenstellung, die nahe legt, dass bei jeder Jahreszahl mindestens eine Nennung einzutragen ist. Schwieriger wird die Aufgabe, wenn in der Tabelle eine Jahreszahl ohne Eintrag angelegt ist. Darauf würde Sie jedoch die Aufgabenstellung verweisen.

Lösung:

1918 = C/D; 1933 = I; 1938 = A/F; 1948 = G/H; 1968 = B/E

3.6 Karikaturen

Quelle: Donaukurier, 3. März 2010, S. 2

Quelle: Süddeutsche Zeitung, 6. August 2013, S. 4

Karikaturen (auch Cartoons genannt) sind fester Bestandteil aller Tages- und Wochenzeitungen und beschäftigen sich meist kritisch mit bekannten Politikern oder politischen Vorgängen. In der Auswahlprüfung des Landespersonalausschusses gehören sie seit Langem zum festen Repertoire der Aufgabenstellung (vgl. hierzu die Karikaturen in Teil 4 und 5 dieses Buches), da durch sie Fragen zur Zeitgeschichte, aber auch zu bedeutenden Ereignissen in der Vergangenheit gestellt werden können.

Eine aussagekräftige Definition der künstlerischen Ausdrucksform „Karikatur" findet sich in der Online-Enzyklopädie die Wikipedia:

Karikaturen sind meist eine bildliche Form der Satire, die sich als parteiische Kritik an bestehenden Werten oder politischen Verhältnissen versteht und oft als „Waffe" in gesellschaftlichen Auseinandersetzungen verwendet wird. Die Karikatur übertreibt bewusst, spitzt zu und verzerrt charakteristische Züge eines Ereignisses oder einer Person, um durch den aufgezeigten Kontrast zur Realität und die dargestellten Widersprüche den Betrachter der Karikatur zum Nachdenken zu bewegen. Oftmals nimmt die Karikatur zu einem aktuellen Sachverhalt sarkastisch-ironisch Stellung. Wesentliche Fehler und Mängel der dargestellten Person (z. B. eines Politikers) oder des dargestellten Objektes oder Ereignisses werden aufgedeckt und durch die Art und Weise der meist zeichnerischen Präsentation der Lächerlichkeit preisgegeben. Die Karikatur kann mehr satirisch oder eher humoristisch ausgerichtet sein, je nachdem, ob sie ihr Opfer völlig verurteilt und lächerlich macht oder – als bloße Witzzeichnung – nur einige Mängel mit leiser Ironie kommentieren will.

Folgende **Fragen** können Sie bei der Auswertung von Karikaturen unterstützen:

1. Wann und wo wurde die Karikatur veröffentlicht?
2. Was ist das Thema? Was wissen Sie darüber?
3. Gibt es einen Titel oder/und einen Zusatzkommentar?
4. Welche Gestaltungsmittel (z. B. bei der Figurendarstellung) werden eingesetzt und was bedeuten sie?
5. Welche Perspektive zum dargestellten Sachverhalt nimmt der Zeichner ein?
6. Was ist die zentrale Bildaussage („Botschaft")?

3.7 Tabellen, Diagramme, Schaubilder

Vermehrt werden seit einiger Zeit in der Auswahlprüfung auch Tabellen, Diagramme und Schaubilder zur Analyse vorgelegt. Hierdurch wird der zunehmenden Bedeutung dieser auf statistischen Zahlenwerten beruhenden Darstellungsformen in Beruf, Wissenschaft und Medien Rechnung getragen. In aller Regel werden hierzu einfache oder komplexere Aussagen vorgegeben, die es am Bildmaterial zu überprüfen gilt nach den Mustern: „entspricht", „entspricht nicht" der Vorlage oder in der Vorlage „nicht enthalten", „nicht ableitbar" oder ähnlich. Manchmal muss im Lösungsbogen jede Aussage einzeln beurteilt werden. Oft jedoch ist nach einer Antwortkombination gefragt („richtig" oder „falsch"). Hier hilft ggf. das Ausschlussverfahren, um Zeit zu sparen. Nachfolgend finden Sie drei Beispiele, die Sie beim Umgang mit diesen Aufgabentypen unterstützen.

Kleine Medienkunde

Sendungsformen von ARD/Das Erste, ZDF, RTL, SAT.1 und ProSieben 2006
in Min./Tag (Untersuchungszeitraum: 1. Januar bis 31. Dezember 2006)

	ARD/ Das Erste	ZDF	RTL	SAT.1	Pro Sieben	Gesamt
in Min./Tag						
Nachrichten	134	134	54	46	16	370
Magazin/Ratgeber	357	422	202	191	240	1 427
Reportage/Dokumentation	162	167	128	25	117	599
Doku-Inszenierung/Doku-Soap	7	7	141	128	20	304
Ereignisübertragung	70	68	20	2	5	165
Talk/Diskussion/Ansprache	36	69	49	92	108	353
Ratespiel/Quiz/Gameshow	20	17	15	100	49	202
Show/Darbietung	45	35	73	90	88	333
Spielfilm/Fernsehfilm/Reihe	292	234	89	106	314	1 035
Fernsehserie	252	232	286	289	182	1 240
Sonstige redakt. Formen	10	3	3	2	1	19
Sonstiges	33	31	77	78	79	298
Werbung	22	20	303	290	221	856
Gesamt	1 440	1 440	1 440	1 440	1 440	7 200

Quelle: IFEM Institut für empirische Medienforschung, Köln

Überprüfen Sie folgende Aussagen anhand der vorstehenden Statistik. Geben Sie im Lösungsbogen an, welche der Aussagen richtig sind, welche falsch sind und welche der Statistik nicht entnommen werden können.

A Bei den privaten Sendern hat der Anteil von Unterhaltungssendungen zugenommen.

B Das Programm der ARD weist deutlich die höchsten Informationsanteile auf.

C Fernsehserien nehmen insgesamt weniger Sendezeit ein als Spielfilme, Fernsehfilme und Reihen; Magazine und Ratgeber werden am häufigsten ausgestrahlt.

D Historische Spielfilme sind eine Spezialität der öffentlich-rechtlichen Sender.

E Bei den fiktionalen Sendungsformen setzen RTL und SAT.1 besonders stark auf Fernsehserien.

F Sport ist eine Domäne der Privaten.

Verschaffen Sie sich zunächst einen Überblick über das genaue Thema der Tabelle (siehe Überschrift!) sowie die Informationen außerhalb des Zahlenteils. Überprüfen Sie nun die Aussagen A–F im Sinne der **dreiteiligen** Fragestellung:

- Aussage A kann nicht der Tabelle entnommen werden, da diese keine Informationen über die Zu- oder Abnahme von Sendungsformen macht, sondern einen Zustand beschreibt.
- Aussage B erweist sich als falsch, wenn Sie die Rubriken Nachrichten, Magazin/Ratgeber und Reportage/Dokumentation als Informationssendungen zusammenfassen und mit dem ZDF vergleichen.
- Aussage C ist ebenso falsch, wenn Sie in der rechten Spalte „Gesamt" die jeweiligen Werte vergleichen.
- Aussage D kann nicht anhand der Tabelle entschieden werden, da diese keine Aussagen zum Genre „Historischer Spielfilm" trifft (vgl. Spalte 1).

- Aussage E: Wenn Sie der Begriff „fiktionale Sendungsformen“ vielleicht noch zögern lässt, führt Sie die nachfolgende Genre-Angabe „Fernsehserien“ sicher in die richtige Zeile der Tabelle. Dort wird klar, dass Fernsehserien deutlich eine Domäne von RTL und SAT.1 sind.
- Aussage F kann mithilfe der Tabelle nicht entschieden werden, da es dort keine Zeile für „Sport“ gibt.

Lösung:

richtig: E; falsch: B, C; nicht entnehmbar: A, D, F

Sahelzone

Entwicklung der Bevölkerung und der Viehbestände (1965 bis 2003) in der Sahelzone

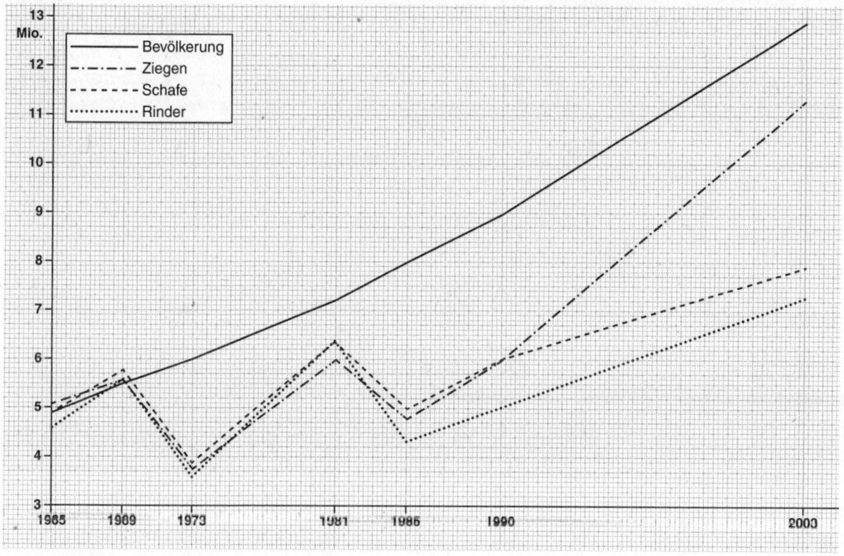

Quelle: Kopiervorlagen, Seydlitz Geographie Bayern 8, Schroedel Verlag, 2007, S. 20

a) Entscheiden Sie, welche der folgenden Aussagen sich aus der oben abgebildeten Grafik ableiten lassen. Tragen Sie den Kennbuchstaben der zutreffenden Antwortkombination in den Lösungsbogen ein.

1 Der Viehbestand in der Sahelzone hat sich im betrachteten Zeitraum stetig erhöht.

2 Viehbestände und Bevölkerung der Sahelzone sind von 1965 bis 2003 parallel angewachsen.

3 In der Sahelzone gibt es immer wieder Zeiten, in denen die Versorgungsmöglichkeit der Bevölkerung mit einheimischen Tierprodukten prekär ist.

4 Die Bevölkerungsentwicklung der Sahelzone ist dramatischer als in anderen Entwicklungsländern.

5 Die Sahelzone weist eine hohe Importquote auf.

6 Seit 1985 ist der Bestand an Ziegen stärker angewachsen als die Schaf- und Rinderbestände.

7 Der Ziegenbestand ist seit jeher deutlich höher als der Rinderbestand.

Antwortkombinationen:

A keine

B (1) und (3)

C alle bis auf (2) und (5)

D alle

E (3) und (6)

F (1), (3) und (6)

Der Aufgabe liegt eine vergleichsweise übersichtliche Grafik zugrunde. Es folgen die Aussagen 1–7, die dahingehend überprüft werden sollen, ob sie sich aus der Grafik ableiten lassen, d. h., ob sie der Vorlage entsprechen. Zur Auswahl werden die Antwortkombinationen A–F vorgelegt. Nur eine davon ist richtig.

Vorgehensweise:

Verschaffen Sie sich zunächst einen Überblick über das Thema, den Aufbau und die Bestandteile der Grafik. Was zeigen die x- und y-Achse? Beginnen Sie sodann die Überprüfung der Aussagen 1–7.

Bei Aufgaben dieses Typs hilft oft relativ schnell das **Ausschlussverfahren.** Ließe sich Aussage 1 aus der Grafik ableiten, schiede A sofort aus. Dies ist hier aber nicht der Fall, da die Viehbestände in der Sahelzone zwar wachsen, aber nicht „stetig", wie es in Aussage 1 heißt (genau lesen!). Folge: Alle Kombinationen mit (1) scheiden somit aus, im vorliegenden Fall B und F. Streichen Sie diesen Kennbuchstaben aus der Liste, um die Komplexität zu reduzieren.

Als Nächstes können allein mit Blick auf die Überprüfung von Aussage 1 auch C und D ausgeschlossen werden. Aussagen 3 und 6 hingegen sind aus der Grafik ableitbar und ergeben den richtigen Lösungsbuchstaben E. Da sich offensichtlich doch zwei Aussagen aus der Grafik ableiten lassen, ist logischerweise auch A falsch. Aber diese Erkenntnis ist eigentlich gar nicht mehr notwendig, weil in der Aufgabenstellung ja nur von **einer** zutreffenden Antwort**kombination** die Rede ist! Fazit: Das Ausschlussverfahren hilft Zeit und Energie zu sparen!

Lösung:

E

Mediennutzung

Die folgenden Grafiken stammen aus einer Studie des Medienpädagogischen Forschungsverbunds Südwest, der jedes Jahr die Mediennutzung von 12- bis 19-Jährigen untersucht.

Überprüfen Sie, welche der Aussagen 1 bis 6 vollständig mit den Informationen aus den nachstehenden Grafiken übereinstimmen, und tragen Sie den Kennbuchstaben der zutreffenden Antwortkombination in den Lösungsbogen ein.

Musiknutzung (ich höre Musik mit ...) 2008
täglich/mehrmals pro Woche

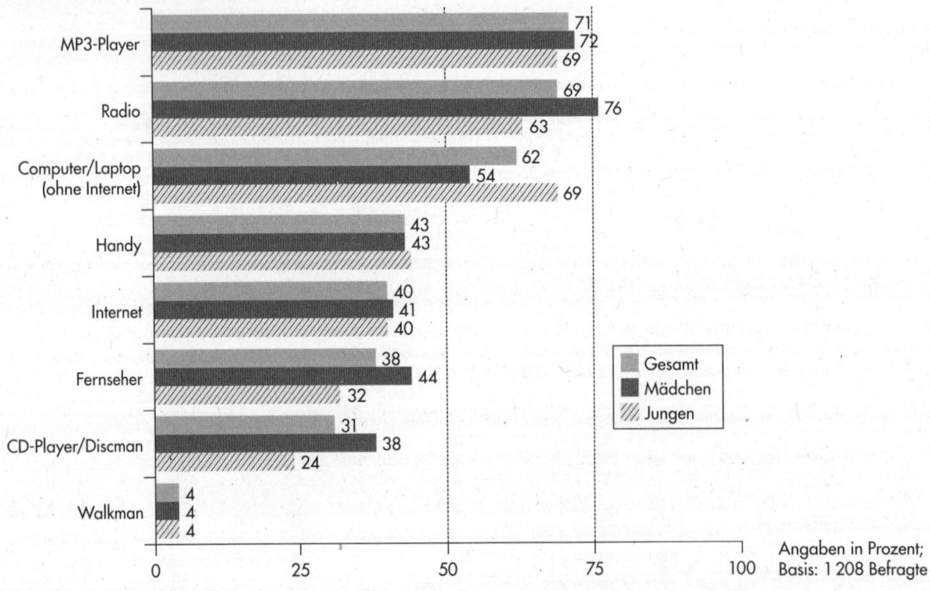

Quelle: mpfs/JIM-Studie 2008

MP3-Player – Haushaltsausstattung und persönlicher Besitz

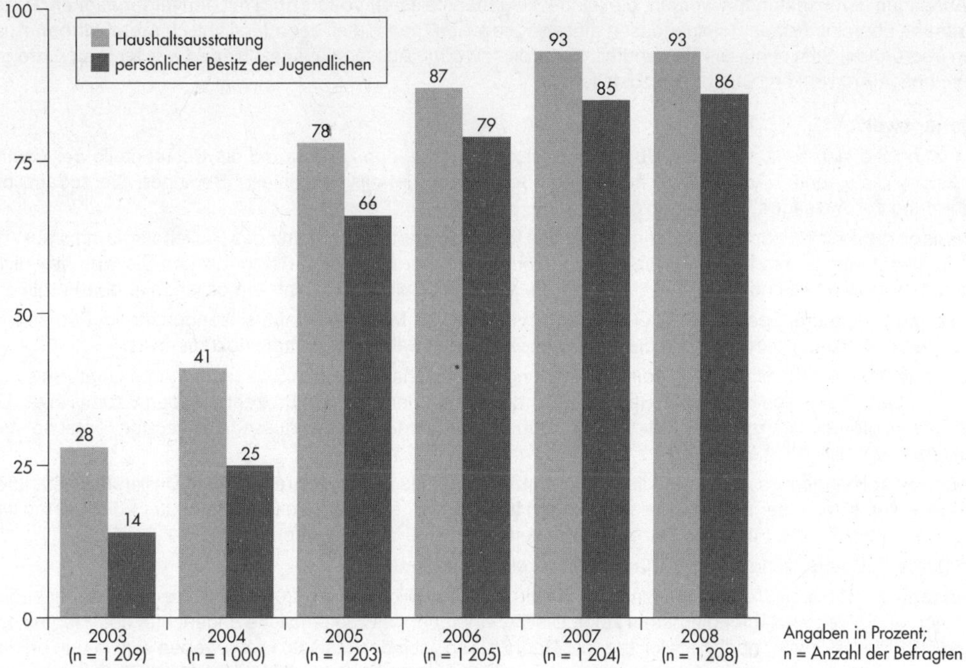

Quelle: mpfs/JIM-Studie 2003–2008

1 Jugendliche hören Musik nach wie vor am meisten über das Radio; der Walkman wird mittlerweile nur mehr von sehr wenigen benutzt – gerade einmal 4 % der befragten Jugendlichen hören damit täglich oder mehrmals pro Woche Musik.

2 Musiksendungen im Fernsehen werden von Mädchen öfter gesehen bzw. gehört als von Jungen; ähnlich verhält es sich mit CD-Player bzw. Discman: auch diese Geräte werden eher von Mädchen als von Jungen zum Musikhören genutzt.

3 In 2004 gaben 410 der Befragten an, dass ihr Haushalt über einen MP3-Player verfügt, und 250 der Jugendlichen besaßen zu dem Zeitpunkt selbst einen MP3-Player.

4 Mädchen hören Musik eher über das Radio als mit einem MP3-Player; bei Jungen ist Musikhören über den Computer oder Laptop (ohne Internetnutzung) beliebter als Musikhören mit einem MP3-Player.

5 24 % der befragten Mädchen hören überhaupt keine Musik.

6 Obwohl die Anzahl der Jugendlichen, die einen MP3-Player ihr Eigen nennen können, von 2003 bis 2008 stetig gestiegen ist, hörten die befragten Jugendlichen zwischen 12 und 19 Jahren in 2008 Musik immer noch lieber über das Radio als mit einem MP3-Player.

Antwortkombinationen:

A alle

B (4), (5) und (6)

C alle außer (5)

D nur (2)

E alle außer (6)

F (2) und (3)

G (1), (3) und (4)

H (1) und (6)

Zur Überprüfung der Aussagen 1–6 werden ein Balken- und ein Säulendiagramm vorgelegt. Es sollen diejenigen Aussagen herausgefunden werden, die (siehe Aufgabenstellung!) **vollständig** mit den Informationen beider Diagramme übereinstimmen. Infolgedessen müssen Sie jeden Bestandteil der offensichtlich **mehrteiligen** Aussagen überprüfen! Stimmt nur ein Bestandteil, muss die jeweilige Aussage ausgeschieden werden. Am Ende gilt es die richtige Antwortkombination festzustellen.

Vorgehensweise:

Verschaffen Sie sich zunächst einen Überblick über das Thema, den Aufbau und die Bestandteile der Grafik. Was zeigen die x- und y-Achse? Welche Messgrößen werden jeweils dargestellt? Beginnen Sie sodann die Überprüfung der Aussagen 1–6.

- **Aussage 1** scheidet schon nach Überprüfung des ersten Bestandteils anhand des Balkendiagramms aus, da 71 % aller Jugendlichen den MP3-Player benutzen gegenüber 69 % dem Radio. Lassen Sie sich hier nicht durch den hohen Mädchenanteil (76 %) verwirren. Allein der Balken „Gesamt“ ermöglicht hier den Vergleich.
- **Aussage 2:** Alle drei Bestandteile der Aussage (Vorliebe von Mädchen für Musiksendungen im Fernsehen, CD-Player, Discman) werden durch die jeweiligen Zeilen des Balkendiagramms dokumentiert.
- **Aussage 3:** Hier geht es um die Medienausstattung der Haushalte, die das Säulendiagramm zeigt. Relevant für die Überprüfung sind die beiden Säulen 2004, die gemäß der Legende Prozentangaben visualisieren. Da die Bezugsgröße n = Anzahl der Befragten = 1000 ist, stimmen die in der Aussage angegebenen absoluten Zahlen.
- **Aussage 4:** Hier geht es wieder um die Mediennutzung, die das Balkendiagramm zeigt. Der erste Bestandteil der Aussage stimmt, der zweite ist falsch. Jungen hören Musik ebenso gern über Computer oder Laptop wie mit einem MP3-Player. Für beide Rezeptionsweisen werden 69 % angegeben.
- **Aussage 5:** Das Balkendiagramm macht hierzu keinerlei Angaben!
- **Aussage 6:** Der erste Teil der Aussage ist richtig, wie der Blick auf die 2003–2008 deutlich wachsenden schwarzen Säulen im Säulendiagramm zeigt. Die Behauptung, dass Jugendliche ungeachtet des Siegeszugs des MP3-Players immer noch Musik lieber am Radio hören, ist jedoch falsch. Hier ergeben sich in den beiden oberen Balken des Balkendiagramms bei „Gesamt“ 69 % für das Radio und 71 % für den MP3-Player.

Tipp:

Der sehr zeitaufwendige(!) Weg der Überprüfung kann durch das **Ausschlussverfahren** abgekürzt werden. Da Aussage 1 nicht vollständig richtig ist, scheiden sofort alle Antwortkombinationen mit (1) aus: A, G und H. Streichen Sie sie im Aufgabenbogen durch.

Da Aussage 2 vollständig richtig ist, muss die gesuchte Antwortkombination (2) enthalten. Dies gilt nur für D und F, nachdem A bereits ausgeschieden ist.

Da sich Aussage 3 ebenfalls als vollständig richtig erweist, können Sie hier bereits abbrechen, da als richtige Antwortkombination nur mehr F in Frage kommen kann. Sie haben sich durch diese Methode mindestens 10 Minuten gespart!

Lösung:

F

Tipps zur Auswertung von Tabellen, Diagrammen und Schaubildern

Tabellen, Diagramme und Schaubilder stellen das statistische Datenmaterial wissenschaftlicher Untersuchungen auf das Wesentliche reduziert zusammen und erlauben einen raschen Überblick. Es können sowohl ein **Zustand** (z. B. die Vermögensverteilung in einer Gesellschaft zu einem bestimmten Zeitpunkt) als auch eine **Entwicklung** in einem bestimmten Zeitraum (z. B. das Wachstum von Städten im 19. Jahrhundert) dargestellt werden. Hieraus ergibt sich die Unterscheidung von **statischen** und **dynamischen** Tabellen, Diagrammen oder Schaubildern.

Die gleichzeitige Darstellung unterschiedlicher Untersuchungsaspekte zu einem Thema erleichtert den **Vergleich** (z. B. ausgewählte Länder differenziert nach Fläche, Einwohnerzahl, Bevölkerungsdichte, Bruttoinlandsprodukt).

Die in Tabellen oder Diagrammen angegebenen Zahlenwerte können **absolute Werte** wie Euro oder Mengenangaben sein oder **relative Werte** wie Prozentangaben. Manchmal liegt eine Orientierung an einem **Index** vor, der alle Daten an einer Bezugsgröße ausrichtet, der z. B. der Wert 100 zugesprochen wird.

Zum besseren Verständnis von Tabellen oder Diagrammen dienen **Überschrift** (in der Unterzeile oft mit Angabe der jeweiligen Messgrößen o. a.), **Legende, Quellenangabe** oder **zusätzliche Angaben,** z. B. zu etwaigen Besonderheiten der Untersuchung.

Tabellen

Tabellen bestehen aus Spalten und Zeilen. Eine **Spalte** verläuft senkrecht von oben nach unten, eine **Zeile** waagrecht von links nach rechts. Das Feld für den Eintrag eines Zahlenwerts nennt man **Zelle.** In der oberen Zeile, dem **Tabellenkopf,** finden Sie in der ersten Spalte die Bezeichnung des jeweils untersuchten Gegenstandsbereichs (z. B. Rundfunksender), am Kopf der folgenden Spalte die Bezeichnung für den jeweils untersuchten Aspekt (z. B. der Anteil von Nachrichtensendungen am Gesamtprogramm). Bei mehrspaltigen Tabellen können die Werte weiterer Untersuchungsaspekte hinzugefügt werden (z. B. die Anteile von Unterhaltungssendungen, Talkshows, Spielfilmen am Gesamtprogramm). Fehlt die Bezeichnung für den jeweiligen Untersuchungsbereich am Kopf der ersten Spalte, ergibt sich dieser aus der **Überschrift.**

Diagramme

In einem Diagramm werden Zahlenwerte **graphisch** dargestellt. Folgende Grundformen werden dabei unterschieden:

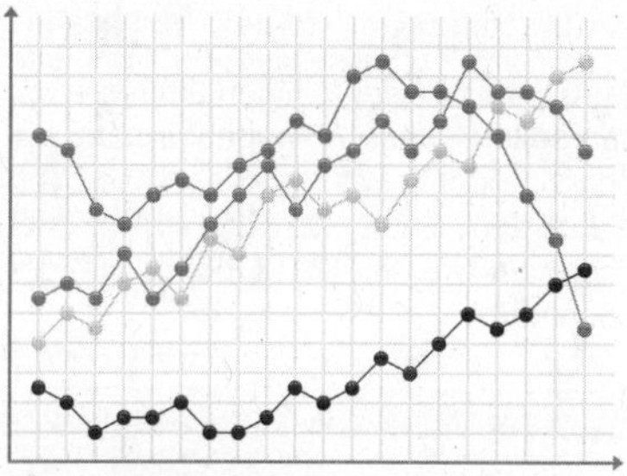

Kurvendiagramm

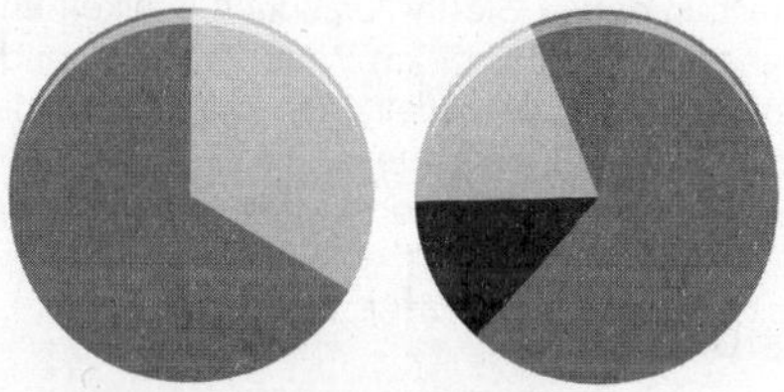

Kreis- bzw. Tortendiagramm

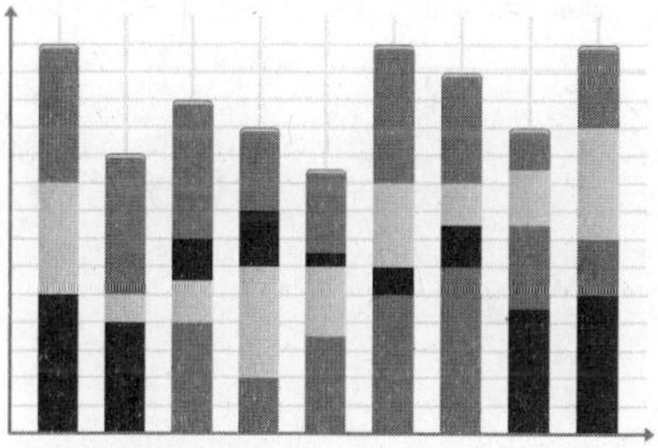

Säulendiagramm

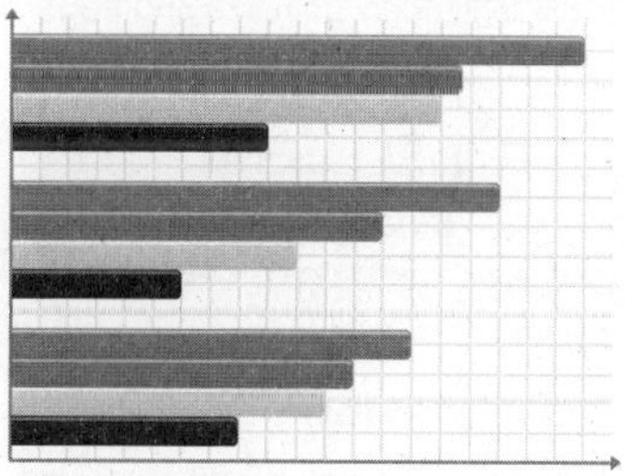

Balkendiagramm

- **Kurvendiagramme** stellen mithilfe von Graphen chronologische Datenserien dar (z. B. die Entwicklung des Wachstums einer Stadt in einem gewissen Zeitraum). Zum Vergleich können andere Datenserien aus dem in Frage stehenden Zeitraum hinzugefügt werden, beim genannten Beispiel etwa die Entwicklung anderer Städte bzw. der Gesamtbevölkerung. Die jeweiligen Graphen werden dann beschriftet oder in einer anderen Form (z. B. fett, gestrichelt, mit Punkten) oder in einer anderen Farbe oder Schattierung dargestellt.
- **Säulen-** und **Balkendiagramme** stellen statistische Informationen mit Hilfe von Säulen (senkrecht) oder Balken (waagrecht) dar und sind besonders augenfällig. Auch hier können mehrere Informationsdimensionen gleichzeitig dargestellt werden (z. B. die Musiknutzung pro Woche insgesamt bzw. differenziert nach Alter oder Geschlecht).
- **Kreis-** bzw. **Tortendiagramme** werden hauptsächlich zur Darstellung der prozentualen Verteilung statistischer Werte zu einem bestimmten Zeitpunkt herangezogen, z. B. zur Darstellung der jeweiligen Anteile bestimmter Sendungsformen im Gesamtangebot des Fernsehens.

Schaubilder unterstützen die graphische Darstellung von Zahlenwerten durch die Aufnahme bildhafter Elemente, wie z. B. durch einmontierte Fotografien oder durch Symbole, wie z. B. Nationalflaggen.

Zehn Tipps für die Auswertung:

1. Welcher Gegenstandsbereich liegt vor?
2. Welche Untersuchungsaspekte werden in den Spalten und Zeilen bzw. auf der x- und y-Achse dargestellt?
3. Wird der Zustand zu einem bestimmten Zeitpunkt oder eine Entwicklung in einem bestimmten Zeitraum beschrieben?
4. Welche Darstellungsform wurde gewählt?
5. Um welche Einheiten handelt es sich, in der die Zahlenwerte angegeben werden? Handelt es sich um absolute oder relative Werte? Liegt die Orientierung an einem Index vor?
6. Was bedeuten die in der Darstellung verwendeten Farben und Symbole?
7. Gibt es Angaben, in denen z. B. die Erhebungsmethode erläutert wird?
8. Gibt es Angaben, die z. B. die jeweiligen Messgrößen erläutern?
9. Wird die Herkunft der Daten angegeben, die Quelle?
10. Quellenkritik: Wie zuverlässig ist die Quelle einzuschätzen? Worüber schweigt sie? Welche Absicht verfolgen Autor oder Auftraggeber? Gibt es Hinweise auf Manipulationen?

3.8 Logikaufgaben

Zusätzlich zu den traditionellen Prüfungsgebieten der Auswahlprüfung (s. o.) werden seit einigen Jahren auch Aufgaben gestellt, in denen Sie Ihr logisches Denken unter Beweis stellen sollen. Diese Aufgabenformate, die auch bei Eignungstests in der freien Wirtschaft verwendet werden, lassen sich durch wiederholtes Lösen von Aufgabenbeispielen trainieren. Vielfältige Materialien hierzu finden Sie auf dem Buchmarkt und im Internet sowie in der Broschüre: „Orientierungshilfe zu Auswahltests – Training, Tipps und Taktik" (2018, pdf online) der Bundesagentur für Arbeit. Denksport macht Spaß! Hier ein kleiner Vorgeschmack:

Logisches Denken

Die nachfolgenden Zahlen- und Bildreihen folgen bestimmten mathematischen oder logischen Regelmäßigkeiten.

Bestimmen Sie jeweils die fehlenden Elemente und tragen Sie Ihr Ergebnis in den Lösungsbogen ein.

a)

1	3	9	27	?	243

b)

41	43	47	53	?	61

c) Welches Bild aus der Auswahlliste 1 setzt die logische Abfolge fort?

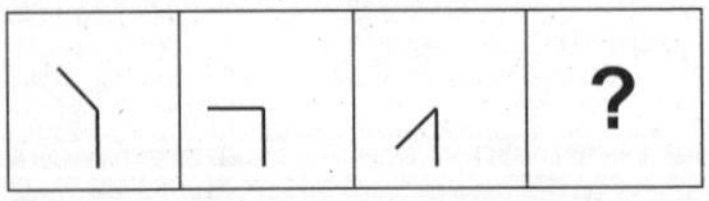

Auswahlliste 1:

A B C D

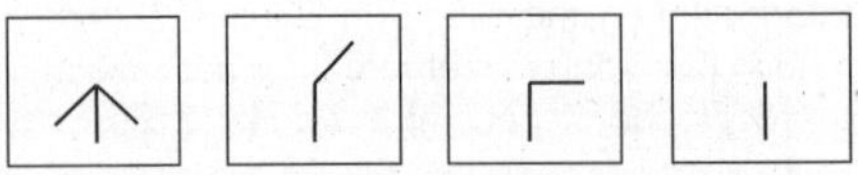

Lösung:

a) 81 (von links nach rechts: Zahl mit 3 multipliziert ergibt die nachfolgende Zahl)

b) 59 (fehlende Primzahl zwischen 41 und 61)

c) D (der Zeiger dreht sich jeweils um 45° gegen den Uhrzeigersinn)

4 DIE PRÜFUNGSAUFGABEN FÜR DAS EINSTELLUNGSJAHR 2018

MIT LÖSUNGEN UND HINWEISEN

Als Übung lesen Sie die Aufgaben auf den linken Seiten sorgfältig durch.

Decken Sie dabei die rechte Seite jeweils ab und tragen Sie unter „Meine Lösung“ die Ihrer Meinung nach richtige Lösung ein.

Vergleichen Sie Ihre Antwort dann mit der Musterlösung auf der rechten Seite.

Text Dieser Text ist für die Bearbeitung der Aufgaben Nummer 1 bis 5 notwendig.

Guido Bohsem: Der große Gleichmacher

Abschnitt 1

Als Apple am 29. Juni 2007 das iPhone präsentierte, war das ein Aufbruch in eine neue Zeit. Die Digitalisierung hatte ihren bislang sichtbarsten Ausdruck gefunden. Das Gerät machte einen neuen Zugang zu den Informationen der Welt möglich, die nun an jedem Ort verfügbar waren (mit Ausnahme der Bahnstrecke von Hamburg nach Berlin vielleicht). Das Smartphone steht wie kaum ein anderes Instrument für die Vernetzung der Menschen untereinander, und es steht für die Vernetzung der Maschinen. Es war die erste globale Manifestation des Internet of Everything. Galt das Smartphone anfangs als Luxus, gibt es inzwischen Geräte, die weniger als 85 Euro kosten und jede Menge leisten. Aus dem Spielzeug einer digitalen Elite ist ein Produkt geworden, das jeder nutzen kann.

Abschnitt 2

Die Verfügbarkeit des Smartphones ist beispielhaft für einen zentralen Effekt, den die Digitalisierung auf die Gesellschaft hat. Sie macht sie gleicher, auch gerechter. Die Digitalisierung ist der größte Gleichmacher unserer Zeit. Sie revolutioniert Produktionsprozesse, sie automatisiert Abläufe und macht alle freier.

Abschnitt 3

Geht es um Gleichheit, richtet sich das Augenmerk vor allem auf die großen Unterschiede beim Einkommen und beim Vermögen. Doch dabei wird oft vergessen, dass zum Thema Gleichheit auch die sogenannte Teilhabe gehört. Gleichheit definiert sich eben nicht nur im Unterschied von Arm und Reich, sondern auch über den Zugang zu Bildung, Information, kulturellen Leistungen, ja, sogar über die Möglichkeit Konsumgüter zu erhalten. Gleichheit hat mit gleichen Chancen zu tun. Die Chance auf den guten oder besseren Job, die Möglichkeit, seine Arbeit mit der Familie zu verbinden, die Gelegenheit, sein begrenztes Umfeld zu weiten und neue Wege zu entdecken und zu gehen.

Abschnitt 4

Das Internet hat bereits einen gewaltigen Beitrag zur Gleichheit geleistet. Einst war der große Brockhaus der teure Stolz im Bücherschrank eines jeden bildungsbürgerlichen Haushalts. Heute stellt das Internet das Wissen der Welt kostenlos zur Verfügung. Der Brockhaus passt in die Hosentasche. Es gibt ihn inzwischen nämlich auch als App.

Abschnitt 5

Wer möchte, kann sich über das Internet für wenig Geld in die Vorlesungen der besten Universitäten der Welt einschreiben. Man kann umsonst Konzerte hören, an Theaterabenden teilhaben, Filme schauen, Nachrichten lesen. Ja, sogar Amazon hat zu mehr Gleichheit beigetragen. Wer in den 1990er-Jahren auf dem Land lebte, musste noch lange Wege in die nächste Stadt auf sich nehmen, um seltene oder ungewöhnliche Dinge kaufen zu können. Heute ist auch das exotischste Produkt in ungeheurer Vielfalt leicht zu erstehen. Es ist nur noch einen Klick entfernt.

Abschnitt 6

Dieser Trend zu mehr Gleichheit wird sich fortsetzen, je mehr die Digitalisierung voranschreitet und je mehr die Menschen lernen, das Internet nicht nur für lustige Filmchen, den Austausch von Belanglosigkeiten oder den Konsum von Pornografie zu nutzen. Zentral wird sein, dass die Digitalisierung unsere Arbeitswelt entscheidend verbessern und für mehr Gerechtigkeit sorgen wird.

Abschnitt 7

Ein paar Beispiele: Schon in den vergangenen Jahrzehnten ist die Zahl der Menschen, die im Job zu Tode kommen, deutlich gesunken. Das hat auch damit zu tun, dass Maschinen die wirklich gefährlichen Arbeiten übernehmen. Sie werden das in Zukunft noch viel häufiger tun, weil die Fortschritte in der Entwicklung von leistungsfähigen Robotern und Sensoren sie noch besser dazu in die Lage versetzen werden. Die neue Technik wird somit eine Ungleichheit der Arbeitswelt beseitigen, die in sicherere und gefährliche Jobs geteilt war.

Abschnitt 8

Die Digitalisierung wird die Gleichheit von Frau und Mann fördern. Eine immer intensivere Zusammenarbeit von Mensch und Maschine ermöglicht es zudem Frauen, in Arbeitswelten vorzudringen, die derzeit zumeist nur Männern offenstehen – einfach, weil sie physisch zu anstrengend sind. Je enger Menschen mit Maschinen zusammenarbeiten können, desto weniger Kraft braucht der Mensch und desto geringer ist der Unterschied, ob ein Mann oder eine Frau den Job erledigt.

Abschnitt 9

Auch für die Familie werden sich die neuen technologischen Möglichkeiten segensreich auswirken. Die Digitalisierung führt schon jetzt dazu, dass sich Tätigkeiten zu Hause erledigen lassen, für die früher die Fahrt ins Büro notwendig war. Das lässt mehr Raum für die Betreuung der Kinder. Dabei geht es nicht nur um ein Mehr an Heimarbeit. Nein, interessant dürften vor allem die Mischformen werden – weil es leichter möglich ist, Arbeitszeit flexibel über den Tag zu verteilen.

Abschnitt 10

Aber auch das tägliche Leben wird durch die Digitalisierung fairer und gerechter. Sie wird zum Beispiel im Gesundheitswesen dazu führen, dass Patienten besser behandelt werden – egal, welchen gesellschaftlichen Status sie haben. Schon heute gibt es Krankenhäuser, die Röntgenbilder und Aufnahmen aus dem CT nicht mehr nur von den eigenen Ärzten begutachten lassen. Sie schicken die problematischen Fälle zu den Besten ihres Fachs. Gut behandelt wird nicht mehr nur der, der zufällig in der Nähe des Spezialisten wohnt. Der Spezialist ist auch für Menschen in ländlichen Regionen verfügbar.

Abschnitt 11

Die Liste ließe sich weiter fortsetzen. Die Aussichten sind großartig. Trotz der Aussicht auf eine bessere Welt sind die Menschen nicht zuversichtlich, sondern sorgen sich. Verbreitet ist vor allem die Furcht, die Roboter würden den Menschen die Arbeit wegnehmen, dass die Maschinen Jobkiller werden. Sie wird beflügelt durch eine einflussreiche Studie der Oxford-Wissenschaftler Carl Frey und Michael Osborne aus dem Jahr 2013. Darin postulieren die Wissenschaftler, dass die Digitalisierung 47 Prozent der Jobs überflüssig machen werde. Inzwischen wurde ihre These von zahlreichen anderen Untersuchungen infrage gestellt, die in der Regel sogar mehr Jobs durch die Digitalisierung erwarten.

Abschnitt 12

Das Problem des digitalen Wandels ist nicht der Wandel an sich. Es ist seine Geschwindigkeit. Ändert sich die Berufswelt langsam, kommt es auch bei den Beschäftigten zu wenig Ausfällen. Die Frage wird sein, ob die Arbeitnehmer damit Schritt halten können. Denn so einfach ist es nicht, eine ganz neue Tätigkeit zu erlernen und das schon gar nicht mehrmals im Berufsleben. Das geht nur mit grundlegender Bildung und stetiger Fortbildung im Sinn der Digitalisierung.

Abschnitt 13

Es gibt noch einiges zu tun, damit der Gleichmacher Digitalisierung nicht zum Jobkiller wird. In vielen Ländern gehören Codieren und Programmieren bereits zur Grundschulbildung, etwa in Estland, Belgien oder Finnland. Der Umgang mit Algorithmen wird gelehrt. Die US-Universität Stanford erarbeitet derzeit zusammen mit Google ein Programm, das schon Kindergarten-Kindern spielerisch die Denkstrukturen des sogenannten Codings beibringt. Hierzulande hat das Schulsystem noch nicht auf den zukünftigen Bedarf reagiert. Das ist gefährlich, weil dieses digitale Grundwissen eine große Rolle in den neuen Jobs spielen wird. Wachsen die Kinder ohne auf, werden sie auch in der gleicheren, digitalen Welt benachteiligt.

(Süddeutsche Zeitung, 3./4. September 2016, Nr. 204, S. 24, abgeändert)

Hinweise:

Beachten Sie, dass unter Aufgabe 29 (Seite 128) eine Abhandlung zu fertigen ist. Planen Sie hierfür eine Bearbeitungszeit von etwa 75 Minuten ein.

Vor der Beantwortung der nachfolgenden Fragen Nrn. 1–5 lesen Sie bitte den Text „Der große Gleichmacher" (Text auf Seite 56 f.) aufmerksam durch.

1 Inhalt des Textes

▶ Kreuzen Sie im Lösungsbogen an, ob es im Text **„Der große Gleichmacher"** um die folgenden Themen **hauptsächlich, eher beiläufig/punktuell** oder **überhaupt nicht** geht.

1 Reaktionen der Menschen auf den technischen Fortschritt

2 Zunehmende Gefahr von Hacker-Angriffen

3 Veränderung der Lebens- und Arbeitswelt im Zeitalter der Digitalisierung

4 Rechtliche Fragestellungen im Zeitalter des Internets

5 Medienbildung an deutschen Schulen

6 Ausgleich der Lebensbedingungen zwischen Stadt und Land

7 Das Smartphone als Schlüsselerfindung der Gegenwart

8 Vereinbarkeit von Familie und Beruf

9 Fake News

Meine Lösung:

Kreuzen Sie an:	1	2	3	4	5	6	7	8	9
hauptsächlich	☐	☐	☐	☐	☐	☐	☐	☐	☐
eher beiläufig/punktuell	☐	☐	☐	☐	☐	☐	☐	☐	☐
überhaupt nicht	☐	☐	☐	☐	☐	☐	☐	☐	☐

9 P.

KORREKTUR-RAND NUR FÜR DEN KORREKTOR	
Erst-	Zweit-
korrektor	
rot	grün
9 P.	

1 Inhalt des Textes

Kreuzen Sie an:	1	2	3	4	5	6	7	8	9
hauptsächlich			X				X		
eher beiläufig/punktuell	X				X	X		X	
überhaupt nicht		X		X					X

je 1 Punkt, insgesamt 9 Punkte
kein Punkt für jede Spalte mit mehr als einem Kreuz

Tipp: Beachten Sie vor Beginn und während der Textarbeit die Arbeitsschritte in Kap. 2.1.1 dieses Buches!

Die erste Aufgabe zum Basistext der Auswahlprüfung überprüft Ihr Textverständnis hinsichtlich des Inhalts der Vorlage. Hier gilt es nach einem ersten überfliegend-orientierenden Lesen („Worum geht es überhaupt?") durch eine genau an den Aufgaben orientierte Lektüre zu entscheiden, ob die bei Nr. 1 bis 9 genannten Themen:

- *mehrmals im Text vorkommen und diesen dominieren (dann: „hauptsächlich"),*
- *eher am Rande und dabei nur kurz angesprochen werden (dann: „eher beiläufig/punktuell") oder*
- *überhaupt nicht Gegenstand der Vorlage sind (dann: „überhaupt nicht").*

Bei der genauen Lektüre werden Sie feststellen:

keine Entsprechung zum Text:

Bereits beim ersten Lesen wird klar, dass die zunehmende Gefahr von Hacker-Angriffen (Thema 2) oder rechtliche Fragestellungen im Zeitalter des Internets (Thema 4) an keiner Stelle des Textes Erwähnung finden. Die seit dem Amtsantritt von US-Präsident Donald Trump allerorten diskutierten „Fake News" (Thema 9) werden im Text von Guido Bohsem ebenfalls nicht angesprochen. Demnach können diese Themen schnell als erledigt abgehakt werden. Bleiben nur noch sechs Aussagen, die es zu überprüfen gilt.

hauptsächlich:

Ebenso schnell dürften Sie bereits beim ersten oder zweiten Lesen erkennen, dass im Zentrum des Artikels fraglos die Themen Nr. 3 und 7 stehen – die Veränderung der Lebens- und Arbeitswelt im Zeitalter der Digitalisierung (Thema 3) sowie das Smartphone als Schlüsselerfindung der Gegenwart (Thema 7). Beide Themen sind vom Anfang bis zum Schluss des Textes präsent.

eher beiläufig/punktuelle Erwähnung:

- *Thema 1: Abschnitt 11 weist auf die Sorgen vieler Menschen hin, durch Roboter am Arbeitsplatz ersetzt zu werden und dadurch ihren Arbeitsplatz zu verlieren.*
- *Thema 5: Abschnitt 12 leitet am Ende zum Thema „Bildung im digitalen Zeitalter" über, das in Abschnitt 13 im Mittelpunkt steht. Für deutsche Schulen wird hier im internationalen Vergleich ein deutlicher Nachholbedarf festgestellt.*
- *Thema 6: Der Ausgleich der Lebensbedingungen zwischen Stadt und Land klingt erstmals in Abschnitt 5 (Z. 25 f.) an, der die Verbesserung der Einkaufssituation der ländlichen Bevölkerung durch Amazon hervorhebt. In Abschnitt 10 (Z. 52 f.) wird die Verbesserung der medizinischen Versorgung betont, die durch moderne Kommunikationsmedien auch der Landbevölkerung zugute kommt.*
- *Thema 8: Die bessere Vereinbarkeit von Familie und Beruf wird erstmals in Abschnitt 3 (Z. 17) erwähnt und in Abschnitt 9 weiter ausgeführt. Hauptthema des Artikels ist sie aber ebenso wenig wie die Themen 1, 5 oder 6.*

2 Textaufbau

In welchem Abschnitt …

A fordert der Autor ein Umdenken der Bildungspolitik?

B fasst der Autor seine Einschätzung zur zentralen These des Textes kompakt zusammen?

C findet sich eine Auseinandersetzung mit wissenschaftlichen Positionen?

D werden die Standpunkte politischer Parteien in Deutschland dargestellt?

E beschreibt der Autor den positiven Einfluss der Digitalisierung auf die Work-Life-Balance?

F wird der Zentralbegriff der Argumentation des Autors geklärt?

G wird dargestellt, wie die Digitalisierung zu einer Verringerung der Risiken in der Arbeitswelt beiträgt?

H wird aufgezeigt, wie durch Digitalisierung wohnortbedingte Nachteile bei der medizinischen Versorgung abgebaut werden können?

▶ Tragen Sie jeweils die Nummer des zutreffenden Textabschnitts in den Lösungsbogen ein.

Hinweis:
Eine Frage hat keine Entsprechung zum Text. Vermerken Sie dies im Lösungsbogen beim betreffenden Kennbuchstaben mit der Ziffer 0.

Meine Lösung:

Tragen Sie jeweils die Nummer des zutreffenden Textabschnitts ein:

	A	B	C	D	E	F	G	H
Abschnitt								

8 P.

2 Textaufbau

Tragen Sie jeweils die Nummer des zutreffenden Textabschnitts ein:

	A	B	C	D	E	F	G	H
Abschnitt	**13**	**2**	**11**	**0**	**9**	**3**	**7**	**10**

je 1 Punkt, insgesamt 8 Punkte 8 P.

Aufgabe 2 hängt eng mit Aufgabe 1 zusammen. Sinnabschnitte sollen verortet werden, um so Ihr Verständnis für den Textaufbau testen zu können. Hierbei ist sicher ein nochmaliges Lesen erforderlich. Die Bildung von Zwischenüberschriften erleichtert die Lösung der Aufgabe:

A Für ein Umdenken in der Bildungspolitik spricht sich der Autor in Abschnitt 13 aus, in dem er eine intensivere Vermittlung digitalen Grundwissens fordert.

B Die Digitalisierung mache die Welt gleicher und gerechter. Diese zentrale These Bohsems findet sich kompakt in Abschnitt 2.

C Eine Auseinandersetzung mit wissenschaftlichen Positionen findet sich in Abschnitt 11, in dem der Autor das Ergebnis einer einflussreichen Studie der Universität Oxford zusammenfasst und mit Blick auf zahlreiche andere Studien infrage stellt.

D Die Standpunkte politischer Parteien kommen im Text überhaupt nicht vor. Deshalb an dieser Stelle: 0.

E Den positiven Einfluss der Digitalisierung auf die Work-Life-Balance beschreibt der Autor in Abschnitt 9 am Beispiel der besseren Vereinbarkeit von Familie und Beruf durch die Ermöglichung von Heimarbeit und die flexible Verteilung der Arbeitszeit über den Tag.

F Die Digitalisierung mache die Welt gleicher, lautet die zentrale These des Autors. „Gleichheit" ist infolgedessen der Zentralbegriff seiner Argumentation. Er wird in Abschnitt 3 differenziert und erläutert.

G Um die Verringerung der Risiken der Arbeitswelt durch die Übernahme gefährlicher Arbeiten durch Maschinen und Roboter geht es in Abschnitt 7.

H Die Verbesserung der medizinischen Versorgung auch des flachen Landes durch digitale Kommunikationsmedien ist Thema von Abschnitt 10.

3 Meinung des Autors

▶ Kreuzen Sie im Lösungsbogen an, welche der folgenden Aussagen der im Text zutage tretenden Meinung des Autors **entsprechen**, welche ihr **nicht entsprechen** und welche dem Text **nicht zu entnehmen** sind.

Aussagen:

1 Kinder- und Jugendmedienschutz ist heute dringender denn je.

2 Das Smartphone vertieft den digital gap in der Gesellschaft.

3 Eine generelle Furcht vor Robotern ist unangebracht.

4 Frauen gehören zu den Verlierern der digitalen Revolution.

5 Computerspiele stellen einen wichtigen Wirtschaftsfaktor dar.

6 Medienbildung ist ein Gebot der Stunde.

7 Gut, dass der Brockhaus digital zu haben ist.

8 Das Internet ist ein Ort vielfältiger Möglichkeiten.

Meine Lösung:

Kreuzen Sie an:	**1**	**2**	**3**	**4**	**5**	**6**	**7**	**8**
entspricht der Meinung des Autors	☐	☐	☐	☐	☐	☐	☐	☐
entspricht nicht der Meinung des Autors	☐	☐	☐	☐	☐	☐	☐	☐
nicht dem Text zu entnehmen	☐	☐	☐	☐	☐	☐	☐	☐

8 P.

3 Meinung des Autors

Kreuzen Sie an:

	1	2	3	4	5	6	7	8
entspricht der Meinung des Autors			X			X	X	X
entspricht nicht der Meinung des Autors		X		X				
nicht dem Text zu entnehmen	X				X			

je 1 Punkt, insgesamt 8 Punkte
kein Punkt für jede Spalte mit mehr als einem Kreuz

8 P.

Hier sollen die Aussagen 1 bis 8 mit der im Text zu Tage tretenden Meinung des Autors verglichen werden. Verschaffen Sie sich hierfür zunächst einen Überblick über die zur Überprüfung vorgelegten Aussagen und scheiden Sie dabei jene aus, von denen Sie sicher sind, dass sie mit dem Text nichts zu tun haben und somit auch keinen Aufschluss über die Meinung des Autors geben. Der Vergleich nach erneuter zielgenauer Lektüre ergibt folgendes Ergebnis:

nicht dem Text zu entnehmen:

- *Aussage 1: Um den Kinder- und Medienschutz im digitalen Zeitalter geht es in diesem Text an keiner Stelle.*
- *Aussage 5: Der Text nennt zahlreiche Anwendungen, die Smartphone und Internet ermöglichen. Computerspiele werden dabei nicht erwähnt. Insofern äußert sich der Autor auch nicht zu deren Bedeutung als Wirtschaftsfaktor.*

entspricht nicht der Meinung des Autors:

- *Aussage 2: Der Begriff „digital gap" beschreibt die Spaltung der Gesellschaft in User und Nicht-User digitaler Medien, die, so die Aussage, durch das Smartphone vertieft werde. Bohsem ist hier ganz anderer Ansicht. Die zunehmende Digitalisierung unserer Gesellschaft mache diese gleicher und komme allen zugute – so der Tenor des gesamten Artikels, der bereits im Titel anklingt.*
- *Aussage 4: Frauen gehören zu den Verlierern der digitalen Revolution? Der Autor sieht sie als Gewinner, da sie nun in Arbeitswelten vordringen können, die bislang Männern vorbehalten waren, wie Abschnitt 8 deutlich macht.*

entspricht der Meinung des Autors:

- *Aussage 3: Roboter übernehmen gefährliche Arbeiten (Abschnitt 7), ihr Einzug in die Arbeitswelt wird von Bohsem demnach positiv gesehen. Roboter als Jobkiller, wie es zwei Oxford-Wissenschaftler sehen? Keineswegs. In Abschnitt 11 verweist der Autor auf Studien, die zu gänzlich anderen Ergebnissen kommen: Die Digitalisierung als Job-Motor!*
- *Aussage 6: Ja, Medienbildung, beginnend in Kindergarten und Schule, ist für den Autor ein Gebot der Stunde, um im digitalen Zeitalter mithalten zu können. Vgl. hierzu Abschnitt 13.*
- *Aussage 7: Abschnitt 4 begrüßt, dass es den Brockhaus, das bekannteste und umfänglichste deutsche Universallexikon, nun auch als App gibt.*
- *Aussage 8: Die Abschnitte 4 bis 6 unterstreichen das Internet als Ort vielfältiger Möglichkeiten auch jenseits der Arbeitswelt.*

4 Eigenschaften und Merkmale des Textes

Welche Eigenschaften und Merkmale kennzeichnen den Text **„Der große Gleichmacher"**? **Sechs** der nachfolgenden Antwortmöglichkeiten treffen zu.

▶ Kreuzen Sie im Lösungsbogen die zutreffenden Kennbuchstaben an.

Der Text von Guido Bohsem ist …

A eine Reportage zu einem aktuellen Thema.

B überwiegend kritisch.

C weitgehend affirmativ.

D Teil der politischen Berichterstattung einer bekannten Wochenzeitung.

E einer auflagenstarken Tageszeitung entnommen.

F abwägend, indem er durchweg unterschiedliche Positionen zur Diskussion stellt.

G ein Essay mit ausgeprägt philosophischem Charakter.

H durch eine klare Werthaltung des Autors gekennzeichnet.

I normativ.

K am Ende auch appellativ.

L streng wissenschaftlich argumentierend.

M an vielen Stellen anschaulich und konkret.

N eingangs auch witzig.

O typisch für ein Fachmagazin der Computerszene.

Meine Lösung:

Kreuzen Sie an:

	A	B	C	D	E	F	G	H	I	K	L	M	N	O
zutreffend														

6 P.

4 Eigenschaften und Merkmale des Textes

Kreuzen Sie an:

	A	B	C	D	E	F	G	H	I	K	L	M	N	O
zutreffend			X		X			X		X		X	X	

je 1 Punkt, insgesamt 6 Punkte 6 P.
Bei mehr als sechs Kreuzen: 1 Punkt Abzug pro zusätzlichem Kreuz (niedrigster Endpunktwert 0)

Konzentrieren Sie sich bei einem erneuten Textdurchgang nun auf die Textart der Vorlage und überprüfen Sie dabei die Antwortmöglichkeiten A bis O. Markieren Sie Ihre Prüfergebnisse zunächst mit Bleistift im Bogen „Aufgabenstellung", bevor Sie Ihr Resultat in den Lösungsbogen übertragen, wo nur die Kennbuchstaben der zutreffenden Antwortmöglichkeiten anzukreuzen sind. Setzen Sie dort max. 6 (!) Kreuze, wie der Bewertungsanleitung im Lösungsbogen zu entnehmen ist. Die schrittweise Markierung im Bogen „Aufgabenstellung" hilft, einen schnellen Überblick über die noch vorhandenen Optionen zu erhalten, und ermöglicht die ggf. erforderliche Schlusskorrektur. Am Ende Ihrer Analyse werden Sie feststellen:

Nicht zutreffend sind die Aussagen:

A Der Text widmet sich zwar einem aktuellen Thema, aber nicht in Form einer Reportage, die Eindrücke vermittelt, die der Autor vor Ort selbst gewonnen hat, z. B. bei einer Reise in ein fernes Land oder Krisengebiet (Reisereportage) oder bei einem Besuch von Industriebetrieben (Industriereportage). Der Autor einer Reportage vermittelt dem Leser das Gefühl, das Berichtete selbst erlebt zu haben. Auch dies ist hier nicht der Fall.

B Guido Bohsem steht der Digitalisierung äußerst positiv gegenüber und unterstreicht in seinem Artikel durchweg deren Vorteile. Bedenken wie in Abschnitt 11 werden rasch zur Seite geschoben.

D Der Text ist der Süddeutschen Zeitung entnommen, die Montag bis Samstag erscheint, also eine Tageszeitung ist. Um Politik im engeren Sinn geht es hier nicht, vielmehr um eine zentrale technologische Entwicklung der Gegenwart und ihre Auswirkungen auf Industrie und Bevölkerung.

F Unterschiedliche Positionen zum Siegeszug der Digitalisierung klingen allenfalls in Abschnitt 11 an. Von einer durchgehenden Abwägung von Pro- und Contra-Argumenten kann hier keine Rede sein.

G Der Bezeichnung „Essay" könnte man unter Umständen noch zustimmen, stellt der Text doch eine mehr oder minder geistreiche Abhandlung dar, in der sich ein Autor auf persönliche Weise in relativ freier Form mit einem gesellschaftlichen Phänomen auseinandersetzt. Von einem „ausgeprägt philosophischen Charakter" des Textes kann jedoch nicht gesprochen werden. Der Text ist überwiegend konkret und auf der Alltagsebene angesiedelt. Bezüge auf Philosophen oder philosophische Denkschulen findet man hier an keiner Stelle.

I Der Text berichtet über die Digitalisierung unserer Gesellschaft und wertet diese. Verhaltensregeln oder Normen (wie z. B. in Verordnungen oder Gesetzen) werden hier nicht aufgestellt.

L Eine „streng wissenschaftliche", d. h. durchgehend streng logische, ggf. auch empirisch oder auf anerkannte Autoritäten gestützte Argumentation liegt hier nicht vor und wäre für eine Tageszeitung auch ungewöhnlich.

O Die Süddeutsche Zeitung ist kein Fachmagazin der Computerszene. Sie richtet sich an ein breites Publikum und verzichtet deshalb auf Fachwortschatz, der nur Insidern geläufig ist.

Als Resultat des Ausschlussverfahrens verbleiben sechs mutmaßlich „richtige" Merkmale, die Sie aber im Einzelnen noch überprüfen sollten:

Zutreffend sind die Aussagen:

C „Affirmativ" ist das Gegenteil von „kritisch" und bezeichnet demzufolge eine positive bzw. bejahende Haltung zum in Frage stehenden Thema, hier zur Digitalisierung, die vom Autor durchweg positiv als „großer Gleichmacher" gesehen wird, der das Leben der Menschen in vielerlei Hinsicht verbessert.

E Die Süddeutsche Zeitung (SZ) ist mit rund 294.000 verkauften Exemplaren (3. Quartal 2017) die mit Abstand auflagenstärkste seriöse überregionale Tageszeitung in Deutschland, gefolgt von der Frankfurter Allgemeinen Zeitung (FAZ) und Die Welt.

H Der Autor bejaht das Vordringen der Digitalisierung durchgehend und begrüßt die hieraus resultierenden Vorteile. Als zentraler Wert wird die Gleichheit betont, deren Dimensionen in Abschnitt 3 kompakt zusammengefasst werden.

K Ein „appellativer" Text stellt Forderungen auf, hier – vgl. Abschnitt 13 – die Forderung nach einer Intensivierung der digitalen Bildung.

M Beispiele, die die Anschaulichkeit eines Textes ausmachen, finden sich hier ab Abschnitt 4 zuhauf. Am Anfang von Abschnitt 7 werden diese sogar („Ein paar Beispiele:") ausdrücklich angekündigt.

N Der Witz in Abschnitt 1 steckt in der Klammer (Z. 3 f.), die auf die oft verspottete digitale Rückständigkeit der Deutschen Bahn Bezug nimmt, hier fehlende Internetverbindungen auf der Hauptstrecke Hamburg – Berlin, eine Lachnummer angesichts der Möglichkeiten des iPhones.

5 Synonyme und Antonyme

▶ Ordnen Sie im Lösungsbogen den nachfolgenden **Wörtern mit den Kennzahlen 1 bis 4** jeweils den Kennbuchstaben des Wortes aus der Auswahlliste mit **gleicher** Bedeutung und den **Wörtern mit den Kennzahlen 5 bis 8** mit **entgegengesetzter** Bedeutung zu.

Wörter:

1 Manifestation (Z. 5/6)
2 Teilhabe (Z. 13/14)
3 exotisch (Z. 27)
4 postulieren (Z. 58)
5 global (Z. 5)
6 Produktion (Z. 11)
7 physisch (Z. 40)
8 flexibel (Z. 47)

Auswahlliste:

A analog
B ausgefallen
C behaupten
D Bildung
E Demokratie
F Demonstration
G digital
H Internet
I körperlich
K lokal
L Mehrheit
M festlegen
N Partizipation
O Konsum
P seelisch
Q starr
R vertraut
S Vertrieb

Meine Lösung:

Ordnen Sie die betreffenden Kennbuchstaben zu:

1	2	3	4	5	6	7	8

8 P.

5 Synonyme und Antonyme

Ordnen Sie die betreffenden Kennbuchstaben zu:

1	2	3	4	5	6	7	8
F	N	B	C	K	O	P	Q

je 1 Punkt, insgesamt 8 Punkte 8 P.

Bei dieser zweiteiligen Aufgabe geht es um Ihren Wortschatz. Bei den Wörtern 1 bis 4 sollen zu Stellen aus dem Text von Guido Bohsem aus einer Auswahlliste Synonyme (Wörter oder Ausdrücke mit gleicher oder ähnlicher Bedeutung), bei den Wörtern 5 bis 8 Antonyme (Wörter oder Ausdrücke mit entgegengesetzter Bedeutung) zugeordnet werden. Hier hilft der Sinn der jeweiligen Textstelle bzw. die Feststellung der Wortart (hier: Nomen/Hauptwort oder Adjektiv/Eigenschaftswort), die zugeordnet werden soll. Wenn Sie diejenigen Wörter aus der Auswahlliste streichen, bei denen Sie ganz sicher sind, wird die Aufgabe nach und nach immer leichter, da übersichtlicher:

Synonyme:

1 ***Manifestation*** *(Z. 5/6): Hier kommt nur eines der acht Nomen der Auswahlliste (D, E, F, H, L, N, O, S) in Frage. Sinnvoll im Kontext nur Demonstration (F). Bei der Präsentaion des iPhones 2007 wurden dessen Möglichkeiten „demonstriert", d. h. gezeigt, vorgestellt.*

2 ***Teilhabe*** *(Z. 13/14): Hier kommt als Synonym nur das Fremdwort Partizipation (N) in Frage, das Sie ggf. auch aus dem Sozialkundeunterricht kennen. Die anderen Nomen der Auswahlliste machen keinen Sinn. Wer Latein gelernt hat, weiß: „pars" (lat.) = Teil, so auch in „partizipieren", „partikular" oder „partiell".*

3 ***exotisch*** *(Z. 27): Exotische Produkte sind das Gegenteil von Massenware und waren in der Vergangenheit nur in Spezialläden in der Stadt erhältlich. Über Amazon & Co. können sie nun auch zuhause von der Landbevölkerung erworben werden, leicht und schnell. Kennbuchstabe demnach: B, ausgefallen.*

4 ***postulieren*** *(Z. 58): Die Auswahlliste bietet als mögliches Synonym die Verben C („behaupten") und M („festlegen") an. Demnach richtiger Kennbuchstaben C. „Behaupten" unterstreicht die Zweifel Bohsems an den Ergebnissen der Oxford-Studie von 2013 zu den negativen Auswirkungen der Roboterisierung.*

Antonyme:

5 ***global*** *(Z. 5): Klar, das Gegenteil ist lokal (K), den jeweiligen Ort betreffend und nicht die ganze Welt. Wer Latein gelernt hat, weiß: „locus" (lat.) = Ort. Deshalb sprechen wir auch vom Lokalteil einer Zeitung, der ausschließlich Vorkommnissen am Ort gewidmet ist.*

6 ***Produktion*** *(Z. 11): hier passt nur das Nomen Konsum (O), das im Gegensatz zur Herstellung von Waren deren Verbrauch bezeichnet.*

7 ***physisch*** *(Z. 40): Physisch anstrengende Arbeit belastet den Körper, psychisch anstrengende Arbeit die Seele („Psyche" griech. = Seele), davon abgeleitet Psychologie, wörtlich übersetzt die Seelenkunde. Psychisch = seelisch (P) als Gegenbegriff zu „physisch".*

8 ***flexibel*** *(Z. 47). Bei der Vereinbarung flexibler Arbeitszeiten kann der Arbeitnehmer wählen, wann er arbeiten will. Starre (Q) Arbeitszeiten legen dies fest. Der Arbeitnehmer muss sich zwingend danach richten, z. B. im Verkauf nach den Öffnungszeiten des Geschäfts.*

6 Nebensätze

▶ Überprüfen Sie in den Sätzen a) bis e) im Lösungsbogen, ob diese einen Nebensatz enthalten. Unterstreichen Sie ggf. jeweils den Nebensatz eindeutig und vollständig. Bestimmen Sie zusätzlich dessen Art oder vermerken Sie, dass kein Nebensatz vorliegt, indem Sie jeweils den passenden Kennbuchstaben des zugehörigen Fachbegriffs bzw. Ausdrucks aus der nachfolgenden Auswahlliste ergänzen.

Auswahlliste:

A	Temporalsatz	**E**	Kausalsatz	**I**	Konzessivsatz
B	Lokalsatz	**F**	Finalsatz	**K**	kein Nebensatz
C	Relativsatz	**G**	Konditionalsatz		
D	Modalsatz	**H**	Konsekutivsatz		

Meine Lösung:

Unterstreichen Sie ggf. den Nebensatz und tragen Sie bei a) bis e) jeweils den passenden Kennbuchstaben ein:

a) Als Apple am 29. Juni 2007 das iPhone präsentierte, war das ein Aufbruch in eine neue Zeit. (Z. 1)

passender Kennbuchstabe: ☐

b) Aus dem Spielzeug einer digitalen Elite ist ein Produkt geworden, das jeder nutzen kann. (Z. 7 f.)

passender Kennbuchstabe: ☐

c) Geht es um Gleichheit, richtet sich das Augenmerk vor allem auf die großen Unterschiede beim Einkommen und beim Vermögen. (Z. 12 f.)

passender Kennbuchstabe: ☐

d) Man kann umsonst Konzerte hören, an Theaterabenden teilhaben, Filme schauen, Nachrichten lesen. (Z. 24 f.)

passender Kennbuchstabe: ☐

e) Sie werden das in Zukunft noch viel häufiger tun, weil die Fortschritte in der Entwicklung von leistungsfähigen Robotern und Sensoren sie noch besser dazu in die Lage versetzen werden. (Z. 35 f.)

passender Kennbuchstabe: ☐

9 P.

6 Nebensätze

Unterstreichen Sie ggf. den Nebensatz und tragen Sie bei a) bis e) jeweils den passenden Kennbuchstaben ein:

a) Als Apple am 29. Juni 2007 das iPhone präsentierte, war das ein Aufbruch in eine neue Zeit. (Z. 1)

passender Kennbuchstabe: **A**

b) Aus dem Spielzeug einer digitalen Elite ist ein Produkt geworden, das jeder nutzen kann. (Z. 7 f.)

passender Kennbuchstabe: **C**

c) Geht es um Gleichheit, richtet sich das Augenmerk vor allem auf die großen Unterschiede beim Einkommen und beim Vermögen. (Z. 12 f.)

passender Kennbuchstabe: **G**

d) Man kann umsonst Konzerte hören, an Theaterabenden teilhaben, Filme schauen, Nachrichten lesen. (Z. 24 f.)

passender Kennbuchstabe: **K**

e) Sie werden das in Zukunft noch viel häufiger tun, weil die Fortschritte in der Entwicklung von leistungsfähigen Robotern und Sensoren sie noch besser dazu in die Lage versetzen werden. (Z. 35 f.)

passender Kennbuchstabe: **E**

jeweils 1 Punkt für den richtigen Kennbuchstaben;
bei a), b), c) und e): je 1 Punkt für die richtige und vollständige Unterstreichung
0 Punkte bei richtigem Kennbuchstaben, aber fehlerhafter oder fehlender Unterstreichung
insgesamt 9 Punkte 9 P.

Hier gilt es Nebensätze zu bestimmen. Dabei sollte man wissen: Ein Nebensatz kann nicht alleine stehen. Er ist dem Hauptsatz untergeordnet und wird mit ihm z. B. durch eine Konjunktion (Bindewort) oder ein Relativpronomen (rückbezügliches Fürwort: der, die, das – welcher, welche, welches) verbunden. Er kann vor, aber auch nach dem Hauptsatz stehen und ist immer durch ein Komma von ihm getrennt. Doch Vorsicht: Nebensätze haben zwar immer ein Komma oder mehrere, dies gilt aber auch für Aufzählungen oder Appositionen (Beifügungen), die keinen Nebensatz bilden. Wichtig auch: Das Verbum steht beim Nebensatz im Regelfall immer am Ende!

Die jeweilige Konjunktion oder das Relativpronomen bestimmen die Art des Nebensatzes. Hierbei gilt es, eine Vielzahl unterschiedlicher Nebensatzarten zu unterschieden, deren lateinische Bezeichnungen Sie im Bogen „Aufgabenstellung" bei A–K aufgelistet finden.

- ***Satz a):** Die Konjunktion „als" leitet den nachgestellten Nebensatz ein, der hier dem Hauptsatz vorausgeht. „Als" beschreibt ein zeitliches Verhältnis und leitet deshalb einen Temporalsatz (A) ein. (lat. tempus = Zeit!).*
- ***Satz b):** Einfach. Hier verbindet das Relativpronomen „das" (man könnte auch „welches" dafür sagen) den nachgestellten Nebensatz mit dem Hauptsatz. Deshalb Kennbuchstaben C, Relativsatz.*
- ***Satz c):** Hier wird einleitend ohne Konjunktion eine Bedingung genannt („Geht es um Gleichheit", …), deshalb liegt hier ein Konditionalsatz. (lat. conditio = Bedingung!) vor, Kennbuchstaben: F. Der Satz weist eine Wenn – dann – Struktur auf.*
- ***Satz d):** Hier finden sich viele Kommata, die allerdings keine Unterordnungen markieren, sondern eine Reihung von Internetangeboten. Demnach hier: Kennbuchstabe: K, kein Nebensatz.*
- ***Satz e):** Hier wird („weil"!) nach dem Hauptsatz ein Grund angegeben, warum Roboter in Zukunft gefährliche Arbeiten übernehmen werden. Folglich liegt ein Kausalsatz (lat. causa = Grund) vor, Kennbuchstabe: E.*

Hinweis: Beachten Sie den Bewertungshinweis, der die korrekte und eindeutige Unterstreichung der Nebensätze fordert! Nur so können Sie hier punkten!

7 „Irrläufer"

Ein Begriff gehört jeweils **nicht** in die Reihe.

▶ Bestimmen Sie den „Irrläufer". Begründen Sie kurz Ihre Entscheidung, indem Sie zunächst das gemeinsame Merkmal der anderen Namen oder Begriffe und dann das Unterscheidungsmerkmal des „Irrläufers" nennen.

a) multiplizieren – dividieren – codieren – addieren – subtrahieren

b) Wi-Fi – Android – GPS – Bluetooth – Mobile Daten – NFC

c) Teilzeit – Gleitzeit – Elternzeit – Immatrikulation – Sabbatical

Meine Lösung:

a) „Irrläufer": ______

Begründung

andere: ______

Irrläufer: ______

b) „Irrläufer": ______

Begründung

andere: ______

Irrläufer: ______

c) „Irrläufer": ______

Begründung

andere: ______

Irrläufer: ______

9 P.

7 „Irrläufer"

a) „Irrläufer": **codieren**

Begründung

andere: **Grundrechenarten** (o. Ä.)

Irrläufer: **programmieren, Erstellung von Computerprogrammen** (o. Ä.)

b) „Irrläufer": **Android**

Begründung

andere: **Funktionen/Angebote eines Smartphones/Daten- bzw. Signalübertragung** (o. Ä.)

Irrläufer: **Betriebssystem (des Smartphones)** (o. Ä.)

c) „Irrläufer": **Immatrikulation**

Begründung

andere: **Arbeitszeitmodelle** (o. Ä.)

Irrläufer: **Einschreibung an einer Hochschule** (o. Ä.)

bei jeder Teilaufgabe je 1 Punkt für die Nennung des Irrläufers, des gemeinsamen Merkmals und des Unterscheidungsmerkmals
jeweils 0 Punkte bei falschem Irrläufer
insgesamt 9 Punkte 9 P.

Der „Irrläufer" ist ein beliebter Aufgabentypus der Auswahlprüfung, denn er erlaubt nicht nur das Abfragen einfacher Kenntnisse, sondern erfordert zudem eine Begründung, warum ein bestimmter Begriff, Name bzw. Sachverhalt nicht in die Reihe passt. Zur Lösung dieses Aufgabentypus ist es deshalb notwendig, das „Schwarze Schaf" der Reihe herauszufiltern und das Unterscheidungsmerkmal zu notieren.

a) Vier der fünf Begriffe stammen aus der Mathematik und sind seit der Grundschule als Grundrechenarten jedem bekannt: multiplizieren, dividieren, addieren, subtrahieren. ***Codieren*** *hingegen meint allgemein die Verschlüsselung einer Nachricht mithilfe eines Zeichensystems (Code), in der Informatik die Umwandlung von Informationen in eine für Maschinen verarbeitbare und über Netzwerke kommunizierbare Form. Synonym: programmieren.*

b) Der Kunstbegriff Wi-Fi bezeichnet ein Firmenkonsortium, das Geräte mit Funkschnittstellen zertifiziert, und wurde in Analogie zu Hi-Fi gebildet. Daneben wird Wi-Fi als Synonym für WLAN benutzt, also den kabellosen Internetzugang. Das Global Positioning System (GPS) ist ein globales Navigationssatellitensystem zur Positionsbestimmung. Bluetooth bezeichnet einen Industriestandard für die Datenübertragung über kurze Distanz per Funktechnik. Über das Angebot Mobile Daten kann man im Inland vom Smartphone auf das Internet zugreifen, auch wenn kein WLAN verfügbar ist. NFC (Abk. für Near Field Communication) ist ein neuer Funkstandard zur drahtlosen Datenübertragung. Im Gegensatz zu den genannten Funktionen eines Smartphones oder Arten der Datenübertragung bezeichnet ***Android*** *neben einer Software-Plattform für mobile Endgeräte ein Smartphone-Betriebssystem.*

c) Wer Teilzeit arbeitet, reduziert die tarifvertraglich festgelegte bzw. branchenübliche Vollarbeitszeit. Bei Gleitzeit wird dem Arbeitnehmer ein Zeitkorridor zugestanden, in dem er seine Arbeit einbringen kann. Elternzeit bezeichnet einen Zeitraum unbezahlter Freistellung von der Arbeit nach der Geburt eines Kindes. Ein Sabbatical ist ein Arbeitszeitmodell für einen längeren Sonderurlaub. ***Immatrikulation*** *bezeichnet im Gegensatz zu den genannten Arbeitszeitmodellen die Einschreibung an einer Hochschule.*

Hinweis: Detaillierte Tipps und weiteres Übungsmaterial zum Umgang mit „Irrläufern" finden Sie in Kap. 3.4 („Irrläufer") im Allgemeinen Teil unseres Vorbereitungsbuches.

8 Digitalisierung und Arbeitsplätze

Die nachfolgenden Grafiken beziehen sich auf mögliche Folgen der Automatisierung in verschiedenen Branchen und Ländern sowie auf den Frauenanteil und das Lohngefälle zwischen Frauen und Männern in verschiedenen Branchen.

▶ Überprüfen Sie, ob die nach den Grafiken folgenden Aussagen aus diesen so **vollständig** oder **teilweise zu entnehmen** bzw. **vollständig falsch** oder **nicht zu entnehmen** sind. Notieren Sie Ihr Ergebnis im Lösungsbogen.

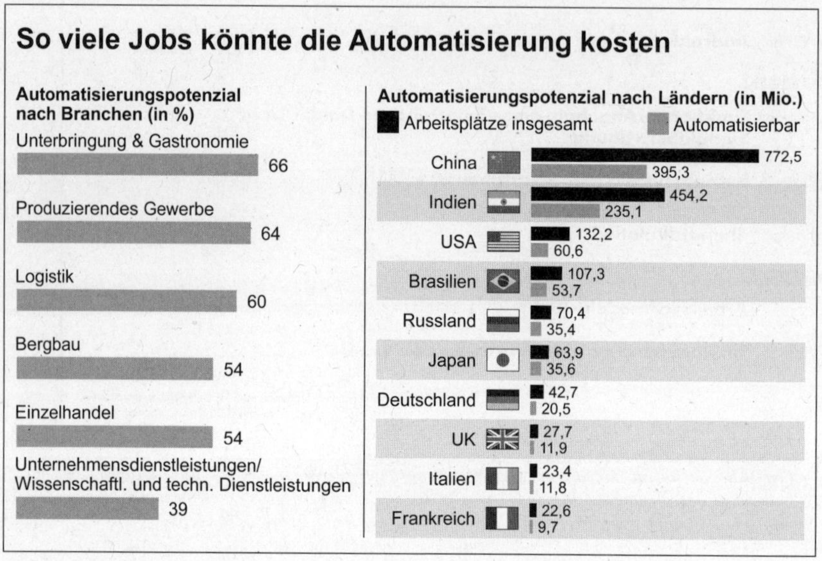

(Quelle: McKinsey/statista)

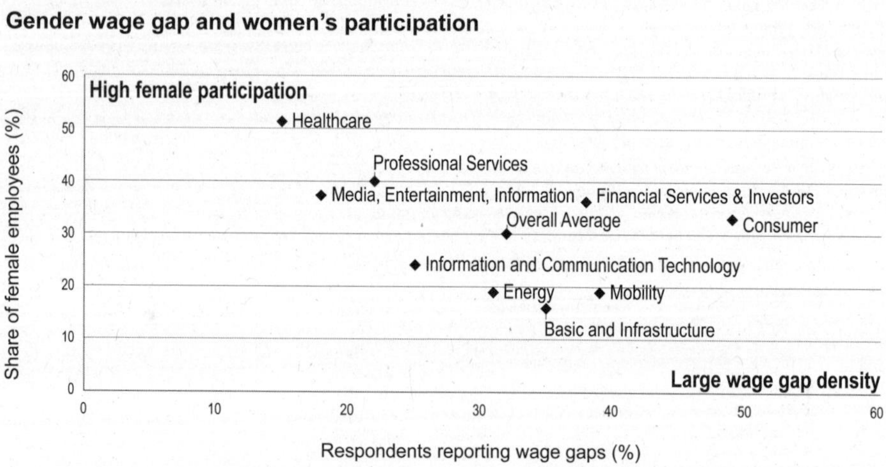

Source: Future of Jobs Survey, World Economic Forum.

Manchmal gibt es bei der Auswahlprüfung auch längere Einzelaufgaben. Die zu überprüfenden Aussagen zu den beiden Grafiken von Aufgabe 8 finden Sie auf S. 74.

Aussagen:

1 Im Bereich der Informations- und Kommunikationstechnologie sind mehr als 75 Prozent der Beschäftigten Männer.

2 In China ist das Automatisierungspotenzial bei den Arbeitsplätzen der Branche Unterbringung & Gastronomie am größten.

3 Zusammengerechnet übersteigt die Zahl der automatisierbaren Arbeitsplätze in den Branchen Einzelhandel und Unternehmensdienstleistungen/wissenschaftliche und technische Dienstleistungen die Anzahl solcher Arbeitsplätze im produzierenden Gewerbe.

4 Im Durchschnitt gaben über 30 Prozent aller Befragten ein Lohngefälle zwischen Frauen und Männern an.

5 In allen ausgewiesenen Ländern sind deutlich mehr als ein Drittel der Arbeitsplätze automatisierbar und in keinem dieser Länder weniger als ein Viertel nicht automatisierbar.

6 In den Sektoren Energie und Mobilität sind zusammen mehr Frauen beschäftigt als in der Branche Media/Entertainment/Information.

7 Die Sparte, der der Bereich Unterhaltung zugeordnet ist, verfügt bei ihren Beschäftigten über den zweithöchsten Frauenanteil.

8 In allen untersuchten Ländern besteht ein mehr oder minder deutliches Automatisierungspotenzial. Deshalb werden die Lohnunterschiede zwischen Männern und Frauen weiter zunehmen.

Meine Lösung:

Kreuzen Sie an:	**1**	**2**	**3**	**4**	**5**	**6**	**7**	**8**
vollständig zu entnehmen	☐	☐	☐	☐	☐	☐	☐	☐
teilweise zu entnehmen	☐	☐	☐	☐	☐	☐	☐	☐
vollständig falsch	☐	☐	☐	☐	☐	☐	☐	☐
nicht zu entnehmen	☐	☐	☐	☐	☐	☐	☐	☐

8 P.

8 Digitalisierung und Arbeitsplätze

Kreuzen Sie an:	1	2	3	4	5	6	7	8
vollständig zu entnehmen	X			X	X			
teilweise zu entnehmen								X
vollständig falsch							X	
nicht zu entnehmen		X	X			X		

je 1 Punkt, insgesamt 8 Punkte
kein Punkt für jede Spalte mit mehr als einem Kreuz 8 P.

Die Digitalisierung ist seit geraumer Zeit ein Megathema und wird wie ehemals die Dampfmaschine, das Fließband, die Elektrifizierung und die Elektronik Wirtschaft und Gesellschaft revolutionieren. Im Zuge von Industrie 4.0 werden aktuell nicht nur Qualität, Wettbewerbsfähigkeit und Rentabilität der Produktion diskutiert, sondern auch die Auswirkungen auf Beschäftigung, Lohn und die Zukunft von Berufsgruppen.

Bei den Grafiken zum Automatisierungspotenzial (Grafik 1: nach Branchen, Grafik 2: nach Ländern) und zum Gehaltsunterschied in Dienstleistungsbranchen in Abhängigkeit vom Anteil weiblicher Beschäftigter (Grafik 3) sollen zunächst die Aussagen 1 bis 8 erfasst und anschließend nach dem Muster „vollständig zu entnehmen – teilweise zu entnehmen – vollständig falsch – nicht zu entnehmen“ überprüft werden. Geprüft wird dabei die Fähigkeit, aus einer Grafik bzw. Statistik Informationen herauszulesen bzw. Aussagen daraufhin zu überprüfen, ob sich diese aus den Grafiken ableiten lassen. Verschaffen Sie sich daher zunächst einen Überblick über Aufbau und Inhalt der Grafiken. Reaktivieren Sie dabei Ihr aus Schule und Medien bekanntes Grundwissen über die Digitalisierung und ihre gesellschaftlichen Auswirkungen.

vollständig zu entnehmen:

- *Aussage 1: Die einzige inhaltliche Bezugsquelle in der Vorlage ist Grafik 3 (*Gender wage gap and women's participation*), da die beiden anderen Grafiken lediglich das Automatisierungspotenzial thematisieren. Grafik 3 hingegen stellt für verschiedene Dienstleistungsbranchen einen Zusammenhang zwischen dem Ausmaß des Lohnunterschieds anhand von Befragungen (x-Achse) und dem Anteil weiblicher Beschäftigter (y-Achse) her. Wie sich leicht ablesen lässt, liegt der Anteil weiblicher Beschäftigter für die Branche „Information and Communication Technology“ bei knapp unter 25 % (ablesbar an der y-Achse), d. h. der Anteil der Männer in dieser Branche liegt bei über 75 %.*
- *Aussage 4: Die Kategorie „Overall Average“ misst den Gesamtdurchschnitt und gibt in Grafik 3 (x-Achse) mit Blick auf die Aussage an, dass mehr als 30 % der Befragten (*respondents*) Lohnunterschiede (*wage gaps*) zwischen Mann und Frau angaben.*
- *Aussage 5: Relevant ist hier Grafik 2. Hier lässt sich überschlagsweise relativ leicht feststellen, dass in allen Ländern das Automatisierungspotenzial bei Arbeitsplätzen deutlich über 33 Prozent liegt, beispielsweise China: 395,3/772,5 ≈ 0,51 = 51 % > 33 %. Gleichzeitig gibt es kein Land, in dem der Anteil der nicht automatisierbaren Arbeitsplätze unter 25 % liegt, beispielsweise Deutschland: (42,7–20,5)/42,7 ≈ 0,51 = 51 % > 25 %. Etwas Kopf- und Prozentrechnen schadet bei dieser Aufgabe nicht. Zwischenergebnisse könnten im Aufgabenbogen mit Bleistift an den Rand der jeweiligen Länderzeile notiert werden.*

teilweise zu entnehmen:

- *Aussage 8: Grafik 2 lässt sich schnell entnehmen, dass in allen aufgeführten Ländern ein mehr oder weniger großes Automatisierungspotenzial besteht. Keiner Grafik lässt sich aber ein kausaler Zusammenhang entnehmen, dass aufgrund des existierenden Automatisierungspotenzials der Lohnunterschied zwischen männlichen und weiblichen Beschäftigten weiter zunehmen wird, zumal Grafik 3 lediglich einen Ist-Zustand beschreibt und keine Prognose für die Zukunft darstellt.*

vollständig falsch:

- *Aussage 7: Die Sparte Unterhaltung (= Entertainment) wird in Grafik 3 thematisiert. Dort lässt sich leicht ablesen, dass der Anteil der Frauen in den Branchen „Professional Services“ und „Healthcare“ höher ist, d. h. die Sparte Unterhaltung hat nur den dritthöchsten Frauenanteil.*

nicht zu entnehmen:

- *Aussage 2: Das Automatisierungspotenzial nach Ländern, darunter China, wird in Grafik 2 dargestellt. Im Gegensatz zu Grafik 1 wird hier jedoch keine Unterscheidung nach Branchen vorgenommen. Umgekehrt wird in Grafik 1 zwar das Automatisierungspotenzial der Branche „Unterbringung und Gastronomie“ thematisiert, aber nicht länderspezifisch. Insgesamt kann die Aussage deshalb, unabhängig davon, ob sie nun richtig oder falsch ist, keiner Grafik entnommen werden.*
- *Aussage 3: Grafik 1 zeigt das* prozentuale *Automatisierungspotenzial nach Branchen auf. Daraus kann aber kein Rückschluss auf* absolute *Zahlen gezogen werden.*
- *Aussage 6: Das Thema „weibliche Beschäftigte“ wird nur in Grafik 3 angesprochen. Dort wird aber keine Aussage über die Anzahl der Frauen gemacht, die in den einzelnen Branchen beschäftigt sind. Die Grafik enthält lediglich Prozentangaben. Auch hier gilt: Auf die genaue Aussage der x- und y-Achse achten! Absolute Zahlen nicht mit Prozentangaben verwechseln!*

9 Deutsche im Netz

Die Internetnutzung dominiert den Alltag im deutschsprachigen Raum. Das zeigt die aktuelle Mediennutzungsstudie für die DACH-Region des Bundesverbandes Digitale Wirtschaft (BVDW) e. V.

▶ Überprüfen Sie die folgenden Aussagen zum vorliegenden Schaubild und kreuzen Sie im Lösungsbogen an, welche **richtig**, welche **falsch** und welche der Grafik **nicht zu entnehmen** sind. Gehen Sie bei Ihrer Bewertung davon aus, dass sich die ausgewiesenen Zahlen jeweils nur auf die Deutschen beziehen, die bereits online sind.

(Quelle: „Digitale Nutzung der DACH-Region, 2016". Kooperationsstudie des Bundesverbandes Digitale Wirtschaft (BVDW) e. V. mit IAB Austria und IAB Switzerland)

Aussagen:

1 Teilweise bereiten Konsumenten Anschaffungen im Offline-Handel durch eine gezielte Online-Recherche vor.

2 Mobiler Konsum des World Wide Web ist unter deutschen Onlinern kaum verbreitet.

3 Die deutschen Onliner buchen die Hälfte ihrer Urlaube und Reisen per Internet.

4 Rund jeder vierte deutsche Onliner empfängt oder sendet E-Mails täglich über sein Smartphone.

5 Es gibt weniger deutsche Onliner, die Urlaube und Reisen im Internet buchen, als solche, die Einkäufe per Bezahl-App erledigen.

6 Das Smartphone wird von deutschen Onlinern häufiger zum Surfen im Internet verwendet, als es für das Abrufen von E-Mails genutzt wird.

Meine Lösung:

Kreuzen Sie an:	1	2	3	4	5	6
richtig	☐	☐	☐	☐	☐	☐
falsch	☐	☐	☐	☐	☐	☐
nicht zu entnehmen	☐	☐	☐	☐	☐	☐

6 P.

9 Deutsche im Netz

Kreuzen Sie an:

	1	2	3	4	5	6
richtig	X			X		
falsch		X			X	
nicht zu entnehmen			X			X

je 1 Punkt, insgesamt 6 Punkte
kein Punkt für jede Spalte mit mehr als einem Kreuz

6 P.

Hier müssen die Aussagen 1 bis 6 zu einem Schaubild über die Internetnutzung der deutschen Bevölkerung verglichen werden nach dem bekannten Muster „richtig" – „falsch" – „nicht zu entnehmen". Bei diesem Aufgabentypus empfiehlt es sich, zunächst das Thema („Der deutsche Onliner") und den Aufbau bzw. die Aussagedimensionen des Schaubilds festzustellen. Dabei werden Sie fünf Dimensionen feststellen, visualisiert durch entsprechende Icons: die Zahl der Smartphone-Nutzer über Internet, Themenfelder der Recherche, Nutzung von Bezahl-App, Empfang und Versand von E-Mails sowie die Buchung von Reisen und Urlauben über das Internet. Hinsichtlich der Mengenangaben ist darauf zu achten, dass es sich hierbei um absolute Zahlen (33 Mio.) oder Prozentangaben handelt, letztere in Form einer genauen Zahl (26 %), eines Bruchs (4 von 10) oder einer allgemeinen Verhältnisangabe mithilfe einer substantivierten Ordinalzahl (jeder Dritte, jeder Zweite). So vorbereitet wird die Überprüfung der Aussagen keine Probleme bereiten. Doch auch diese müssen zunächst genau gelesen werden, um zum richtigen Ergebnis zu gelangen:

- ***Aussage 1** bezieht sich auf die Information, dass „4 von 10 sich online über Kleidung, Schuhe und Accessoires informieren, bevor sie diese Produkte im Ladengeschäft kaufen". Die Aussage „teilweise bereiten Konsumenten Anschaffungen […] vor" ist daher richtig, denn „teilweise" beschreibt durchaus den Wert „4 von 10", auch wenn sie sehr allgemein gehalten ist.*
- *Wenn man verschiedene Informationen aus der Abbildung miteinander verbindet, zum Beispiel dass 33 Mio. Deutsche das Internet über ein Smartphone nutzen oder dass jeder zweite der deutschen Onliner seine Reisen und Urlaube über das Internet bucht, dann ist **Aussage 2** wohl klar als falsch zu beurteilen. Die Buchung von Reisen und Urlauben gehört sehr wohl zum „Mobilen Konsum". Und wenn jedem Dritten das Bezahlen mit einer Bezahl-App bekannt ist, dann nehmen sicher viele Deutsche am Online-Handel teil. Von einer geringen („kaum"!) Nutzung des WWW für Einkaufszwecke kann deshalb nicht gesprochen werden.*
- *Um Urlaube und Reisen geht es auch bei **Aussage 3**, die jedoch sprachlich eventuell in die Irre führt, hier ist Vorsicht geboten! Die Aussage „die Hälfte ihrer Urlaube und Reisen" buchen Deutsche im Internet ist dem Text nicht zu entnehmen, in der Abbildung steht lediglich, dass „jeder zweite" Reisen und Urlaube bucht, nicht jedoch welche Anzahl an Reisen und Urlauben gebucht wird.*
- ***Aussage 4**: „Rund jeder vierte deutsche Onliner" empfange oder sende täglich E-Mails per Smartphone – diese Angabe entspricht relativ gut dem Wert von 26 %, der in der Abbildung angegeben ist, die Aussage ist damit richtig.*
- ***Aussage 5** ist knifflig. Wenn allerdings nur jedem Dritten (also in etwa 33 %) das Bezahlen mit einer Bezahl-App bekannt ist, dann können logischerweise auch nicht mehr als maximal 33 % der deutschen Onliner per Bezahl-App Einkäufe erledigen. Da aber etwa 50 % („jeder zweite") der Onliner Reisen und Urlaube über das Internet buchen (und damit deutlich mehr Menschen als überhaupt das Zahlen per Bezahl-App kennen), muss die Aussage als falsch bezeichnet werden.*
- ***Aussage 6** ist dem Schaubild nicht zu entnehmen, da dort an keiner Stelle eine Aussage über die Häufigkeit der Internetnutzung getroffen wird.*

10 Vorreiter der Medienbildung in Europa

Belgien, Estland und Finnland werden im Text von Bohsem als Vorbilder der Medienbildung in Europa genannt.

▶ a) Bestimmen Sie die Position der Länder Belgien, Estland und Finnland auf der nachfolgenden Karte. Notieren Sie den jeweiligen Kennbuchstaben im Lösungsbogen.

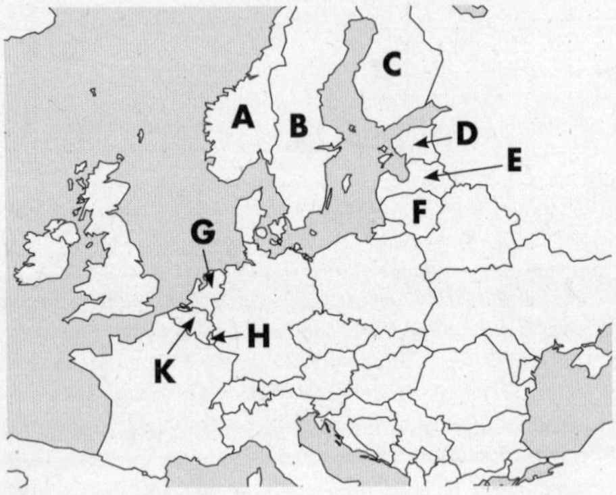

www.shutterstock.com

▶ b) Weisen Sie die Daten (Stand: 2015) der Auswahlliste den drei Ländern zu. Notieren Sie die jeweiligen Kennbuchstaben im Lösungsbogen.

Auswahlliste:

A	45.000 km² Fläche	**D**	11,3 Mio. Einwohner
B	5,5 Mio. Einwohner	**E**	1,3 Mio. Einwohner
C	31.000 km² Fläche	**F**	338.000 km² Fläche

Meine Lösung:

a) Tragen Sie jeweils den zutreffenden Kennbuchstaben ein:

Belgien ☐

Estland ☐

Finnland ☐

3 P.

b) Tragen Sie jeweils den zutreffenden Kennbuchstaben ein:

	Fläche	**Einwohner**
Belgien	☐	☐
Estland	☐	☐
Finnland	☐	☐

6 P.

10 Vorreiter der Medienbildung in Europa

a) Tragen Sie jeweils den zutreffenden Kennbuchstaben ein:

Belgien	**K**
Estland	**D**
Finnland	**C**

je 1 Punkt, insgesamt 3 Punkte 3 P.

b) Tragen Sie jeweils den zutreffenden Kennbuchstaben ein:

	Fläche	Einwohner
Belgien	**C**	**D**
Estland	**A**	**E**
Finnland	**F**	**B**

je 1 Punkt, insgesamt 6 Punkte 6 P.

Wissen und Kompetenzen aus dem Fach Erdkunde/Geographie können im Auswahltest immer gut gebraucht werden. Bei Aufgabe 10 müssen bei a) die Vorreiter der Medienbildung in Europa auf einer Europakarte positioniert werden, denen bei b) Länderdaten zugeordnet werden sollen:

a)

Belgien, Estland und Finnland – alle drei Länder gehören der Europäischen Union an und sind wichtige Partner Deutschlands. Da sie aber zu den kleineren Ländern innerhalb der EU zählen bzw. recht geringe Einwohnerzahlen aufweisen, ist eine Zuordnung nicht immer ganz leicht. Am ehesten dürfte die Zuordnung Belgiens gelingen, einem Nachbarland Deutschlands. Der zutreffende Kennbuchstabe ist K. Finnland (C) liegt bekanntermaßen im hohen Norden und ist das östlichste der drei skandinavischen Länder. Es grenzt im Westen an B (= Schweden), im Osten an Russland, das auf der Karte keinen Kennbuchstaben hat. Die baltischen Staaten Estland, Lettland und Litauen (Reihenfolge von Nord nach Süd) werden leicht verwechselt, Estland entspricht dem Kennbuchstaben D.

b)

Sind die Länder richtig positioniert, fällt die Zuweisung der korrekten ***Flächenwerte*** *mit Blick auf die Karte nicht sonderlich schwer. Belgien als kleinstes Land hat dann mit 31.000 km² Fläche Kennbuchstaben C, Estland als etwas größeres Land den Kennbuchstaben A. Fraglos größtes Land ist Finnland (Kennbuchstaben F), es ist fast so groß wie Deutschland und reicht von der Ostsee bis weit über den nördlichen Polarkreis.*

Hinsichtlich der ***Einwohnerzahlen*** *ergibt sich folgendes Bild: Obwohl Belgien das flächenmäßig kleinste der drei Länder ist, so hat es doch die meisten Einwohner. Mehrere größere Städte Belgiens dürften bekannt sein: Brüssel, Den Haag, Antwerpen etc. Insgesamt leben in Belgien über 11 Millionen Menschen (Buchstabe D). Estland hingegen hat am wenigsten Einwohner und außer Tallinn, der Hauptstadt, keine großen Städte, Kennbuchstabe E. Finnland hat über 5 Millionen Einwohner, von denen über eine Million alleine im Ballungsraum Helsinki leben (Kennbuchstabe B).*

11 Digitalisierung international

Die nachfolgende Tabelle zeigt ausgewählte statistische Kennziffern verschiedener Länder für das Jahr 2015 bzw. 2016.

▶ Tragen Sie im Lösungsbogen für die Zeilen 1 bis 6 jeweils den Kennbuchstaben des betreffenden Landes aus der Auswahlliste ein.

Auswahlliste:

A	USA	**C**	Japan	**E**	Südkorea
B	Deutschland	**D**	China	**F**	Großbritannien

	Internetnutzer (in Prozent)	**Industrie-Roboter** (je 10.000 Angestellte)	**Breitband-Internetanschlüsse** (je 100 Einwohner)	**reales BIP***) (in Prozent zum Vorjahr)	**Einwohner** (in Mio.)	**Fläche** (km²)
1	89,8	531	40,2	2,7	50,6	100.284
2	74,6	176	31,5	2,6	321,4	9.826.675
3	93,3	305	30,5	0,5	127	377.835
4	87,6	301	37,2	1,5	81,4	357.376
5	50,3	36	18,3	6,6	1.371	9.571.302
6	92,0	71	37,7	1,8	65,1	219.331

*) 2016

(Quelle: wko.at; ifr.org)

Meine Lösung:

Ordnen Sie die Kennbuchstaben zu:

1	2	3	4	5	6
☐	☐	☐	☐	☐	☐

6 P.

11 Digitalisierung international

Ordnen Sie die Kennbuchstaben zu:

1	2	3	4	5	6
E	A	C	B	D	F

je 1 Punkt, insgesamt 6 Punkte 6 P.

Aufgaben mit statistischen Kennziffern zu aktuellen Trends, hier: Digitalisierung, sind mittlerweile ein echter Klassiker der Auswahlprüfung. Jeder, der den Politik- und Wirtschaftsteil einer Tageszeitung wie FAZ und SZ, einer Wochenzeitung wie Die Zeit, Die Woche und Frankfurter Allgemeine Sonntagszeitung oder eines Online-Portals wie beispielsweise www.spiegel.de, www.zeit.de, www.wirtschaftswoche.de oder www.faz.net aufmerksam und regelmäßig verfolgt, wird bei der Zuordnung von geographischen und sozioökonomischen Daten zu Ländern, die aktuell im Fokus der Berichterstattung stehen, keine Probleme haben, so auch hier:

Tipps:

- *Es reicht, fünf der sechs Länder eindeutig zu identifizieren. Das sechste ergibt sich dann im Ausschlussverfahren.*
- *Häufig lässt sich bereits aufgrund einer oder zwei Kennziffern ein Land eindeutig identifizieren bzw. ausschließen, bei der vorliegenden Aufgabe beginnend mit China (Einwohner) und den USA (Einwohner/Fläche), gefolgt von Deutschland (Einwohner) und Südkorea, dem hinsichtlich der Spalten Fläche und Einwohner kleinsten Staat der Auswahlliste. Gehen Sie deshalb bei diesem Aufgabentyp immer von den jeweiligen Extremwerten aus.*

Zeile 1 = Südkorea (E):

- *hochautomatisierter Industriestaat, daher sehr hohe Anzahl an Industrierobotern je 10 000 Angestellte*
- *Internet: hohe Nutzerzahlen, sehr gute Breitband-Verbindungen*
- *flächenmäßig und mit Blick auf die Spalte Einwohner kleinster Staat der Auswahlliste*

Zeile 2 = USA (A):

- *neben China flächenmäßig größter Staat, aber:*
- *deutlich geringere Einwohnerzahl als China und*
- *deutlich geringeres reales Wirtschaftswachstum als das boomende Reich der Mitte*

Zeile 3 = Japan (C):

- *sehr schwaches reales Wirtschaftswachstum seit einigen Jahren, aber:*
- *hochentwickeltes Industrieland mit vergleichsweise hohem Automatisierungsgrad*
- *sehr hoher Grad der Internetnutzung*
- *Fläche ähnlich Deutschland, aber deutlich mehr Einwohner*

Zeile 4 = Deutschland (B):

- *Fläche ähnlich Japan, aber deutlich weniger Einwohner*
- *ca. 81 Millionen Einwohner (eindeutige Identifikation!)*
- *reales BIP von 1,5 Prozent*

Zeile 5 = China (D):

- *mit 1.371 Mio. Einwohnern bevölkerungsreichstes Land der Erde*
- *neben den USA flächenmäßig größter Staat der Auswahlliste*
- *hohes Wirtschaftswachstum (Exportweltmeister!), aber:*
- *als Schwellenland vergleichsweise wenige Breitband-Internetanschlüsse*
- *bislang geringer Automatisierungsgrad, da (noch) vergleichsweise geringe Löhne*

Zeile 6 = Großbritannien (F):

- *Ausschlussverfahren – oder Blick auf:*
- *Fläche und Bevölkerung kleiner als das vergleichbare Deutschland*
- *hoher Grad der Internetnutzung und viele Breitband-Internetanschlüsse*
- *Zahl der Industrieroboter vergleichsweise gering, da Großbritannien als stark deindustrialisiert gilt (hoher Anteil des Dienstleistungssektors)*

12 Industrie 4.0

▶ Ergänzen Sie den nachfolgenden Lückentext. Tragen Sie im Lösungsbogen jeweils die Kennzahl der passenden Ergänzung aus der Auswahlliste ein.

Auswahlliste:

1	the World	**9**	Mechanisierung	**17**	Biowissenschaft
2	Bernie Ecclestone	**10**	Mercedes-Benz	**18**	Silicon
3	Dead	**11**	Reformation	**19**	Deutschland
4	Ingenieurwissenschaft	**12**	James Watt	**20**	Aufklärung
5	Amerika	**13**	Death	**21**	Elektrizität
6	Elon Musk	**14**	Informationstechnologie	**22**	Walter P. Chrysler
7	Digitalisierung	**15**	England	**23**	Mechanik
8	Automatisierung	**16**	Everything	**24**	Henry Ford

Lückentext:

Der Begriff „Industrie 4.0" verweist auf historische Phasen der Industrialisierung und verspricht eine vierte industrielle Revolution einzuleiten. Die erste industrielle Revolution entstand im 18. Jahrhundert im Zeitalter der ___(a)___ und bestand in der ___(b)___ der Produktion durch Wasser- und Dampfkraft. Epochemachend wirkte sich die Verbesserung der Dampfmaschine durch ___(c)___ aus. ___(d)___ wurde zum Mutterland der Industrie.

Kennzeichen der zweiten industriellen Revolution zu Beginn des 20. Jahrhunderts war die Massenfertigung, ermöglicht durch die industrielle Nutzung der ___(e)___. Nicht zuletzt durch die Einführung der Fließbandfertigung wurde der amerikanische Automobilfabrikant ___(f)___ zu einem Symbol der neuen Zeit.

Die dritte industrielle Revolution setzte in den 1960er-Jahren ein und wird auch digitale Revolution genannt. Der Siegeszug der Elektronik und ___(g)___ ebnete den Weg zur speicherprogrammierbaren Steuerung und somit zur ___(h)___ der Produktion.

Mit der Industrie 4.0 steht die Wirtschaft nun an der Schwelle zur vierten industriellen Revolution. Dort verzahnt sich die Produktion noch mehr mit modernster Informations- und Kommunikationstechnologie zur Smart Factory. Technische Grundlage hierfür sind intelligente und digital vernetzte Systeme, die direkt miteinander kommunizieren. Das „Internet of Things" erweitert sich zum „Internet of ___(i)___". Im ___(k)___ Valley wurden und werden hierfür entscheidende Weichen gestellt.

Meine Lösung:

Tragen Sie jeweils die zutreffende Kennzahl ein:

(a)	(b)	(c)	(d)	(e)	(f)	(g)	(h)	(i)	(k)

10 P.

12 Industrie 4.0

Tragen Sie jeweils die zutreffende Kennzahl ein:

(a)	(b)	(c)	(d)	(e)	(f)	(g)	(h)	(i)	(k)
20	9	12	15	21	24	14	8	16	18

je 1 Punkt, insgesamt 10 Punkte 10 P.

Der Lückentext zum aktuell viel diskutierten Thema „Industrie 4.0" ruft Wissen aus dem Schulunterricht und vielen Medienberichten ab. Wer die Textvorlage genau liest, wird erkennen, dass hier vier Phasen der Industriegeschichte angesprochen werden, zu der es die Lücken (a) bis (k) zu füllen gilt.

Als Hilfestellung steht eine umfängliche Auswahlliste zur Verfügung, bei der man sich in der Regel zwischen zwei oder drei „ähnlichen" Begriffen entscheiden muss: Technische Begriffe, Namen und Ortsangaben. Deshalb empfiehlt es sich, sofern man sich seiner Sache nicht ganz sicher ist, bei den Lücken die jeweiligen Arten der Begriffe der Auswahlliste zu fokussieren, z. B. die Personen- oder Ortsnamen, wodurch die Zahl der in Frage kommenden Begriffe rasch reduziert und eine schnelle Lösung gefunden werden kann:

(a) Hintergrund der industriellen Revolution des 18. Jahrhunderts war fraglos das Denken der Aufklärung (20), die sich von der Metaphysik ab- und der empirisch beobachtbaren Natur zuwandte. Das Experiment wurde zur alleinigen Quelle der Erkenntnis.

(b) Kern der ersten industriellen Revolution war die Mechanisierung (9) der Produktion durch die Einführung von Maschinen und Maschinensystemen, die mit Wasser- und Dampfkraft betrieben wurden und zunehmend die Handarbeit des alten Handwerks in den Hintergrund drängte.

(c) Voraussetzung für eine rasche Entwicklung der Industrie war die Bereitstellung naturunabhängiger Energie, wie sie die Dampfmaschine lieferte, nachhaltig verbessert durch den schottischen Ingenieur James Watt (12). Die anderen in der Auswahlliste genannten Namen – vgl. Nr. 2, 6, 22 und 24 – gehören ins 20. Jahrhundert und haben mit der Dampfmaschine nichts zu tun.

(d) Mutterland der Industrie wurde England (15) – und behauptete seine führende Stellung bis zum Ende des 19. Jahrhunderts, als die USA und Deutschland die alte Industriemacht überholten.

(e) Die Massenfertigung der zweiten industriellen Revolution zu Beginn des 20. Jahrhunderts setzte die industrielle Nutzung der Elektrizität (21) voraus, die die hierfür benötigte Energie bereitstellte.

(f) Neue Wege zu Beginn des 20. Jahrhunderts beschritt der amerikanische Autohersteller Henry Ford (24), der in seinen Fabriken die Fließbandfertigung einführte und dadurch zum Vorbild der modernen Industrie wurde. Andere Namen der Auswahlliste kommen hier nicht in Betracht: Bernie Ecclestone (2) ist ein britischer Automobilsport-Funktionär und war bis 2017 Geschäftsführer der Formel-1-Holding SLEC; der Unternehmer und Investor Elon Musk (6) ist u. a. CEO des Fahrzeugherstellers Tesla, der auf die Produktion von Elektroautos spezialisiert ist; Walter P. Chrysler (22) ist wie Henry Ford ein bekannter amerikanischer Automobilhersteller, sein Name wird aber nicht mit der Einführung des Fließbands verbunden.

(g) Die digitale Revolution seit den 1960er-Jahren war neben der Elektronik vor allem das Werk der Informationstechnologie (14), die Ingenieur- (4) oder Biowissenschaft (17) hatte daran keinen Anteil.

(h) Wo Produktionsabläufe speicherprogrammiert werden können, ist der Weg zur Automatisierung (8) nicht weit. Digitalisierung (7) passt hier nicht, Mechanisierung (9) bezieht sich auf das 18. Jahrhundert (s. o.).

(i) Wer den Text von Bohsem noch im Kopf hat, wird hier die Fortentwicklung des „Internet of Things" zum „Internet of Everything" (16) setzen.

(k) Hier erlaubt sich die Auswahlliste einen kleinen Spaß: Dead (3) oder Death (13) Valley kommen hier natürlich nicht in Frage. Im Silicon (18) Valley bei San Francisco finden sich die bedeutendsten Impulsgeber der Industrie 4.0.

Detaillierte Hinweise und weiteres Übungsmaterial zum Umgang mit Lückentexten finden Sie in Kap. 3.3 (Lückentexte) im Allgemeinen Teil unseres Vorbereitungsbuches.

13 Online-Shopping

▶ Überprüfen Sie nur anhand der nach den Fallvarianten abgedruckten Rechtsgrundlagen, ob die Aussagen zur jeweiligen Fallvariante **richtig**, **teilweise richtig** oder **falsch** sind, und vermerken Sie Ihr Ergebnis im Lösungsbogen. Es sind **ausschließlich** die angegebenen Vorschriften für die Falllösung zu berücksichtigen.

Fall:

Der volljährige Florian (F) bestellt auf der Internetseite von „Smartphonia.de" (S), einem Online-Händler für mobile Kommunikationsgeräte, ein Oberklasse-Smartphone.

Variante 1:

S hatte das Smartphone für 299 € in seine Website eingestellt.

Aussage 1:

Mit der Einstellung des Smartphones in die Homepage von S ist ein verbindliches Angebot im Sinne des § 145 BGB in Verbindung mit § 133 BGB zum Abschluss eines Kaufvertrags abgegeben worden.

Variante 2:

F bestellt das Smartphone, S bestätigt den Bestelleingang und schickt das Smartphone einige Tage später an die angegebene Lieferadresse.

Aussage 2:

Aufgrund zweier konkludenter Willenserklärungen gem. § 145 BGB in Verbindung mit § 133 BGB kommt es zum Abschluss eines Kaufvertrags.

Variante 3 (im Anschluss an Variante 2):

F ordert das Smartphone mit persönlich eingraviertem Vor- und Nachnamen auf der Rückseite. Beim Auspacken des Smartphones kommen ihm dann Zweifel ob seiner Bestellung. Ihm gefällt das Gerät nicht so gut wie erwartet. Viel lieber würde er für den Geldbetrag eine Urlaubsreise machen. Er schickt daher das Smartphone mit dem Hinweis, er möchte vom Vertrag zurücktreten, zurück.

Hinweis: Für diese Variante wird der wirksame Abschluss eines Kaufvertrags unterstellt.

Aussage 3:

S kann die Rücknahme mit Verweis auf den zustande gekommenen Kaufvertrag verweigern. F kann jedoch seine Willenserklärung widerrufen.

Variante 4:

Auf der Website war der Preis des Smartphones mit 299 € ausgezeichnet. F, der ein einmaliges Schnäppchen wittert, bestellt das Gerät sofort. Als es ihm zugestellt wird, liegt dem Päckchen eine Rechnung über einen für F nicht akzeptablen Preis in Höhe von 699 € bei – das bestellte Smartphone war online versehentlich falsch ausgepreist worden.

Aussage 4.1:

F kann auf dem Kaufpreis von 299 € bestehen, weil ein Kaufvertrag durch Angebot und Annahme zustande gekommen ist und eine Anfechtung bisher nicht erklärt wurde.

Aussage 4.2:

S hat Anspruch auf den Kaufpreis von 699 €, weil er durch Beilegen der Rechnung mit dem korrekten Preis gem. § 133 BGB seinen Willen klar zum Ausdruck bringt und der Preis von 299 € für jeden klar erkennbar unrealistisch niedrig war.

Die hier zu überprüfenden Aussagen zu der umfangreichen Aufgabe 13 befinden sich auf den Seiten 84 und 86.

Variante 5:

F sieht das gleiche Smartphone bei eBay zum Startpreis von 9,99 €, bietet sofort mit und erwirbt es als Höchstbietender für 19 €. Der Verkäufer (V) will das Gerät trotz des bewusst eingestellten Startpreises zu dem dem von F gebotenen Preis allerdings nicht liefern, da der erzielte Preis weit unter dem üblichen Marktpreis läge und er daher nie vorhatte, das Gerät zu einem so niedrigen Preis zu verkaufen.

Aussage 5:

F hat Anspruch auf die Lieferung des Smartphones zum Preis von 19 €.

Rechtsgrundlagen BGB:

§ 119
Anfechtbarkeit wegen Irrtums

(1) Wer bei der Abgabe einer Willenserklärung über deren Inhalt im Irrtum war oder eine Erklärung dieses Inhalts überhaupt nicht abgeben wollte, kann die Erklärung anfechten, wenn anzunehmen ist, dass er sie bei Kenntnis der Sachlage und bei verständiger Würdigung des Falles nicht abgegeben haben würde.

[...]

§ 133
Auslegung einer Willenserklärung

Bei der Auslegung einer Willenserklärung ist der wirkliche Wille zu erforschen und nicht an dem buchstäblichen Sinne des Ausdrucks zu haften.

§ 145
Bindung an den Antrag

Wer einem anderen die Schließung eines Vertrags anträgt, ist an den Antrag gebunden, es sei denn, dass er die Gebundenheit ausgeschlossen hat.

§ 312g
Widerrufsrecht

(1) Dem Verbraucher steht bei außerhalb von Geschäftsräumen geschlossenen Verträgen und bei Fernabsatzverträgen ein Widerrufsrecht gemäß § 355 zu.

(2) Das Widerrufsrecht besteht, soweit die Parteien nichts anderes vereinbart haben, nicht bei folgenden Verträgen:

1. Verträge zur Lieferung von Waren, die nicht vorgefertigt sind und für deren Herstellung eine individuelle Auswahl oder Bestimmung durch den Verbraucher maßgeblich ist oder die eindeutig auf die persönlichen Bedürfnisse des Verbrauchers zugeschnitten sind,

[...]

§ 355
Widerrufsrecht bei Verbraucherverträgen

(1) Wird einem Verbraucher durch Gesetz ein Widerrufsrecht nach dieser Vorschrift eingeräumt, so sind der Verbraucher und der Unternehmer an ihre auf den Abschluss des Vertrags gerichteten Willenserklärungen nicht mehr gebunden [...]. Der Widerruf muss keine Begründung enthalten.

[...]

Meine Lösung:

Kreuzen Sie an:	**1**	**2**	**3**	**4.1**	**4.2**	**5**
richtig	☐	☐	☐	☐	☐	☐
teilweise richtig	☐	☐	☐	☐	☐	☐
falsch	☐	☐	☐	☐	☐	☐

12 P.**

13 Online-Shopping

Kreuzen Sie an:	1	2	3	4.1	4.2	5
richtig		X				X
teilweise richtig			X			
falsch	X			X	X	

je 2 Punkte, insgesamt 12 Punkte
kein Punkt für jede Spalte mit mehr als einem Kreuz

12 P.**

Die Thematisierung des Kaufvertrags ist ein seit Langem häufig auftretender Klassiker der Auswahlprüfung. Keine Sorge: Auch mit dem Thema Online-Kauf werden lediglich Basiskenntnisse aus dem juristischen Bereich und die Fähigkeit zur Subsumtion abgefragt. Jeder (Fach-)Abiturient wurde mit dem Thema Kaufvertrag mindestens einmal im Rahmen seines Schullebens konfrontiert. Sie müssen also kein „Volljurist" sein, um diese Aufgabe zu bewältigen.

Wichtig: Beim vorliegenden Aufgabentypus geht es nicht um eine formal „saubere" juristische Lösung eines Rechtsfalles, sondern um die Überprüfung („richtig" – „teilweise richtig" – „falsch") von Aussagen anhand der Auszüge von den fünf hierzu grundlegenden Rechtsvorschriften des Bürgerlichen Gesetzbuches (BGB).

Verlangt wird also ein sorgfältiges Lesen und „Verstehen" des Inhalts der einschlägigen Paragraphen und eine Überprüfung, inwiefern die auf den skizzierten Rechtsfall bezogenen Aussagen auf Grundlage dieser Rechtsvorschriften belastbar sind:

- ***Aussage 1** ist falsch: S hat mit der Einstellung des Smartphones in die Homepage kein verbindliches Angebot im Sinne des § 145 BGB in Verbindung mit § 133 BGB abgegeben. S weiß ja nicht, wie viele Käufer auf sein zahlenmäßig stets begrenztes Angebot treffen und dieses annehmen wollen. Hätte S ein entsprechendes Angebot gemacht, wäre er nach § 145 BGB an seinen Antrag gebunden, auch wenn er gar nicht so viele Smartphones verfügbar hätte. Nach § 133 BGB ist bei der Auslegung einer Willenserklärung der wirkliche Wille zu erforschen. Danach ist die Einstellung des Smartphone-Angebots lediglich eine* invitatio ad offerendum, *d. h. es ist eine Aufforderung an potenzielle Interessenten, ein konkretes Angebot an S zu machen. S kann dann einer konkreten Person zusagen, d. h. erst mit dieser Willenserklärung nimmt er das Angebot des konkreten Käufers an.*
- ***Aussage 2** ist richtig: F macht durch seine Willenserklärung ein konkretes Angebot an S. S nimmt das Angebot durch konkludentes Handeln, d. h. durch Verschicken des Smartphones an F, an (= Willenserklärung des S). Nach § 145 BGB in Verbindung mit § 133 BGB kommt es damit zu einem rechtsgültigen Kaufvertragsabschluss.*
- ***Aussage 3** ist teilweise richtig: Ein rechtsgültiger Kaufvertrag liegt vor (Voraussetzung nach Angabe). Da es sich um einen Fernabsatzvertrag handelt (Online-Bestellung), steht F als Verbraucher gem. § 312g Absatz 1 BGB in Verbindung mit § 355 BGB grundsätzlich ein Widerrufsrecht zu, d. h. F ist an seine Willenserklärung zunächst nicht mehr gebunden. Eine Begründung des F ist nicht erforderlich. Nach § 312g Abs. 2 Ziffer 1 BGB handelt es sich durch die Namensgravur um eine individuelle Sonderanfertigung, so dass im konkreten Fall ein Widerrufsrecht ausgeschlossen ist. Im Ergebnis bedeutet dies, dass S die Rücknahme mit Verweis auf den zustande gekommenen Kaufvertrag verweigern kann. F kann seine Willenserklärung dagegen nicht widerrufen, da ein Widerrufsrecht ausgeschlossen ist.*
- ***Aussage 4.1** ist falsch: Das Angebot des Händlers S ist zunächst nur als* invitatio ad offerendum *zu verstehen (vgl. Variante 1, Aussage 1). F macht danach zunächst ein Angebot, das in der Homepage des S zum Preis von 299,00 € gelistete Smartphone zu kaufen. Dieses Angebot trifft auf ein neues Angebot des S, der das Smartphone mit einem geänderten Kaufpreis in Höhe von 699,00 € an den F versendet, d. h. die Handlung des S ist nicht als Angebotsannahme zu verstehen, da keine konkludenten Willenserklärungen vorliegen (unterschiedliche Preisvorstellungen bei Angebot und „Annahme"). F kann damit nicht auf den Kaufpreis in Höhe von 299,00 € bestehen, da kein Kaufvertrag zustande gekommen ist.*
- ***Aussage 4.2** ist falsch: Ob der Preis für jeden klar erkennbar unrealistisch niedrig war, spielt im vorliegenden Fall keine Rolle. S kann auf den Kaufpreis in Höhe von 699,00 € nicht bestehen, da kein Kaufvertrag zustande gekommen ist (vgl. Begründung Aussage 4.1).*
- ***Aussage 5** ist richtig: Die Begründung liegt auf der Hand: Bei eBay & Co. ist für den Verkäufer von Anfang an klar, dass es für das jeweils angebotene Produkt nur einen einzigen Käufer geben kann – nämlich den Höchstbietenden. Diese Einschränkung führt dazu, dass es für den Verkäufer zu keiner überhöhten Nachfrage kommen kann, die seine Liefer- bzw. Auftragskapazitäten übersteigt. Aus diesem Grund hat sich die Rechtsprechung in zahlreichen Urteilen darauf festgelegt, dass bei eBay und ähnlich funktionierenden Internetplattformen keine* invitatio ad offerendum *wie im normalen Onlineshop vorliegt. Stattdessen stellt jedes angebotene Produkt auf derartigen Marktplätzen ein rechtsverbindliches Vertragsangebot dar. Das (zuletzt) abgegebene Höchstgebot führt dann als Vertragsannahme direkt zum Vertrag.*

14 Datenschutz in Europa

Das Thema „Datenschutz" spielt infolge der fortschreitenden Digitalisierung eine immer wichtigere Rolle.

▶ Entscheiden Sie für die nachfolgenden Aussagen, ob sie mit Blick auf die Verordnung (EU) 2016/679 des Europäischen Parlaments und des Rates **richtig** oder **falsch** bzw. dieser Verordnung **nicht zu entnehmen** sind. Vermerken Sie Ihr Ergebnis im Lösungsbogen.

Aussagen:

1 Die Verordnung ist Ausdruck des Initiativrechts des Europäischen Parlaments.

2 US-amerikanische Unternehmen können sich bei der Verarbeitung von personenbezogenen Daten von US-Bürgern mit Verweis auf ihren Hauptsitz in den USA auch nach Inkrafttreten der Verordnung auf die Datenschutzbestimmungen der USA berufen, sofern diese Daten nicht in der EU verarbeitet werden oder sich diese Personen nicht in der EU befinden.

3 Falls sich ein 15-jähriger Teenager nach Inkrafttreten der Verordnung beim Internetdienst Facebook anmeldet, ist die Verarbeitung seiner personenbezogenen Daten im gesamten Gebiet der EU rechtswidrig, sofern die Erziehungsberechtigten nicht zustimmen oder der Mitgliedstaat, in dem der Teenager lebt, keine von der Verordnung abweichende Regelung getroffen hat.

4 Die Datenschutz-Grundverordnung gilt im Falle von datenschutzrechtlichen Konflikten für Unternehmen, die ihre Dienste für Unionsbürger anbieten, nur, wenn der Firmenhauptsitz sich in der EU befindet.

5 Ein vorrangig berechtigter Grund nach Art. 17 Abs. 1 Buchstabe c der Datenschutz-Grundverordnung ist beispielsweise das Recht auf freie Meinungsäußerung.

6 Das Recht auf Vergessenwerden sorgt insofern für Rechtsunsicherheit, da es Jahre dauert, bis die Gerichte für eine Auslegung der Rechtsnormen sorgen werden.

7 Die Richtlinie 95/46/EG tritt am zwanzigsten Tag nach Veröffentlichung der Verordnung (EU) 2016/679 im Amtsblatt der Europäischen Union in Kraft.

8 Der 21-jährige Julian hat der Verarbeitung seiner personenbezogenen Daten einschließlich von Fotos durch Facebook zugestimmt. Als ihm bewusst wird, dass einige seiner Fotos unangemessen sind, glaubt er das Recht zu haben, dass diese Fotos ohne unangemessene Verzögerung gelöscht werden.

VERORDNUNG (EU) 2016/679 DES EUROPÄISCHEN PARLAMENTS UND DES RATES

vom 27. April 2016

zum Schutz natürlicher Personen bei der Verarbeitung personenbezogener Daten,
zum freien Datenverkehr und zur Aufhebung der Richtlinie 95/46/EG (Datenschutz-Grundverordnung)
(Text von Bedeutung für den EWR)

DAS EUROPÄISCHE PARLAMENT UND DER RAT DER EUROPÄISCHEN UNION —
gestützt auf den Vertrag über die Arbeitsweise der Europäischen Union, insbesondere auf Artikel 16,
auf Vorschlag der Europäischen Kommission,
nach Zuleitung des Entwurfs des Gesetzgebungsakts an die nationalen Parlamente,

[...]

in Erwägung nachstehender Gründe:

[...]

HABEN FOLGENDE VERORDNUNG ERLASSEN:

[...]

Artikel 3

Räumlicher Anwendungsbereich

(1) Diese Verordnung findet Anwendung auf die Verarbeitung personenbezogener Daten, soweit diese im Rahmen der Tätigkeiten einer Niederlassung eines Verantwortlichen oder eines Auftragsverarbeiters in der Union erfolgt, unabhängig davon, ob die Verarbeitung in der Union stattfindet.

(2) Diese Verordnung findet Anwendung auf die Verarbeitung personenbezogener Daten von betroffenen Personen, die sich in der Union befinden, durch einen nicht in der Union niedergelassenen Verantwortlichen oder Auftragsverarbeiter, wenn die Datenverarbeitung im Zusammenhang damit steht

a) betroffenen Personen in der Union Waren oder Dienstleistungen anzubieten, unabhängig davon, ob von diesen betroffenen Personen eine Zahlung zu leisten ist;

b) das Verhalten betroffener Personen zu beobachten, soweit ihr Verhalten in der Union erfolgt.

[...]

Artikel 6

Rechtmäßigkeit der Verarbeitung

(1) Die Verarbeitung ist nur rechtmäßig, wenn mindestens eine der nachstehenden Bedingungen erfüllt ist:

a) Die betroffene Person hat ihre Einwilligung zu der Verarbeitung der sie betreffenden personenbezogenen Daten für einen oder mehrere bestimmte Zwecke gegeben;

[...]

Artikel 8

Bedingungen für die Einwilligung eines Kindes in Bezug auf Dienste der Informationsgesellschaft

(1) Gilt Artikel 6 Absatz 1 Buchstabe a bei einem Angebot von Diensten der Informationsgesellschaft, das einem Kind direkt gemacht wird, so ist die Verarbeitung der personenbezogenen Daten des Kindes rechtmäßig, wenn das Kind das sechzehnte Lebensjahr vollendet hat. Hat das Kind noch nicht das sechzehnte Lebensjahr vollendet, so ist diese Verarbeitung nur rechtmäßig, sofern und soweit diese Einwilligung durch den Träger der elterlichen Verantwortung für das Kind oder mit dessen Zustimmung erteilt wird.

Die Mitgliedstaaten können durch Rechtsvorschriften zu diesen Zwecken eine niedrigere Altersgrenze vorsehen, die jedoch nicht unter dem vollendeten dreizehnten Lebensjahr liegen darf.

[...]

Artikel 17

Recht auf Löschung („Recht auf Vergessenwerden")

(1) Die betroffene Person hat das Recht, von dem Verantwortlichen zu verlangen, dass sie betreffende personenbezogene Daten unverzüglich gelöscht werden, und der Verantwortliche ist verpflichtet, personenbezogene Daten unverzüglich zu löschen, sofern einer der folgenden Gründe zutrifft:

a) Die personenbezogenen Daten sind für die Zwecke, für die sie erhoben oder auf sonstige Weise verarbeitet wurden, nicht mehr notwendig.

b) Die betroffene Person widerruft ihre Einwilligung, auf die sich die Verarbeitung gemäß Artikel 6 Absatz 1 Buchstabe a [...] stützte, [...].

c) Die betroffene Person legt [...] Widerspruch gegen die Verarbeitung ein und es liegen keine vorrangigen berechtigten Gründe für die Verarbeitung vor, [...].

d) Die personenbezogenen Daten wurden unrechtmäßig verarbeitet.

e) Die Löschung der personenbezogenen Daten ist zur Erfüllung einer rechtlichen Verpflichtung nach dem Unionsrecht oder dem Recht der Mitgliedstaaten erforderlich, dem der Verantwortliche unterliegt.

f) Die personenbezogenen Daten wurden in Bezug auf angebotene Dienste der Informationsgesellschaft gemäß Artikel 8 Absatz 1 erhoben.

[...]

Artikel 99

Inkrafttreten und Anwendung

(1) Diese Verordnung tritt am zwanzigsten Tag nach ihrer Veröffentlichung im Amtsblatt der Europäischen Union in Kraft.

(2) Sie gilt ab dem 25. Mai 2018.

Diese Verordnung ist in allen ihren Teilen verbindlich und gilt unmittelbar in jedem Mitgliedstaat.

[...].

Meine Lösung:

Kreuzen Sie an:	1	2	3	4	5	6	7	8
richtig								
falsch								
nicht zu entnehmen								

8 P.

14 Datenschutz in Europa

Kreuzen Sie an:

	1	2	3	4	5	6	7	8
richtig		X	X					X
falsch	X			X			X	
nicht zu entnehmen					X	X		

je 1 Punkt, insgesamt 8 Punkte
kein Punkt für jede Spalte mit mehr als einem Kreuz

8 P.

Dargestellt ist eine formal typische Verordnung des Europäischen Parlaments, die dem Amtsblatt der Europäischen Union entnommen ist und mit der Beamte im Rahmen ihrer Dienstausübung zunehmend häufiger konfrontiert werden. Diese Aufgabe ist damit besonders anforderungsaffin hinsichtlich des Tätigkeitsprofils eines Verwaltungsbeamten. Abgeprüft wird hier insbesondere die Fähigkeit, Paragraphen bzw. Artikel inhaltlich zu verstehen und aus ihnen korrekt Informationen zu entnehmen. Die zu überprüfenden Aussagen können hier mit Blick auf die EU-Verordnung „richtig", „falsch" oder dieser „nicht zu entnehmen" sein:

richtig:

- *Aussage 2, da Art. 3 der EU-Verordnung nicht für US-Bürger außerhalb der EU gilt, deren Daten außerhalb der EU verarbeitet werden*
- *Aussage 3 aufgrund Art. 8 Abs. 1 in Verbindung mit Art. 3 der EU-Verordnung*
- *Aussage 8, da der volljährige Julian das Recht hat, dass die von ihm als unangemessen beurteilten Fotos unverzüglich gelöscht werden. Dies ergibt sich unmittelbar aus Art. 17 Abs. 1 Ziffer b der EU-Verordnung.*

falsch:

- *Aussage 1, da die Verordnung auf Vorschlag der Europäischen Kommission erfolgte (siehe Präambel vor Beginn des Artikels 3 „Räumlicher Anwendungsbereich")*
- *Aussage 4: Nach Art. 3 Abs. 2 der vorliegenden EU-Verordnung hat diese mit Blick auf die Verarbeitung personenbezogener Daten von Unionsbürgern hinsichtlich der Personendaten verarbeitenden Unternehmen globale Gültigkeit wegen des dort verankerten Marktortprinzips, d. h. das Sitzlandprinzip oder Niederlassungsprinzip des Unternehmens hat keine Gültigkeit mehr.*
- *Aussage 7: Nach Art. 99 Abs. 1 der vorliegenden EU-Verordnung tritt diese am zwanzigsten Tag nach ihrer Veröffentlichung im Amtsblatt der Europäischen Union in Kraft. Sie gilt aber gem. Art. 99 Abs. 2 erst ab dem 25. Mai 2018, d. h. erst ab diesem Zeitpunkt ist die Richtlinie 95/46/EG (Datenschutz-Grundverordnung) aufgehoben.*

nicht zu entnehmen:

- *Aussage 5, da sie weder Art. 17 Abs. 1 Buchstabe c der EU-Verordnung noch dieser Verordnung insgesamt entnommen werden kann*
- *Aussage 6, da sie bestenfalls eine Vermutung ist*

15 Onlinestudie

Überprüfen Sie die folgenden Aussagen zu den beiden Tabellen aus der ARD/ZDF-Onlinestudie 2015 und 2016.

▶ Kreuzen Sie im Lösungsbogen an, welche Aussagen **richtig**, welche **falsch** oder welche den beiden Materialien **nicht zu entnehmen** sind.

Tab. 1 ARD/ZDF-Onlinestudie 2015:
Onlinenutzung nach Geschlecht, Altersgruppen, Berufstätigkeit und Bildung
zumindest gelegentlich genutzt, in %

		Geschlecht		Altersgruppen							Berufstätigkeit				Schulbildung		
zumindest gelegentlich …	Gesamt	Weibl.	Männl.	14–19 J.	20–29 J.	30–39 J.	40–49 J.	50–59 J.	60–69 J.	ab 70 J.	ab 60 J.	voll/teil	in Ausb.	nicht berufs.	VS/HS	WfS/Abi	Stud.
Ja	80	76	83	100	98	94	92	83	67	38	50	92	100	57	63	89	94
Nein	21	24	17		2	6	8	17	33	62	50	8		43	37	11	6
Gewichtete Basis (n)	1.800	917	883	124	250	245	329	308	227	317	544	968	153	679	708	810	293

(Quelle: http://www.ard-zdf-onlinestudie.de/fileadmin/Onlinestudie_2015/0915_Statistik.pdf)

Kommunikation und Mediennutzung rangieren in der Nutzungsdauer vorne

Basis: Alle Befragten, Angaben in Prozent

Nutzungsdauern gestern	Gesamt	Frauen	Männer	14–29 Jahre	30–49 Jahre	50–69 Jahre	ab 70 Jahre
Kommunikation im Internet	39 %	45 %	35 %	41 %	42 %	38 %	17 %
Mediennutzung im Internet	24 %	20 %	28 %	29 %	23 %	21 %	15 %
Informationssuche im Internet	17 %	17 %	17 %	14 %	19 %	22 %	22 %
Spielen im Internet	14 %	12 %	14 %	13 %	11 %	11 %	30 %
Transaktionen im Internet	6 %	5 %	5 %	4 %	5 %	8 %	15 %

Frage: Jetzt geht es darum, was Sie gestern im Internet gemacht haben und wie viel Zeit Sie damit verbracht haben …
Basis: Erwachsene ab 14 Jahren in Deutschland (2016: n = 1.508)
Quelle: ARD/ZDF-Onlinestudie 2016 (Dspr.Bev., 14+)

(Quelle: http://www.ard-zdf-onlinestudie.de/fileadmin/Onlinestudie_2016/Kern-Ergebnisse_ARDZDF-Onlinestudie_2016.pdf)

Aussagen:

1 Bei den hierzu Befragten sinkt mit zunehmender Schulbildung der Anteil der zumindest gelegentlichen Onlinenutzer.

2 Die hierzu befragten Frauen nutzten am ausgewerteten Tag öfter Medien im Internet, als dass sie im Internet recherchierten.

3 Bei der Onlinenutzung zeigt sich 2015 eine deutliche digitale Kluft, weil in den ausgewiesenen Altersgruppen mit zunehmendem Lebensalter der Anteil derjenigen abnimmt, die eine zumindest gelegentliche Nutzung bejahen.

4 Bei den hierzu Befragten erreichte die Dauer der Mediennutzung im Internet am ausgewerteten Tag im Schnitt einen Anteil von knapp einem Viertel.

5 In beiden Tabellen liegen den dargestellten Ergebnissen jeweils die Daten von mehr als 2.000 befragten Personen zugrunde.

6 Befragungen von ARD/ZDF werden generell erst bei Personen ab 14 Jahren durchgeführt.

7 Bei den hierzu Befragten der Altersgruppe von 50 bis 69 Jahren führten am Auswertungstag jeweils acht Prozent der Frauen und Männer Transaktionen im Internet durch.

Die Lösungen zu Aufgabe 15 finden Sie auf Seite 95.

Meine Lösung:

Kreuzen Sie an:	1	2	3	4	5	6	7
richtig	☐	☐	☐	☐	☐	☐	☐
falsch	☐	☐	☐	☐	☐	☐	☐
nicht zu entnehmen	☐	☐	☐	☐	☐	☐	☐

7 P.

15 Onlinestudie

Kreuzen Sie an:

	1	2	3	4	5	6	7
richtig			X	X			
falsch	X				X		
nicht zu entnehmen		X				X	X

je 1 Punkt, insgesamt 7 Punkte
kein Punkt für jede Spalte mit mehr als einem Kreuz

/ P.

Die Entwicklung der Internetnutzung in Deutschland sowie der Umgang der Nutzer mit den Angeboten bilden seit 1997 die zentralen Fragestellungen der ***ARD/ZDF-Onlinestudien****, die Licht in das Dunkel einer sich rasch wandelnden Medienlandschaft bringen sollen. Die Schwierigkeit der vorliegenden Aufgabe, bei der die Aussagen 1 bis 7 mit zwei Tabellen zur Onlinenutzung verglichen werden sollen, ergibt sich auch dadurch, dass diese sich auf unterschiedliche Zeiträume beziehen (Tabelle 1 auf das Jahr 2015, Tabelle 2 auf 2016).*

Vor Lösen der Aufgabe erweist es sich als hilfreich, sich zunächst die Aussagedimensionen der jeweiligen Tabelle vor Augen zu führen. Dadurch fällt es leichter, die Entscheidung „richtig", „falsch" oder „nicht zu entnehmen" zu treffen. So erfasst ***Tabelle 1*** *die Onlinenutzung spezifiziert nach Geschlecht, Altersgruppen, Berufstätigkeit und Bildung, während die* ***untere Tabelle*** *(Tab. 2) Auskünfte über die Nutzungsdauer bestimmter Formen der Onlinenutzung (Kommunikation, Mediennutzung, Informationssuche etc.) gibt und diese spezifiziert nach Geschlecht und bestimmten Altersgruppen, welche sich aber von denen der Tabelle 1 unterscheiden. In beiden Tabellen jedoch handelt es sich um Prozentangaben.*

Wichtig für eine sichere und rasche Lösung der Aufgabe erweist sich auch der Blick auf den unterschiedlichen ***Erhebungszeitraum*** *beider Statistiken. Während Tabelle 1 die zumindest gelegentliche Onlinenutzung im gesamten Jahr 2015 untersucht, beschränkt sich die Onlinenutzung in der unteren Tabelle auf nur einen (!) Auswertungstag.*

Besonderes Augenmerk ist auf den ***Inhalt der einzelnen Aussagen*** *zu legen. So kann sich eine Aussage zur Schulbildung (Aussage 1) nur auf Tabelle 1 beziehen, da dieses Kriterium nur dort genannt wird. Wenn zur Nutzung des Internets als Transaktionsmedium der Altersgruppe der 50- bis 69-Jährigen eine Aussage erfolgt (Aussage 7), wird man nur in der unteren Tabelle fündig. Nimmt die Aussage auf den „Auswertungstag" Bezug (Aussagen 2, 4 und 7), erübrigt sich eine Überprüfung von Tabelle 1, die ja, siehe oben, die Onlinenutzung für ein ganzes Jahr erfasst. So kann wertvolle Zeit gespart werden.*

Nach diesen Vorüberlegungen einschließlich eines genauen Blicks auf die Angaben zur Basis der Befragungen ergeben sich folgende Lösungen:

richtig:

- *Aussage 3: Die zumindest gelegentliche Onlinenutzung ist mit zunehmendem Alter konstant rückläufig (100 % bei der jüngsten Kohorte, 38 % bei der Altersgruppe ab 70 J.), sodass von einer deutlichen digitalen Kluft zwischen Jung und Alt gesprochen werden kann. Vgl. Tab. 1 Spalte Altersgruppen.*
- *Aussage 4: Ausweislich von Spalte 2 („Gesamt") der dritten Zeile von Tab. 2 sind 24 % der Befragten, also knapp ein Viertel, zur Mediennutzung am ausgewerteten Tag im Internet gewesen.*

falsch:

- *Aussage 1: Tab. 1, dort Spalten zur Schulbildung, weist auf das Gegenteil hin. Von VS/HS über WfS/Abi zu Stud. steigt der Prozentsatz von 63 auf 94 %.*
- *Aussage 5: Die Erhebung von Tab. 1 basiert auf 1800 Befragten (vgl. Spalte 2 „Gesamt"), die von Tab. 2 (vgl. Klammerzusatz in der Legende) auf 1508.*

nicht zu entnehmen:

- *Aussage 2: Tab. 2 gibt keine Auskunft über die Häufigkeit der Mediennutzung, sondern ausschließlich über den zeitlichen Anteil der Mediennutzung gegenüber anderen Anwendungen.*
- *Aussage 6: Bei den vorliegenden Onlinestudien wurden zwar Personen erst ab 14 Jahren befragt (vgl. die Spalten 14–19 J. in Tab. 1 und 2), daraus kann aber nicht geschlossen werden, dass dies eine generelle Altersgrenze bei Befragungen von ARD/ZDF ist und auch für alle Befragungen der beiden Rundfunkanstalten gilt.*
- *Aussage 7: Der in der Altersgruppe 50–69 Jahre vermerkte Prozentsatz 8 (Tab. 2, letzte Zeile) bezieht sich nicht auf die Größe der Gruppe, die Transaktionen im Internet durchführte, sondern den prozentualen Zeitanteil, den die Befragten dieser Altersgruppe im Rahmen ihrer Internetaktivitäten hierfür aufwandten.*

16 Krieg in Syrien

Seit 2011 herrscht Krieg in Syrien. Viele Flüchtlinge leben in Flüchtlingslagern benachbarter Länder. Aber auch aus anderen Ländern kommen Flüchtlinge nach Europa.

▶ Lokalisieren Sie die in der Länderliste aufgeführten Länder in der nachfolgenden Karte und ordnen Sie im Lösungsbogen jeweils den zutreffenden Kennbuchstaben aus der Karte der Kennzahl des betreffenden Landes zu.

Abbildung:

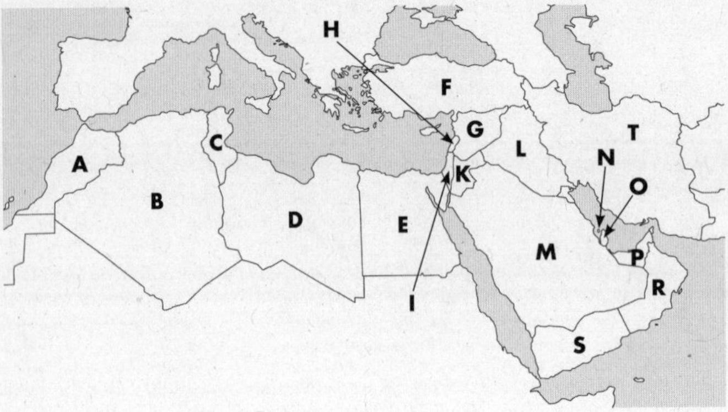

Länderliste:

1 Syrien

2 Türkei

3 Jordanien

4 Irak

5 Iran

www.shutterstock.com

Meine Lösung:

Ordnen Sie die betreffenden Kennbuchstaben zu:

1	2	3	4	5

5 P.

16 Krieg in Syrien

Ordnen Sie die betreffenden Kennbuchstaben zu:

1	2	3	4	5
G	F	K	L	T

je 1 Punkt, insgesamt 5 Punkte 5 P.

Wie in vielen Auswahlprüfungen üblich wurde auch in diesem Jahr eine Kartenaufgabe zu einem politischen Brennpunkt in der Welt gestellt. Der Krieg in Syrien währt nun schon seit Jahren und nahezu täglich ist in den Medien von neuen Grausamkeiten in der Region zu lesen, in der zahlreiche Kräfte um Macht und Einfluss kämpfen. Die Karte von Aufgabe 16 bildet weitgehend den klassischen Kulturraum des Alten Orients ab, einschließlich der nordafrikanischen Maghrebstaaten Marokko (A), Algerien (B), Tunesien (C) und Libyen (D). Ägypten (E) bildet das Bindeglied zur arabischen Halbinsel bzw. dem Nahen Osten. ***Syrien*** *entspricht hierbei dem Buchstaben G, die von Hunderttausenden syrischen Flüchtlingen aufgesuchten Nachbarländer* ***Türkei*** *im Norden dem Buchstaben F,* ***Jordanien*** *im Süden dem Buchstaben K. Die miteinander rivalisierenden Staaten* ***Irak*** *und* ***Iran*** *haben die Kennbuchstaben L bzw. T.*

17 Ressource Wasser

Wassermangel ist oft eine Ursache von Migration, da es sich hierbei um eine zunehmend gefährdete und knapper werdende Ressource handelt. Die Wissenschaft unterscheidet in diesem Zusammenhang mehrere sogenannte Syndrome oder Problemfelder.

▶ Weisen Sie den Kennbuchstaben der nachfolgend genannten Problemfelder jeweils die Kennzahl des betreffenden Syndroms aus der Auswahlliste zu und notieren Sie Ihr Ergebnis im Lösungsbogen.

Auswahlliste:

1	Sahel-Syndrom	**3**	China-Syndrom	**5**	„Hoher Schornstein"
2	Favela-Syndrom	**4**	Dust-Bowl-Syndrom	**6**	Massentourismus

Problemfelder:

A Industrielle Bodenbewirtschaftung; Pestizidbelastung

B Weiträumige Schadstoffverteilung; saurer Regen

C Landwirtschaftliche Übernutzung; Wasserverknappung

D Ungeregelte Urbanisierung; Gewässerbelastung

E Mangelhafte ökologische Standards; Gewässerverschmutzung

F Erschließung unberührter Naturräume; erhöhter Süßwasserbedarf

Meine Lösung:

Ordnen Sie die betreffenden Kennzahlen zu:

A	B	C	D	E	F

6 P.

17 Ressource Wasser

Ordnen Sie die betreffenden Kennzahlen zu:

A	B	C	D	E	F
4	5	1	2	3	6

je 1 Punkt, insgesamt 6 Punkte | 6 P.

Eine (eventuell „die") entscheidende Ressource weltweit im 21. Jahrhundert wird das Wasser sein. Wassermangel ist oftmals eine Ursache von Armut und Krankheit und damit von Migration. Die Wissenschaft hat in diesem Zusammenhang verschiedene Problemfelder herausgearbeitet und als einschlägige „Syndrome" bezeichnet. Aufgabe ist es, den Problemfeldern A bis F die passenden Syndrome (Auswahlliste 1 bis 6) zuzuordnen:

A Eine industrielle Bodenbewirtschaftung führt in manchen Teilen der Erde zu einer tiefgreifenden Schädigung des Oberbodens und bei Winderosion zu Auswehung der Bodenkrume. Man spricht hier vom ***Dust-Bowl-Syndrom****. Dust Bowl (dt. Staubschüssel) wurden in den 1930er-Jahren Teile der Great Plains in Nordamerika genannt, die von verheerenden Dürren und Staubstürmen betroffen waren. Auslöser dieses Phänomens war die weitflächige Rodung des Präriegrases, um die landwirtschaftlichen Erträge durch einen intensiven Weizenanbau zu erhöhen.* ***(A = 4)***

B Das ***Hoher-Schornstein-Syndrom*** *bezieht sich auf die Verteilung von Luftschadstoffen durch den Bau von hohen Schornsteinen, durch die Schadstoffe industrieller Herkunft in höhere Atmosphärenschichten verblasen und somit weiträumig verteilt werden können. Negative Folge dieses Verfahrens ist der saure Regen, einer der Hauptverursacher des Waldsterbens.* ***(B = 5)***

C Landwirtschaftliche Übernutzung durch Ackerbau und Beweidung und die darauf folgende Wasserverknappung sind klassische Probleme der Sahelzone am Südrand der nordafrikanischen Wüste Sahara. Man spricht hier vom ***Sahel-Syndrom****.* ***(C = 1)***

D Eine ungeregelte Urbanisierung findet bei informellen Siedlungen statt, die Begriffe hierfür sind regional unterschiedlich: Slum (engl.) oder Favela (span.) zählen zu den gebräuchlichsten Begriffen. Letzterer gab dem ***Favela-Syndrom*** *den Namen.* ***(D = 2)***

E Mangelhafte ökologische Standards und eine zum Teil extreme Verschmutzung der Gewässer sind vor allem aus China bekannt. Deshalb ***China-Syndrom****.* ***(E = 3)***

F Die Erschließung unberührter Naturräume und der erhöhte Süßwasserbedarf für Touristen auch in süßwasserarmen Gegenden sind die Folgen der Erschließung immer weiterer Bereiche der Erde für den Massentourismus. Das ***Massentourismus-Syndrom*** *sollte deshalb allen Reisenden in ferne Welten zu denken geben.* ***(F = 6)***

18 Migration

► Überprüfen Sie die Aussagen zum nachfolgenden Schaubild. Kreuzen Sie im Lösungsbogen an, welche davon **richtig**, **falsch** oder dem Schaubild **nicht zu entnehmen** sind.

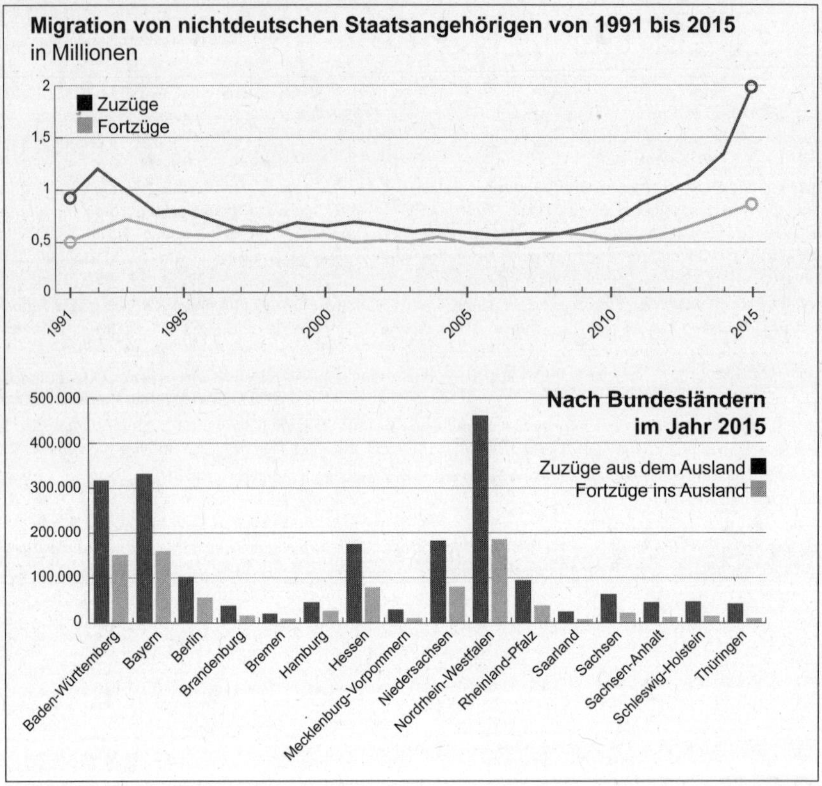

(Quellen: SZ-Grafik; Statistisches Bundesamt)

Aussagen:

1 Im Vergleich zum Jahr 2014 hat sich der Zuzug nichtdeutscher Staatsangehöriger 2015 mehr als verdreifacht.

2 Noch nie seit nahezu 25 Jahren sind so viele nichtdeutsche Staatsangehörige zugezogen wie 2015.

3 Seit 2009 nimmt der positive Wanderungssaldo beständig zu.

4 Im Jahr 2014 war es nicht möglich, mehr als 1,5 Mio. nichtdeutsche Staatsangehörige aufzunehmen.

5 Die Grafik weist ausschließlich Zahlen zur Migration von Nicht-EU-Bürgern aus.

6 Das EU-Türkei-Abkommen hat zu einer Beruhigung der Migrationsbewegung nach Deutschland geführt.

7 Berlin wies 2015 unter den Stadtstaaten in absoluten Zahlen das höchste Wanderungsplus auf.

8 War bis 2014 die wachsende Migration aus anderen EU-Ländern prägend, kommen infolge der Syrien-Krise seitdem vor allem Schutzsuchende nach Deutschland.

Meine Lösung:

Kreuzen Sie an:	1	2	3	4	5	6	7	8
richtig	☐	☐	☐	☐	☐	☐	☐	☐
falsch	☐	☐	☐	☐	☐	☐	☐	☐
nicht zu entnehmen	☐	☐	☐	☐	☐	☐	☐	☐

8 P.

18 Migration

Kreuzen Sie an:

	1	2	3	4	5	6	7	8
richtig		X	X				X	
falsch	X				X			
nicht zu entnehmen				X		X		X

je 1 Punkt, insgesamt 8 Punkte
kein Punkt für jede Spalte mit mehr als einem Kreuz

8 P.

Migration ist ein Dauerbrenner nicht nur in der politischen Auseinandersetzung, sondern auch bei der Auswahlprüfung der letzten Jahre, welche sich stets am aktuellen politischen Geschehen orientiert. Rechnen Sie also auch weiterhin mit dieser Thematik, die auch bei den Koalitionsverhandlungen nach der Bundestagswahl 2017 für politischen Zündstoff und Schlagzeilen gesorgt hat (vgl. Einwanderungs- bzw. Zuwanderungsgesetz für ausländische Fachkräfte).

Die beiden vorliegenden Diagramme des Statistischen Bundesamtes haben die Darstellung von Zuzügen und Fortzügen in Deutschland gemeinsam. Während das Liniendiagramm (oben) diese im Zeitraum von 1991 bis 2015 visualisiert, stellt das Säulendiagramm (unten) diese nur punktuell auf das Jahr 2015 bezogen dar und vergleicht die Zu- und Fortzüge nichtdeutscher Staatsangehöriger in den einzelnen Bundesländern.

Setzt man die Zuzüge mit den Fortzügen in Bezug, lässt sich der Wanderungssaldo eines Jahres sowohl für die einzelnen Bundesländer als auch für die gesamte Bundesrepublik ermitteln. Er gilt als positiv, wenn die Zuzüge höher als die Fortzüge sind, als negativ, wenn ihr Verhältnis zueinander umgekehrt ist (vgl. Aussage 3). Die mit „richtig", „falsch" oder „nicht zu entnehmen" zu bewertenden acht Aussagen lassen sich bei genauer Analyse der beiden Grafiken eindeutig klassifizieren:

richtig:

- ***Aussage 2:*** *2015 erreichte die Zahl der Zuzüge annähernd 2 Millionen und übertraf damit das bisherige Spitzenjahr 1992 mit 1,2 Millionen Zuzügen.*
- ***Aussage 3:*** *Seit 2009 wandern beständig zunehmend mehr nichtdeutsche Staatsangehörige zu, als dass diese Deutschland verlassen, woraus eine Erhöhung des positiven Wanderungssaldos (s. o.) resultiert.*
- ***Aussage 7:*** *Im Vergleich zu den beiden weiteren Stadtstaaten Hamburg und Bremen betrug der positive Wanderungssaldo Berlins nahezu 50 000 Personen, also mehr als bei Bremen und Hamburg zusammengenommen. (Vorsicht: Hier geht es nur um einen Vergleich der Stadtstaaten! Aussage genau lesen!)*

falsch:

- ***Aussage 1:*** *Die Zunahme der Zuwanderung von 2014 zu 2015 entspricht allenfalls einer Verdoppelung, von 900 000 auf knapp 2 Millionen.*
- ***Aussage 5:*** *Beide Diagramme stellen die Migration nichtdeutscher Staatsangehöriger dar, inkludieren also auch EU-Bürger, die aber nicht gesondert ausgewiesen sind.*

nicht zu entnehmen:

- ***Aussage 4:*** *Beide Diagramme geben keine Auskunft über die Integrations- bzw. Aufnahmefähigkeit der Bundesrepublik Deutschland.*
- ***Aussage 6:*** *Diese Aussage kann schon deshalb nicht dem Material entnommen werden, weil das EU-Türkei-Abkommen erst nach dem dargestellten Erhebungszeitraum in Kraft trat. Über die Ursachen der Zu- und Fortzüge machen beide Diagramme aber ohnehin keine Aussagen.*
- ***Aussage 8:*** *Die Diagramme erlauben keine Schlussfolgerung hinsichtlich der Herkunftsländer der Zuwanderer.*

19 Protestantismus

▶ Ergänzen Sie den nachstehenden Lückentext. Tragen Sie Ihre Lösung in den Lösungsbogen ein.

Lückentext:

Ab dem Jahr **(a)** spaltete sich das westliche Christentum des Mittelalters in verschiedene Konfessionen. Die **(b)** wurde in Deutschland vor allem von Martin **(c)** angestoßen, der seine insgesamt 95 sogenannten **(d)** an die Tür der Schlosskirche zu **(e)** geschlagen haben soll. Zentrale Kritikpunkte waren der sogenannte **(f)**handel Roms sowie der Vorwurf der Käuflichkeit kirchlicher Ämter.

Meine Lösung:

Tragen Sie Ihre Lösungen ein:

(a) ____________ **(d)** ____________

(b) ____________ **(e)** ____________

(c) ____________ **(f)** ____________

6 P.

19 Protestantismus

Tragen Sie Ihre Lösungen ein:

(a) **1517**

(b) **Reformation**

(c) **Luther**

(d) **Thesen**

(e) **Wittenberg**

(f) **Ablass**

je 1 Punkt (korrekte Schreibweise!), insgesamt 6 Punkte | 6 P.

Vor 500 Jahren: Der Lückentext „Protestantismus“ ruft anlässlich des 500. Jahrestags des Beginns der Reformation historische Grundkenntnisse ab, die sicher aus dem Geschichts- und Religionsunterricht bekannt sind. Das Thema war während der Lutherdekade Gegenstand zahlreicher Ausstellungen, Veranstaltungen und einschlägiger Medienberichte.

*Bei **(a)** kommt nur das Jahr 1517 in Frage, bei **(b)** der Begriff Reformation, die durch die Spaltung der Christenheit das Ende des Mittelalters markiert und das Zeitalter der Frühen Neuzeit bzw. der Konfessionskriege einleitete. Mann der Stunde war natürlich der rebellische und unbeugsame Augustinermönch und Theologieprofessor Martin **(c)** Luther, nicht zu verwechseln mit dem späteren Streiter für die Bürgerrechte der Schwarzen in den USA, Martin Luther King! Ausgangspunkt der Reformation war der **(d)** Thesenanschlag Luthers an der Schlosskirche zu **(e)** Wittenberg an der Elbe im heutigen Sachsen-Anhalt. Neben der Käuflichkeit kirchlicher Ämter (Simonie) richtete sich Luther vor allem gegen den **(f)** Ablasshandel der katholischen Kirche, dessen Einnahmen den Bau des gigantischen Petersdoms in Rom sicherstellen sollten, der wichtigsten Kirche des römischen Papstes und nachmals Zentrum der katholischen Christen in aller Welt. Wer gegen Geld einen Ablass erwarb, dem wurden in einem kirchlichen Gnadenakt zeitliche Sündenstrafen erlassen.*

20 Vor 100 Jahren

▶ Ergänzen Sie den nachstehenden Lückentext mit den passenden Begriffen aus der Auswahlliste. Tragen Sie die jeweilige Kennzahl in den Lösungsbogen ein.

Auswahlliste:

1	Kommunisten	**6**	September	**11**	Sowjets
2	der Zentralrat	**7**	die Duma	**12**	Stalin
3	März	**8**	Marx	**13**	Zar
4	König	**9**	Oktober	**14**	Bolschewisten
5	Lenin	**10**	Präsident	**15**	der Parteirat

Lückentext:

1917, drei Jahre nach Ausbruch des Ersten Weltkriegs, führten in Russland Versorgungsengpässe und die sich abzeichnende militärische Niederlage im März 1917 zum Ende der über 400 Jahre alten Monarchie. Der **(a)** dankte ab. In der Folge ebnete das russische Parlament, **(b)**, den Weg für einen liberalen Verfassungsstaat. In der **(c)** revolution aber ergriffen die **(d)**, der radikale Flügel der Sozialdemokratischen Arbeiterpartei Russlands, unter der Führung von Wladimir Iljitsch **(e)** und Leo Trotzki die Macht und legten den Grundstein für die Sowjetunion.

Meine Lösung:

Tragen Sie jeweils die zutreffende Kennzahl ein:

(a)	(b)	(c)	(d)	(e)

5 P.

20 Vor 100 Jahren

Tragen Sie jeweils die zutreffende Kennzahl ein:

(a)	(b)	(c)	(d)	(e)
13	7	9	14	5

je 1 Punkt, insgesamt 5 Punkte 5 P.

Vor 100 Jahren: Auch der Lückentext zum Epochenjahr 1917 ruft historische Grundkenntnisse ab, die aus dem Geschichtsunterricht bekannt sein sollten. Die Oktoberrevolution in Russland legte den Grundstein für den späteren Ost-West-Konflikt und ist deshalb Thema aller Geschichtslehrpläne. Zur Hilfestellung ist der Aufgabe eine Auswahlliste beigegeben, bei der man sich in der Regel zwischen zwei oder drei „ähnlichen" Begriffen entscheiden muss (vgl. hierzu oben Aufgabe 12 und Kap. 3.3 (Lückentexte) im Allgemeinen Teil unseres Vorbereitungsbuches).

(a) Bei Lücke (a) kommt nur der russische Zar (13) (abgeleitet wie Kaiser vom antiken Vorbild Cäsars) in Frage, der sich auf das oströmische Kaisertum berief – König (4) passt nicht, da zu niedrig angesetzt, der Präsident (10) oder die in der Auswahlliste genannten Namen ebenso wenig, da sie nicht der Information vom „Ende der über 400 Jahre alten Monarchie" entsprechen.

(b) Hier kann es sich auch aus grammatischen Gründen (Artikel!) nur um den Zentralrat (2), die Duma (7) oder den Parteirat (15) handeln. Der Bezug zum russischen Parlament legt Kennzahl 7 nahe, die Duma (dt. Gedanke), die direkt vom Volk gewählte 2. Parlamentskammer, das russische Unterhaus.

(c) Lücke (c) fragt nach dem Zeitpunkt der berühmtesten Revolution des 20. Jahrhunderts, wofür in der Auswahlliste März (3), September (6) oder Oktober (9) vorgeschlagen werden. Letzteres ist richtig, die März- oder Septemberrevolutionen gibt es nicht, erst im Oktober (9) 1917 wurden die Weichen für die revolutionäre Neuordnung Russlands gestellt.

(d) Der radikale Flügel der Sozialdemokratischen Arbeiterpartei Russlands nannte sich Bolschewisten (14), dt. Mehrheitler, auch wenn die Gruppe in der Minderheit war. Der Begriff Kommunisten (1) ist hier zu allgemein, der Begriff Sowjets (11) falsch, da diese die nach der Revolution in Russland errichteten Räte bezeichnen.

(e) Führer der Bolschewisten war fraglos Lenin (5), worauf bereits die beiden im Text genannten Vornamen (Wladimir Iljitsch) hindeuten, und nicht Josef Stalin (12), der Nachfolger Lenins, der in seiner Regierungszeit in Russland eine totalitäre Diktatur errichtete, der Millionen Menschen zum Opfer fielen.

21 Wahljahr 2017

▶ Ergänzen Sie den nachfolgenden Lückentext. Tragen Sie im Lösungsbogen jeweils die zutreffenden Bezeichnungen, Namen oder die zutreffende Zahl ein (Lösungen jeweils ausgeschrieben und in der grammatisch richtigen Form!).

Lückentext:

Am 12. Februar 2017 wählte die ___(a)___ den neuen deutschen Bundespräsidenten. SPD, CDU und CSU hatten sich als gemeinsamen Kandidaten auf Frank-Walter ___(b)___ geeinigt, der bis dahin als ___(c)___minister tätig war.

Am 26. März 2017 fanden Landtagswahlen in dem – nach den Stadtstaaten – flächenmäßig kleinsten deutschen Bundesland ___(d)___ statt. Im Mai fanden kurz nacheinander Landtagswahlen im Bundesland ___(e)___, dem nördlichsten Bundesland, sowie eine Woche später im bevölkerungsreichsten Bundesland ___(f)___ statt. Als politischen Höhepunkt des Wahljahres kann man zweifellos die Bundestagswahl bezeichnen. Die Dauer der Legislaturperiode des Bundestags beträgt im Regelfall ___(g)___ Jahre.

Meine Lösung:

Tragen Sie Ihre Lösungen ein:

(a) ______________________

(b) ______________________

(c) ______________________

(d) ______________________

(e) ______________________

(f) ______________________

(g) ______________________

7 P.

21 Wahljahr 2017

Tragen Sie Ihre Lösungen ein:

(a) **Bundesversammlung**

(b) **Steinmeier**

(c) **Außen/Bundes**

(d) **Saarland**

(e) **Schleswig-Holstein**

(f) **Nordrhein-Westfalen**

(g) **4/vier**

je 1 Punkt (korrekte Schreibweise!), insgesamt 7 Punkte 7 P.

Superwahljahre wie 2017 hinterlassen meist auch ihre Spuren bei der Auswahlprüfung. So empfiehlt es sich auf jeden Fall, bei der Vorbereitung zu dieser Prüfung noch einmal die Wahlen des jeweiligen Jahres Revue passieren zu lassen. Mit dem nötigen Wissen über die Wahlereignisse des Jahres 2017 lässt sich auch der vorliegende Lückentext ohne Schwierigkeiten beantworten, da er auf das aktuelle politische Geschehen 2017 rekurriert.

Wahlen fanden 2017 auf Bundes- und Länderebene statt. Als besondere Wahl, weil von der eigens dafür einberufenen Bundesversammlung ausgeführt, galt die Wahl des Bundespräsidenten im Februar 2017. Nun bedarf es nur noch einiger Grundkenntnisse über die Bundesländer, um nötigenfalls die einzelnen Wahlen zu den Landtagen näher zu bestimmen:

- *Bei **(a)** kommt nur die **Bundesversammlung** in Frage, ein Gremium, das aus den Mitgliedern des Bundestags und aus einer gleichen Anzahl von Mitgliedern, die von den Volksvertretungen der Länder gewählt werden, besteht. Die Bundesversammlung tritt nur zur Wahl des Bundespräsidenten zusammen.*
- *Bei **(b)** erleichtert die Vorgabe des Vornamens die Bestimmung des gewählten neuen Bundespräsidenten, nämlich (Frank-Walter) **Steinmeier**, der bis dahin als **(c) Außen**- bzw. **Bundes**minister tätig war.*
- *Bei Lücke **(d)** hilft der Hinweis auf das „kleinste Bundesland nach den Stadtstaaten". Es kann sich hier nur um das **Saarland** handeln, auch wenn man sich nicht mehr an den im Text angegebenen Wahltermin erinnern kann.*
- *Bei **(e)** vertraut man auf geografische Grundkenntnisse, mit denen auch das „nördlichste Bundesland", also **Schleswig-Holstein**, geortet werden kann.*
- *Ähnliches gilt bei **(f)**. Während Bayern das flächenmäßig größte Bundesland darstellt, ist **Nordrhein-Westfalen** hinsichtlich seiner Bevölkerung das größte Land der Bundesrepublik.*
- *Bei **(g)** sollte man die **vier**jährige Legislaturperiode des Bundestags nicht verwechseln mit der fünfjährigen Legislaturperiode mancher Volksvertretungen der Länder, z. B. des Bayerischen Landtags.*

***Vorsicht!** Viele Punkte bei inhaltlich richtigen Antworten konnten nicht angerechnet werden, da die Namen z. B. der Bundesländer fehlerhaft geschrieben worden sind. Prägen Sie sich auf jeden Fall im Vorfeld ihrer Prüfung die richtige Schreibweise nicht nur der Bundesländer, sondern auch zentraler Begriffe und Namen ein. Selbst das Weglassen eines Bindestrichs bei Doppelnamen wie Nordrhein-Westfalen gilt schon als Punktverlust.*

22 Wahlsystem der Bundesrepublik Deutschland

▶ Überprüfen Sie die folgenden Aussagen. Kreuzen Sie im Lösungsbogen an, welche davon **richtig**, **teilweise richtig** oder **falsch** sind.

Aussagen:

1 Mit der Erststimme wählt man eine bestimmte Person im eigenen Wahlkreis. Je Wahlkreis erhält nur die Person mit den meisten Erststimmen ein Direktmandat.

2 Wie der Name bereits sagt, ist die Erststimme der Wähler die wichtigere.

3 Die Landeslisten der Parteien sind bei der Bundestagswahl nicht flexibel, sodass die Wähler die von den Parteien festgelegte Rangfolge der Kandidaten nicht verändern können.

4 Die bei der Wahl zur Verfügung stehende Erst- und Zweitstimme eröffnen die Möglichkeit des Stimmensplittings, d. h. der Wähler ist nicht verpflichtet, seine Erststimme einem Kandidaten der Partei zu geben, für die er sich mit der Zweitstimme entschieden hat.

5 Falls eine Partei mehr Direktmandate erhalten hat, als ihr gemäß der Verteilung der Zweitstimmen zustehen, findet ein Ausgleich der Mandate statt.

6 In einem Wahllokal darf in streng begrenzten Fällen während des Wahlgangs die Wahlurne geöffnet werden, um Unregelmäßigkeiten bei der Stimmabgabe rechtzeitig festzustellen.

Meine Lösung:

Kreuzen Sie an:	**1**	**2**	**3**	**4**	**5**	**6**
richtig	☐	☐	☐	☐	☐	☐
teilweise richtig	☐	☐	☐	☐	☐	☐
falsch	☐	☐	☐	☐	☐	☐

6 P.

22 Wahlsystem der Bundesrepublik Deutschland

Kreuzen Sie an:	1	2	3	4	5	6
richtig	X		X	X	X	
teilweise richtig						
falsch		X				X

je 1 Punkt, insgesamt 6 Punkte
kein Punkt für jede Spalte mit mehr als einem Kreuz

6 P.

Die sechs Aussagen zum bundesrepublikanischen Wahlsystem, das als personifiziertes Verhältniswahlsystem gilt, betreffen Grundkenntnisse des Sozialkundeunterrichts. Die Aufgabenstellung ist dadurch wesentlich erleichtert, dass dieses Wahlsystem nicht erklärt werden muss, sondern lediglich vorformulierte Aussagen dazu überprüft werden müssen nach dem Muster „richtig", teilweise richtig" oder „falsch". Die folgenden Antworten werden Ihnen als Wähler nicht schwerfallen:

richtig:

- ***Aussage 1**, weil die Erststimme das personifizierte Element der Verhältniswahl darstellt. Die relative Mehrheit für einen Kandidaten ist ausreichend, um ein Direktmandat zu erringen.*
- ***Aussage 3**, weil die Landeslisten der Parteien im Gegensatz zu manchen Landtagswahlen (z. B. in Bayern) fest, also nicht flexibel sind, sodass die Rangfolge der Kandidaten unabhängig vom Stimmenanteil aus der Erststimme grundsätzlich unverändert bleibt.*
- ***Aussage 4**, weil es dem Wähler freigestellt ist, unabhängig von der Vergabe seiner Zweitstimme einen persönlichen Kandidaten seiner Wahl die Stimme zu geben, also seine beiden Stimmen zu splitten. Er kann selbst auf die Vergabe der Erst- bzw. Zweitstimme verzichten, ohne dass dabei seine Stimmabgabe ungültig wird. Er verschenkt dabei nur eine der beiden Stimmen.*
- ***Aussage 5**, weil seit der Wahlrechtsänderung 2013 Ausgleichsmandate möglich sind. Diese werden für den Fall, dass eine Partei mehr Direktmandate erhalten hat, als ihr gemäß der Verteilung der Zweitstimme zustehen, verteilt, um Ungerechtigkeiten zu vermeiden, die aufgrund von Überhangmandaten für einzelne Parteien bei anderen Parteien entstehen können.*

falsch:

- ***Aussage 2**, weil die Zweitstimme die wichtigere ist, da die Zahl der Zweitstimmen für eine Partei maßgeblich für die Zahl ihrer Sitze im Bundestag ist.*
- ***Aussage 6**, weil in keinem Fall Wahlurnen während des Wahlgangs geöffnet werden dürfen.*

teilweise richtig:

- *Trifft auf **keine (!)** der Aussagen zu. (Hinweis: Nicht in jeder Zeile des Lösungsbogens muss immer ein Kreuz stehen!)*

23 Wer hat was gesagt?

▶ Ordnen Sie jedes der folgenden (aktuellen und historischen) Zitate seinem Urheber/seiner Urheberin zu. Tragen Sie dazu im Lösungsbogen jeweils beim Kennbuchstaben eines Zitats die Kennzahl der betreffenden Persönlichkeit aus der Auswahlliste ein (eine Persönlichkeit kann ggf. auch mehreren Zitaten zugeordnet werden).

Auswahlliste:

1	Roman Herzog	**5**	John F. Kennedy	**9**	Donald Trump
2	Papst Franziskus	**6**	Angela Merkel	**10**	Frank-Walter Steinmeier
3	Willy Brandt	**7**	Michail Gorbatschow	**11**	Alexander Dobrindt
4	Ronald Reagan	**8**	Walter Ulbricht	**12**	Theresa May

Zitate:

A „Brüssel irrt, die Maut kommt, Gerechtigkeit siegt."

B „Brexit heißt Brexit. Und wir werden einen Erfolg daraus machen."

C „Ein Bundespräsident darf kein Vereinfacher sein, er muss ein Mutmacher sein."

D „Mr. Gorbachev, open this gate. Mr. Gorbachev, tear down this wall."

E „Ich bin wie damals davon überzeugt, dass wir es schaffen, unserer historischen Aufgabe (...) gerecht zu werden. Wir schaffen das!"

F „Durch Deutschland muss ein Ruck gehen!"

G „Wer zu spät kommt, den bestraft das Leben!"

H „Ich bin ein Berliner!"

Meine Lösung:

Ordnen Sie die zutreffenden Kennzahlen zu:

A	B	C	D	E	F	G	H

8 P.

23 Wer hat was gesagt?

Ordnen Sie die zutreffenden Kennzahlen zu:

A	B	C	D	E	F	G	H
11	12	10	4	6	1	7	5

je 1 Punkt, insgesamt 8 Punkte

8 P.

Dieser Aufgabentypus ist ein Novum. Aktuelle und historische Zitate sollen bestimmten Urhebern bzw. Urheberinnen zugeordnet werden. Dies setzt zum einen Kenntnisse aus dem Geschichtsunterricht voraus, zum anderen ein aktives Verfolgen aktueller Geschehnisse. Die Aufgabe ist aber dadurch wesentlich erleichtert, dass aus einer Auswahlliste bekannter Persönlichkeiten die zutreffenden Namen dem jeweiligen Zitat zuzuordnen sind. Alle angeführten Zitate sorgten für Furore, wurden nicht nur zum Tagesgespräch, sondern kehrten auch immer wieder in die öffentliche Berichterstattung zurück:

- ***Zitat A**: geäußert von Verkehrsminister Alexander Dobrindt **(11)** am 11. September 2015 im Zusammenhang mit der PKW-Maut auf deutschen Autobahnen, gegen die seitens der EU-Kommission Einwände erhoben wurden.*
- ***Zitat B**: geäußert von der britischen Premierministerin Theresa May **(12)** in ihrer Birminghamer Rede (4. Oktober 2016), in der sie sich als neue Premierministerin nach dem Rücktritt David Camerons zum Austritt Großbritanniens aus der EU gemäß EU-Referendum bekannt hat.*
- ***Zitat C**: geäußert in der Antrittsrede des neu gewählten Bundespräsidenten Frank-Walter Steinmeier **(10)** vor der Bundesversammlung am 17. Februar 2017.*
- ***Zitat D**: geäußert vom amerikanischen Präsidenten Ronald Reagan **(4)** am 12. Juni 1987 in Berlin, um den sowjetischen Präsidenten Michail Gorbatschow zur Öffnung des Brandenburger Tors und der Berliner Mauer zu bewegen.*
- ***Zitat E**: geäußert von Bundeskanzlerin Angela Merkel **(6)** in einer Bundespressekonferenz am 31. August 2015 im Hinblick auf die Flüchtlingskrise in Europa und angesichts der Probleme bei der Aufnahme zahlreicher Flüchtlinge in Deutschland.*
- ***Zitat F**: geäußert von Bundespräsident Roman Herzog **(1)** am 26. April 1997 in Berlin, nachdem von der Euphorie über ein vereintes Deutschland angesichts wirtschaftlicher Probleme in den neuen Bundesländern nicht mehr viel zu spüren war.*
- ***Zitat G**: (angeblich so) geäußert vom damaligen Generalsekretär der KPdSU Michail Gorbatschow **(7)** am 6. Oktober 1989 bei einem Staatsbesuch zum 40. Gründungstag der DDR gegenüber westlichen Korrespondenten.*
- ***Zitat H**: geäußert vom amerikanischen Präsidenten John F. Kennedy **(5)** in Berlin am 26. Juni 1963, um nach dem Mauerbau seine Verbundenheit mit der geteilten Stadt zu unterstreichen.*

24 „Irrläufer"

Ein Begriff gehört jeweils **nicht** in die Reihe.

▶ Bestimmen Sie den „Irrläufer". Begründen Sie kurz Ihre Entscheidung, indem Sie zunächst das gemeinsame Merkmal der anderen Namen oder Begriffe und dann das Unterscheidungsmerkmal des „Irrläufers" nennen.

a) Kiwi-Koalition – Jamaica-Koalition – Große Koalition – Sozialliberale Koalition

b) Bündnis 90/Grüne – SPD – FDP – CDU – PEGIDA – Die Linke – AfD

Meine Lösung:

a) „Irrläufer": ______

Begründung

andere: ______

Irrläufer: ______

b) „Irrläufer": ______

Begründung

andere: ______

Irrläufer: ______

6 P.

24 „Irrläufer"

a) „Irrläufer": **Jamaica-Koalition**

Begründung

andere: **Koalition mit zwei Koalitionspartnern** (*o. Ä.*)

Irrläufer: **Koalition mit drei Koalitionspartnern** (*o. Ä.*)

b) „Irrläufer": **Pegida/PEGIDA**

Begründung

andere: **Parteien** (*auch:* **Beteiligung an Wahlen** *o. Ä.*)

Irrläufer: **Bürgerbewegung** (*auch:* **Verein** *oder* **keine Beteiligung an Wahlen** *o. Ä.*)

bei jeder Teilaufgabe je 1 Punkt für die Nennung des Irrläufers, des gemeinsamen Merkmals und des Unterscheidungsmerkmals
jeweils 0 Punkte bei falschem Irrläufer
insgesamt 6 Punkte

6 P.

Der „Irrläufer" ist ein beliebter Aufgabentypus der Auswahlprüfung (vgl. Aufgabe 7). In Aufgabe 24 erscheint er zum zweiten Mal. Hier gilt es zwei Begriffsreihen aus dem Bereich der Politik zu überprüfen:

a)

Die vier Elemente der Reihe kennzeichnen alle verschiedene Koalitionsformen, die es entweder in der Geschichte der Bundesrepublik schon gegeben hat (vgl. Große Koalition aus CDU/CSU und SPD, Sozialliberale Koalition aus SPD und FDP) oder die in den vergangenen Jahren diskutiert und im Rahmen von Koalitionsgesprächen bereits verhandelt worden sind: Kiwi-Koalition aus CDU/CSU und Bündnis 90/Die Grünen (gen. nach der Kiwi-Frucht: außen schwarz, innen grün), Jamaica-Koalition aus CDU/CSU, FDP und Bündnis 90/Grüne (gen. nach den Farben der Flagge von Jamaica: schwarz, gelb, grün).

Der Blick auf die Zahl der jeweiligen Koalitionspartner verrät den „Irrläufer". Es ist die ***Jamaica-Koalition****, die aus* ***drei (!) Koalitionspartnern*** *besteht, während bei den anderen genannten Koalitionen (Kiwi-, Sozialliberale-, Große Koalition) nur* ***zwei Koalitionspartner*** *zusammenfinden müssen. Die* ***CDU/CSU*** *wird hierbei als ein Koalitionspartner verstanden, handelt es sich doch um die sogenannte Union bzw. die Unionsparteien, die im Bundestag eine* ***gemeinsame Fraktion*** *bilden.*

b)

Der Irrläufer aus dieser Reihe erschließt sich leicht, handelt es sich doch mit einer Ausnahme bei allen genannten Organisationen um ***Parteien****, die sich regelmäßig* ***an Wahlen beteiligen*** *wie Bündnis90/Grüne, SPD, FDP, CDU, Die Linke und AfD, wozu sie aufgrund des Parteiengesetzes auch verpflichtet sind.*

PEGIDA *aber ist keine Partei, beteiligt sich auch nicht an Wahlen, sondern versteht sich ausschließlich als* ***Bürgerbewegung****. Als Begründung für den Irrläufer wurde neben Bürgerbewegung auch* ***Verein*** *oder* ***keine Beteiligung an Wahlen*** *toleriert, während „Organisation" unzureichend ist, da dieser Begriff auch auf die Parteien als politische Organisationen zutreffen würde und deshalb kein wesentliches Unterscheidungsmerkmal für den Irrläufer darstellt.*

25 Bundespräsident

a) Auf den nachfolgenden Abbildungen A bis D sind Bundespräsidenten aus der Geschichte der Bundesrepublik abgebildet.

▶ Tragen Sie im Lösungsbogen jeweils die Kennzahl des zutreffenden Namens aus der Auswahlliste beim Kennbuchstaben der entsprechenden Abbildung ein.

Abbildungen:

A

B

C

D

(Bildnachweise: A = BArch, Bild 146-1983-089-20 / o. Ang.; B = Deutsches Historisches Museum, Berlin; C = BArch, Bild 146-1991-039-11 / o. Ang.; D = Bundesregierung / Jesco Denzel)

Auswahlliste:

1	Horst Köhler	**5**	Gustav Heinemann
2	Joachim Gauck	**6**	Roman Herzog
3	Richard von Weizsäcker	**7**	Johannes Rau
4	Theodor Heuss	**8**	Walter Scheel

▶ b) Kreuzen Sie im Lösungsbogen an, ob die folgenden Aussagen zum Amt und den Aufgaben bzw. Kompetenzen des Bundespräsidenten **richtig**, **teilweise richtig** oder **falsch** sind.

Aussagen:

1 Der Bundespräsident ist das Staatsoberhaupt der Bundesrepublik Deutschland. Er kann im unmittelbaren Anschluss an seine erste Amtszeit maximal zweimal wiedergewählt werden.

2 Die Amtszeit des Bundespräsidenten beträgt 5 Jahre.

3 Der Bundespräsident ist Teil des Gesetzgebungsverfahrens. Er hat das Recht und die Pflicht, ein Gesetz vor der Ausfertigung verfassungsrechtlich zu überprüfen.

4 Der dem Bundespräsidenten obliegende Vollzugsakt der Ausfertigung eines Gesetzes kann auch aus politischen Gründen verweigert werden.

Meine Lösung:

a) Ordnen Sie die betreffenden Kennzahlen zu:

A	B	C	D
☐	☐	☐	☐

4 P.

b) Kreuzen Sie an:

	1	2	3	4
richtig	☐	☐	☐	☐
teilweise richtig	☐	☐	☐	☐
falsch	☐	☐	☐	☐

4 P.

25 Bundespräsident

a) Ordnen Sie die betreffenden Kennzahlen zu:

A	B	C	D
4	6	3	2

je 1 Punkt, insgesamt 4 Punkte 4 P.

b) Kreuzen Sie an:

	1	2	3	4
richtig		X	X	
teilweise richtig	X			
falsch				X

je 1 Punkte, insgesamt 4 Punkte
kein Punkt für jede Spalte mit mehr als einem Kreuz 4 P.

*Dass bei der Auswahlprüfung 2017 die Bundespräsidentenwahl vom Februar desselben Jahres ihren Niederschlag findet, überrascht nicht, bemüht sich die Auswahlprüfung im Bereich Politik und Zeitgeschehen doch stets um aktuelle Bezüge. Als Warm-up werden bei **a)** vier Fotos ehemaliger deutscher Bundespräsidenten vorgelegt, denen aus einer Auswahlliste die entsprechenden Namen zugeordnet werden sollen. Bei **b)** gilt es in einem zweiten Schritt vier Aussagen zum Amt des Bundespräsidenten zu überprüfen:*

a)

- ***Foto A**: Theodor **Heuss (4)** – 1. Bundespräsident der Bundesrepublik (1949–1959), der das Amt prägte und wegen seiner Volksnähe im Volksmund liebevoll auch Papa Heuss genannt wurde.*
- ***Foto B**: Roman **Herzog (6)** – 7. Bundespräsident (1994–1999, u. a. im Gedächtnis geblieben durch seine Berliner Rede 1997, in der er für einen „Ruck durch Deutschland" und mehr Reformbereitschaft warb.*
- ***Foto C**: Richard von **Weizsäcker (3)** – 6. Bundespräsident (1984–1994), dessen Rede vom 8. Mai 1985 im Deutschen Bundestag zum 40. Jahrestag der Beendigung des Krieges in Europa im In- und Ausland für großes Aufsehen sorgte, da sie den 8. Mai 1945 als Tag der Befreiung vom Nationalsozialismus wertete und dadurch neue Akzente setzte.*
- ***Foto D**: Joachim **Gauck (2)** – 11. Bundespräsident (2012–2017), parteiloser Politiker und Theologe aus der ehemaligen DDR, der von 1990 bis 2000 an der Spitze der oft nach ihm benannten „Gauck-Behörde" stand, die die schriftliche Hinterlassenschaft des Ministeriums für Staatssicherheit (MfS) verwaltet und zugänglich macht. Dieses Foto dürfte wohl jedem Teilnehmer der Auswahlprüfung bekannt sein, der das politische Zeitgeschehen verfolgt.*

b)

Die verfassungsrechtliche Stellung des Bundespräsidenten der Bundesrepublik Deutschland findet ihren Niederschlag im Grundgesetz (Art. 54 GG bis Art. 61 GG). Der Bundespräsident gilt dabei als Symbol der staatlichen Einheit. Diese Stellung darf jedoch nicht darüber hinwegtäuschen, dass seine politischen Möglichkeiten aufgrund der Erfahrungen mit der Ausgestaltung des Amtes des Reichspräsidenten in der Weimarer Republik („Ersatzkaiser") äußerst beschränkt sind, sodass er überwiegend repräsentative Aufgaben durch das Grundgesetz übertragen bekommen hat. Außerdem besitzt er aufgrund der Wahl durch die Bundesversammlung (keine Direktwahl durch das Volk) eine schwächere Legitimationsbasis als der Weimarer Reichspräsident. Nichtsdestoweniger ist das Amt mit einer Reihe substantieller Aufgaben verbunden, worauf die vier als „richtig", „teilweise richtig" oder „falsch" zu klassifizierenden Aussagen verweisen. Wer im Sozialkundeunterricht aufgepasst und die Wahl des Bundespräsidenten 2017 in den Medien verfolgt hat, dürfte hier wohl keine großen Schwierigkeiten haben:

richtig:

- ***Aussage 2**: weil im Gegensatz zur vierjährigen Legislaturperiode des Bundestags die Amtszeit des Bundespräsidenten fünf Jahre beträgt.*
- ***Aussage 3**: weil der Bundespräsident im Rahmen des Gesetzgebungsverfahrens neben dem Recht der Ausfertigung und Verkündigung von Gesetzen auch ein Prüfungsrecht hat. Daher prüft er, ob die ihm zur Ausfertigung vorgelegten Gesetze verfassungsmäßig zustande gekommen sind und nicht gegen das Grundgesetz verstoßen. Er ist damit Teil des Gesetzgebungsverfahrens. Wenn das Gesetz seiner Meinung nach formell gegen das Grundgesetz verstößt, kann der Bundespräsident die Ausfertigung dieses Gesetzes verweigern.*

falsch:

- ***Aussage 4**: weil das oben beschriebene formale Prüfungsrecht in dieser Aussage fälschlicherweise zu einem politischen Prüfungsrecht erweitert wird, das die verfassungsrechtliche Kompetenz des Bundespräsidenten als sog. „Staatsnotar" überschreitet.*

teilweise richtig:

- ***Aussage 1**: weil der Bundespräsident zwar als Staatsoberhaupt der Bundesrepublik Deutschland gilt, aber eine Wiederwahl nur einmal zulässig ist (vgl. hierzu die oben erwähnten Bundespräsidenten, die einmal wiedergewählt worden sind: Theodor Heuss und Richard von Weizsäcker).*

26 „The Winner is …"

▶ Kreuzen Sie im Lösungsbogen an, ob die folgenden Aussagen zur Karikatur von Klaus Stuttmann vom 23.06.2016 **richtig**, **teilweise richtig** oder **falsch** sind.

© Klaus Stuttmann

Aussagen:

Die Karikatur …

1 setzt sich mit dem EU-Referendum in Großbritannien auseinander.

2 plädiert für den Brexit.

3 zeigt – vom Betrachter aus gesehen – David Cameron (links) und Donald Trump (rechts).

4 setzt auch die neue britische Premierministerin, Theresa May, ins Bild.

5 lobt den fairen Sportsgeist in der politischen Kultur Großbritanniens.

Meine Lösung:

Kreuzen Sie an:	**1**	**2**	**3**	**4**	**5**
richtig	☐	☐	☐	☐	☐
teilweise richtig	☐	☐	☐	☐	☐
falsch	☐	☐	☐	☐	☐

5 P.

26 „The Winner is ..."

Kreuzen Sie an:

	1	2	3	4	5
richtig	X				
teilweise richtig			X		
falsch		X		X	X

je 1 Punkte, insgesamt 5 Punkte
kein Punkt für jede Spalte mit mehr als einem Kreuz

5 P.

2016 war, wie die Karikatur von Klaus Stuttmann vom 23. Juni 2016 augenscheinlich macht, ein schlechtes Jahr für Europa, weil in Großbritannien in einem Referendum 51,89 % der Wähler für den Austritt des Vereinigten Königreichs aus der Europäischen Union („Brexit") stimmten. Die hinsichtlich des Referendums tagesaktuelle Karikatur macht diese Volksabstimmung zu ihrem Thema und nimmt kritisch Stellung dazu.

Aufgabe 26 verlangt weder eine eigenständige Interpretation noch eine detaillierte Kenntnis der dargestellten Vorgänge und Personen. Fünf Aussagen zur Karikatur sollen überprüft und dabei als „richtig", „teilweise richtig" oder „falsch" gekennzeichnet werden. Wer die Debatten um den Brexit in den Medien verfolgt hat und mit Karikaturen umzugehen weiß (vgl. hierzu Kap. 3.6 in diesem Buch), wird rasch die richtigen Lösungen finden:

richtig:

- ***Aussage 1:** weil die beiden Kontrahenten auf ihrem Trikot den „Union Jack" tragen und damit der Boxkampf als Metapher für einen Machtkampf im Vereinigten Königreich erscheint. Dass es dabei um das EU-Referendum vom 23. Juni 2016 geht, zeigt die am Boden liegende Figur der Europa, leicht zuzuordnen durch die Aufschrift auf ihrer Schärpe.*

falsch:

- ***Aussage 2:** weil die Karikatur die EU in der Figur der Europa als bemitleidenswertes Opfer des Brexit personifiziert. Die kritische Haltung des Karikaturisten zum Ausgang des EU-Referendums steht dadurch außer Zweifel.*
- ***Aussage 4:** weil Theresa May in dieser Zeichnung überhaupt nicht dargestellt wird. Die am Boden liegenden Dame ist eine Personifikation Europas (s. o.), der rechte Boxer steht für den Brexit-Befürworter Boris Johnson, also einen Mann, dessen Haartracht nicht darüber hinwegtäuschen sollte. Die ehemalige EU-Befürworterin und aktuelle Premierministerin Theresa May stand bei den Kämpfen um das Referendum nicht in der ersten Reihe, muss nun aber die Folgen der Entscheidung tragen (vgl. Aufgabe 23, Aussage B).*
- ***Aussage 5:** weil es sich bei dem dargestellten Boxkampf, in dem Dritte zu Fall gebracht werden, mitnichten um einen fairen Sportsgeist handeln kann.*

teilweise richtig:

- ***Aussage 3:** weil es sich bei den dargestellten Personen zwar links um den damaligen Premier David Cameron handelt, beim rechten Kontrahent aber um seinen Gegner Boris Johnson, dessen Frisur jedoch leicht mit der von Donald Trump verwechselt werden kann, der allerdings erst im Januar 2017 als US-Präsident vereidigt wurde und beim EU-Referendum in Großbritannien keine Rolle spielte.*

27 Referendum

▶ Ergänzen Sie den folgenden Lückentext zur Karikatur von Michael Holtschulte aus der Süddeutschen Zeitung vom 22./23. April 2017 und tragen Sie Ihre Ergebnisse in den Lösungsbogen ein.

© Michael Holtschulte

Lückentext:

Die Karikatur nimmt Bezug auf das Referendum in der ____(a)____ am 16. April 2017, das durch den regierenden Staatspräsidenten dieses Landes, Recep Tayip ____(b)____, initiiert wurde, um ein ____(c)____system zu errichten.

Der Zeichner setzt sich kritisch mit dem Referendum auseinander, indem er in seiner Karikatur als positiven Aspekt des Referendums lediglich die Erweiterung des Wortschatzes der Deutschen herausstellt, was durch die Übernahme der beiden Schlüsselwörter des Referendums zum Ausdruck kommt: „Evet" für ____(d)____ und „Hayir" für ____(e)____. Der Kommentar am unteren Rand verrät zusätzlich die Verwendung des Stilmittels der ____(f)____.

Meine Lösung:

Tragen Sie Ihre Lösungen ein:

(a) ______________________ (d) ______________________

(b) ______________________ (e) ______________________

(c) ______________________ (f) ______________________

6 P.

27 Referendum

Tragen Sie Ihre Lösungen ein:

(a) **Türkei**

(b) **Erdogan**

(c) **Präsidial**

(d) **Ja/ja**

(e) **Nein/nein**

(f) **Ironie**

je 1 Punkt (korrekte Schreibweise!), insgesamt 6 Punkte | 6 P.

Auch in Aufgabe 27 geht es um eine Karikatur und ein Referendum, dieses Mal in der Türkei. Die Aufgabenstellung zur Karikatur von Michael Holtschulte (SZ) ist aber im Vergleich etwas anspruchsvoller gestaltet, da sechs Textlücken zu füllen sind – ohne eine Auswahlliste. Hier wird Wissen aus der Medienberichterstattung abgefragt. Dies kann zweifellos erwartet werden, da der (gescheiterte) Putschversuch von Teilen des türkischen Militärs Mitte Juli 2016 auch in den deutschen Medien ein Dauerthema war. Gleiches gilt für das Referendum vom 16. April 2017.

Dass es sich bei der Karikatur um einen Kommentar zum Referendum in der ***Türkei (a)*** *handelt, darauf verweisen die Darstellung des Orts des im Bild dargestellten Dialogs (Döner-Bude), der orientalisch aussehende Verkäufer, die Sprechblasen mit türkischen Begriffen sowie der Kommentar am unteren Bildrand. Hinzukommt der Hinweis im Lückentext auf den Familiennamen des türkischen Staatspräsidenten –* ***Erdoğan (b)*** *– durch Angabe seiner beiden Vornamen. Dass dieser durch das Referendum seine Macht sichern und ausbauen wollte, dürfte bekannt sein. Das von ihm angestrebte Regierungssystem, über das im Referendum abgestimmt wurde, wird* ***Präsidialsystem (c)*** *genannt, da es dem Staatspräsidenten eine große Machtfülle verleiht. Die beiden türkischen Wörter aus dem Dialog der Szene können aus dem Zusammenhang geschlossen werden. „Evet“ meint* ***„Ja“ (d)****, „Hayir“* ***„Nein“ (e)****, da deutsche Kunden in der Döner-Bude in der Regel einen Döner „mit allem“ bestellen, aber nicht zu scharf.*

In Lücke (f) passt der Begriff ***Ironie****. Dieses rhetorische Stilmittel, erkennbar durch Übertreibung (hier auch: klischeehafte Darstellung) und den jeweiligen Kontext, bringt die Kritik des Karikaturisten auf indirekte Weise zum Ausdruck, indem er das Gegenteil dessen sagt, was er meint („uneigentliche Rede“). Die Karikatur von Holtschulte gewinnt dem türkischen Referendum nur scheinbar gute Seiten ab. Die Intention des Karikaturisten ist es, indirekt auf mögliche, für die demokratische Entwicklung in der Türkei desaströse Auswirkungen aufmerksam zu machen. Er sollte Recht behalten, leider.*

28 Denksport und Konzentration

▶ a) Ergänzen Sie die folgenden Buchstaben- und Zahlenreihen logisch und tragen Sie jeweils den gesuchten Buchstaben bzw. die gesuchte Zahl im Lösungsbogen ein.

1 W, T, Q, N, **?**

2 A, B, D, H, **?**

3 4, 5, 10, 13, 52, 57, **?**

4 1, 8, 27, 64, 125, **?**

▶ b) Welche Buchstabengruppe ist nicht nach der gleichen Regel wie die übrigen zusammengesetzt? Tragen Sie die Kennzahl der betreffenden Gruppe in den Lösungsbogen ein.

1 QRTS

2 VWYX

3 MNRS

4 HIKJ

▶ c) Verändern Sie die Reihenfolge der Buchstaben so, dass sie jeweils einen Ausdruck aus dem Bereich der aktuellen Medienwelt ergeben. Tragen Sie jeweils das Wort im Lösungsbogen ein.

1 EDINME

2 TFKAEN

3 KAEF

4 TERTINEN

5 OINATIPULMAN

6 TAELURNGIDIGISI

Meine Lösung:

a) Ergänzen Sie den gesuchten Buchstaben bzw. die gesuchte Zahl:

1 ________ 2 P.**

2 ________ 2 P.**

3 ________ 2 P.**

4 ________ 2 P.**

b) Tragen Sie die Kennzahl ein: ☐ 3 P.***

c) Tragen Sie Ihre Lösungen ein:

1 ____________________ 2 P.**

2 ____________________ 2 P.**

3 ____________________ 2 P.**

4 ____________________ 2 P.**

5 ____________________ 2 P.**

6 ____________________ 2 P.**

28 Denksport und Konzentration

a) Ergänzen Sie den gesuchten Buchstaben bzw. die gesuchte Zahl:

1	**K**	2 Punkte	2 P.**
2	**P**	2 Punkte	2 P.**
3	**342**	2 Punkte	2 P.**
4	**216**	2 Punkte	2 P.**

b) Tragen Sie die Kennzahl ein: **3** 3 Punkte 3 P.***

c) Tragen Sie Ihre Lösungen ein:

1	**Medien**	2 Punkte	2 P.**
2	**Fakten**	2 Punkte	2 P.**
3	**Fake**	2 Punkte	2 P.**
4	**Internet**	2 Punkte	2 P.**
5	**Manipulation**	2 Punkte	2 P.**
6	**Digitalisierung**	2 Punkte	2 P.**

Denksportaufgaben und Aufgaben zur Überprüfung der Konzentrationsfähigkeit erfreuen sich bei der Auswahlprüfung für den Einstieg in der dritten Qualifikationsebene im nichttechnischen Bereich der Leistungslaufbahn seit einigen Jahren zunehmender Beliebtheit. 2017 ging es in Aufgabe 28 bei a) um die Ergänzung von Buchstaben- und Zahlenreihen, bei b) um den Aufbau von Buchstabengruppen, bei c) und d) um die Bildung von Begriffen aus einer ungeordneten Buchstabenreihe bzw. einem Buchstabenraster, bei e) um die Ergänzung zweier Figurenreihen. Aufgabe f) zielte auf das räumliche Vorstellungsvermögen, Aufgabe g) erforderte die Identifikation von Ziffern und Symbolen, Aufgabe h) die Rekonstruktion eines Wochentags. Hinweise zur Bewältigung derartiger Aufgaben finden Sie im Kap. 3.8 im Allgemeinen Teil unseres Informations- und Arbeitsbuches.

a)

1 W, T, Q, N – ***K***
Erklärung: Die Buchstabenreihe entsteht dadurch, dass man ausgehend von W jeweils 3 Buchstaben in Richtung A zurückgeht, um schließlich bei K zu landen. Hier hilft das schnelle Aufschreiben des Alphabets im fraglichen Buchstabenbereich. So gehen Sie bei Buchstabenreihen auf Nummer sicher!

2 A, B, D, H – ***P***
Erklärung: A steht an Position 1 im Alphabet, B an Position 2, D an Position 4, H an Position 8. Fazit: Die Positionszahl dieser Buchstabenreihe verdoppelt sich jeweils, d. h. die nächste Position wäre 16, die Position des Buchstabens P. Auch hier hilft das schnelle Aufschreiben des Alphabets, um nicht den Überblick zu verlieren.

3 4, 5, 10, 13, 52, 57 – ***342***
Erklärung: In dieser Zahlenreihe wird immer abwechselnd addiert und multipliziert. Die zu addierende/multiplizierende Zahl wird mit jedem Schritt um eins erhöht: + 1, x 2, + 3, x 4, + 5, x 6. Schlaue Füchse checken das!

4 1, 8, 27, 64, 125 – ***216***
Erklärung: Jede Zahl ist eine Potenz mit dem Exponenten 3, wobei die Basis beginnend mit 1 mit jedem Schritt um eins erhöht wird (1^3, 2^3, 3^3, 4^3, 5^3, 6^3)*. Nicht ganz einfach. Für Logiker jedoch keine Problem!*

b)

Hier fällt eine der Buchstabengruppen 1 bis 4 aus dem Rahmen, da sie nicht nach der gleichen Regel wie die übrigen zusammengesetzt ist, die man jedoch erst einmal erkennen muss: Alle Reihen bestehen aus Vierergruppen. Bei den Reihen 1, 2 und 4 fällt auf, dass sie sich genau an die Reihenfolge des Alphabets halten und unmittelbar aufeinander folgende Buchstaben reihen, wobei die jeweils 3. und 4. Stelle vertauscht ist. Also QRTS statt QRST bei 1, VWYX statt VWXY bei 2 und HIKJ statt HIJK bei 3. Die Kombination ***MNRS bei 3*** *fällt insofern aus der Reihe, da auf MN nach der Logik der anderen Reihen O und P folgen müssten und nicht R und S. Hier liegt demnach ein Sprung im Alphabet vor, R und S erscheinen zudem in der gewohnten Reihenfolge, wurden also nicht vertauscht.*

c)

Bei dieser sprachspielerischen und eher leicht anmutenden Konzentrationsübung soll aus sechs offensichtlich durcheinander geratenen Buchstabenreihen jeweils ein Ausdruck aus der aktuellen Medienwelt gebildet werden. Hier muss bedacht werden, dass es sich dabei auch um Begriffe aus dem Englischen handeln könnte oder um einschlägige Fremd- und Fachwörter, was die Aufgabe etwas erschwert. Mit einiger Fantasie und in Kenntnis der aktuellen Mediendiskussion wird man hier jedoch durch Umstellungen schnell auf die gesuchten Begriffe kommen. Lösung s. o.

▶ d) Kreuzen Sie im Lösungsbogen an, welche der Wörter aus der nachfolgenden Auswahlliste in der Buchstabenmatrix – waagerecht, senkrecht oder diagonal zu lesen in alle Richtungen – enthalten sind und welche nicht.

G	H	F	T	R	B	Ä	G	E	C	P	L
E	D	A	H	B	N	U	Z	J	K	H	G
R	D	N	A	U	O	B	A	G	A	I	N
M	O	H	T	Ä	T	A	H	E	Ä	O	C
R	C	E	R	V	O	K	N	T	F	T	H
Z	A	H	E	T	Z	I	A	S	M	S	E
N	R	E	T	Z	U	E	R	E	Z	I	M
P	O	L	M	Z	J	K	Z	G	N	R	I
R	U	T	A	B	I	L	T	N	N	U	K
Ä	T	L	E	H	R	E	R	A	T	J	E
G	I	S	B	U	T	Z	L	G	C	K	R
T	S	V	G	E	N	S	W	I	R	T	N

Auswahlliste:

1 Lehrer

2 Chemiker

3 Genie

4 Beamter

5 Kern

6 Ton

▶ e) Ergänzen Sie bei den nachfolgenden Figurenreihen 1 und 2 jeweils die fehlende neunte Figur aus den unter der betreffenden Figurenreihe abgebildeten Varianten 1 bis 4. Vermerken Sie im Lösungsbogen jeweils die betreffende Kennzahl.

Figurenreihe 1

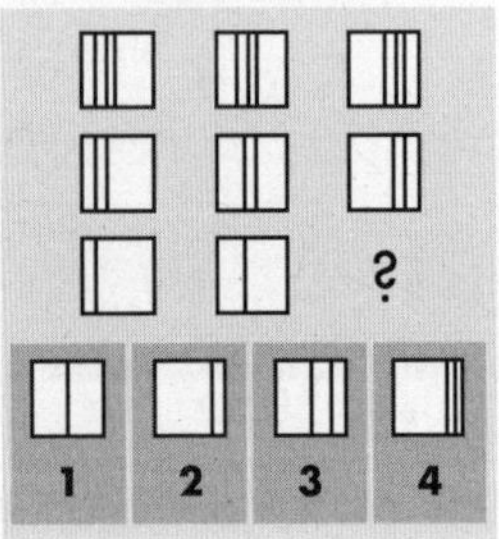

Figurenreihe 2

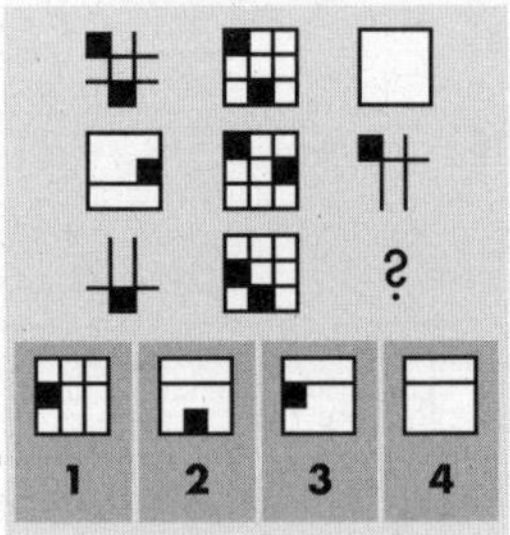

Meine Lösung:

d) Kreuzen Sie an:

	1	2	3	4	5	6	
enthalten	☐	☐	☐	☐	☐	☐	
nicht enthalten	☐	☐	☐	☐	☐	☐	6 P.

e) Tragen Sie jeweils die Kennzahl ein:

Figurenreihe 1 ☐ 2 P.**

Figurenreihe 2 ☐ 2 P.**

d) Kreuzen Sie an:

	1	2	3	4	5	6
enthalten	X	X		X	X	X
nicht enthalten			X			

je 1 Punkt, insgesamt 6 Punkte
kein Punkt für jede Spalte mit mehr als einem Kreuz 6 P.

e) Tragen Sie jeweils die Kennzahl ein:

Figurenreihe 1 2 — 2 Punkte 2 P.**

Figurenreihe 2 3 — 2 Punkte 2 P.**

d)

Man muss kein Genie sein, um beim aufmerksamen Durchforsten des Buchstabenrasters – waagrecht, senkrecht oder diagonal – festzustellen, dass hier die in der Auswahlliste vorgegebenen Begriffe Lehrer (1), Chemiker (2), Beamter (4), Kern (5) und Ton (6) enthalten sind, nicht aber Genie (3):

G	H	F	T	R	B	Ä	G	E	C	P	L
E	D	A	H	B	N	U	Z	J	K	H	G
R	D	N	A	U	O	B	A	G	A	I	N
M	O	H	T	Ä	T	A	H	E	Ä	O	C
R	C	E	R	V	O	K	N	T	F	T	H
Z	A	H	E	T	Z	I	A	S	M	S	E
N	R	E	T	Z	U	E	R	E	Z	I	M
P	O	L	M	Z	J	K	Z	G	N	R	I
R	U	T	A	B	I	L	T	N	N	U	K
Ä	T	L	E	H	R	E	R	A	T	J	E
G	I	S	B	U	T	Z	L	G	C	K	R
T	S	V	G	E	N	S	W	I	R	T	N

e)

Figurenreihe 1:

Betrachtet man die Veränderungen in den Kästchen zeilenweise, erkennt man die Regel: Die Striche in den Kästchen wandern jeweils von links nach rechts. In der 1. Zeile sind es drei Striche, in der zweiten Zeile zwei, in der 3. Zeile einer. Folgt man diesem Muster, darf die gesuchte neunte Figur nur einen Strich enthalten, der zum rechten Rand des Kästchens gewandert ist. Nur ***Figur 2*** *der Lösungsvarianten 1 bis 4 erfüllt beide Voraussetzungen: Sie beinhaltet einen Strich, am rechten Rand.*

Figurenreihe 2:

Die Zahl der senkrechten und waagrechten Linien in Zeile 1 und 2 beträgt jeweils 16. Außerdem verteilen sich in beiden Zeilen stets vier schwarze Felder auf je drei Figuren. Dabei befinden sich je zwei dieser schwarzen Felder auf gleicher Höhe.

Folgt man diesem Muster, muss die gesuchte Figur in Zeile 3 folgende Bedingungen erfüllen:

- *Sie muss fünf senkrechte oder waagrechte Linien enthalten, da Figur 1 und 2 der Reihe zusammen nur elf Linien enthalten.*
- *Sie muss ein schwarzes Kästchen aufweisen, da in Figur 1 und 2 der Reihe insgesamt erst drei schwarze Kästchen gesetzt wurden. Vier müssen es am Ende sein.*
- *Die Position dieses schwarzen Kästchens muss der in Figur 2 entsprechen, also mittig liegen, da in Figur 1 und 2 bereits zwei schwarze Kästchen auf gleicher Höhe gesetzt sind, unten.*

Nur ***Figur 3*** *der Lösungsvarianten 1 bis 4 erfüllt diese Voraussetzungen: Sie beinhaltet fünf Linien und ein schwarzes Kästchen, angeordnet auf der richtigen Höhe.*

▶ f) Nachfolgend zeigt das linke Bild jeweils das Innenleben eines durchsichtigen Würfels aus der frontalen Ansicht (von vorne). Welche Ansicht zeigt das rechte Bild? Tragen Sie jeweils den entsprechenden Kennbuchstaben aus der Auswahlliste ein.

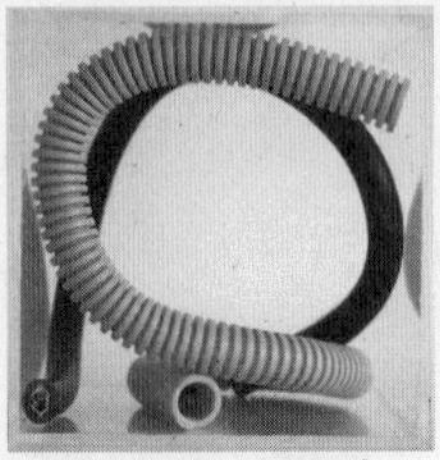

<u>rechtes Bild 1:</u>

1 von rechts
2 von links
3 von unten
4 von oben
5 von hinten

<u>rechtes Bild 2:</u>

1 von rechts
2 von links
3 von unten
4 von oben
5 von hinten

(Quelle: www.studymed.de)

Meine Lösung:

f) Tragen Sie jeweils die Kennzahl ein:

rechtes Bild 1 ☐ 2 P.**

rechtes Bild 2 ☐ 2 P.**

f) Tragen Sie jeweils die Kennzahl ein:

rechtes Bild 1 **3** 2 Punkte 2 P.**

rechtes Bild 2 **1** 2 Punkte 2 P.**

f)

Das linke Bild zeigt jeweils das Innenleben eines durchsichtigen Würfels aus der frontalen Ansicht (von vorne). Die Perspektive, aus der das rechte Bild aufgenommen wurde, gilt es herauszufinden: Sei es nun von rechts, von links, von oben, von unten oder von hinten. Dabei ist gutes räumliches Vorstellungsvermögen gefragt, insbesondere die Fähigkeit, den linken Würfel virtuell, d. h. vor dem geistigen Auge, so lange zu drehen, bis er sich mit dem rechten Bild deckt.

Hilfreich für die Lösung dieser Aufgabe ist es, sich einige Regeln zu vergegenwärtigen: beispielsweise, dass die Oberkante eines Würfels bei vorgegebener frontaler Ansicht stets zur Unterkante des Würfels wird bei Betrachtung von oben. Vorteilhaft ist dabei, markante Stellen, wie beispielsweise die Schlauchenden, des jeweils linken Bildes heranzuziehen und sich dann vorzustellen, wie diese sich darstellen, wenn man den Würfel von oben, unten, von links, von rechts oder von hinten betrachtet.

rechtes Bild 1:

Das vordere (graue) Schlauchende befindet sich, wenn man den Würfel um 90 Grad nach hinten dreht (in Richtung der z-Achse), so, dass man auf die Unterseite sieht, rechts oben. Das hintere (in der Vorderansicht zunächst verdeckte) graue Schlauchende wird sichtbar und befindet sich unten ebenso wie das schwarze, in der Vorderansicht zunächst ebenfalls nicht sichtbare linke Schlauchende. Richtige Antwort demnach: ***von unten, Kennziffer 3.***

rechtes Bild 2:

Diese Seilfigur ist schwieriger als das Schlauchbild, weil es auf den ersten Blick weder eine markante Stelle noch klar sichtbare Seilenden gibt. Hier muss man ein wenig probieren. Interessant ist die in der Vorderansicht rechts befindliche Schlinge (1). Behält man diese im Blick und dreht den Würfel in verschiedene Richtungen, stellt man fest, dass das rechte Bild die Ansicht von rechts darstellen muss (1).

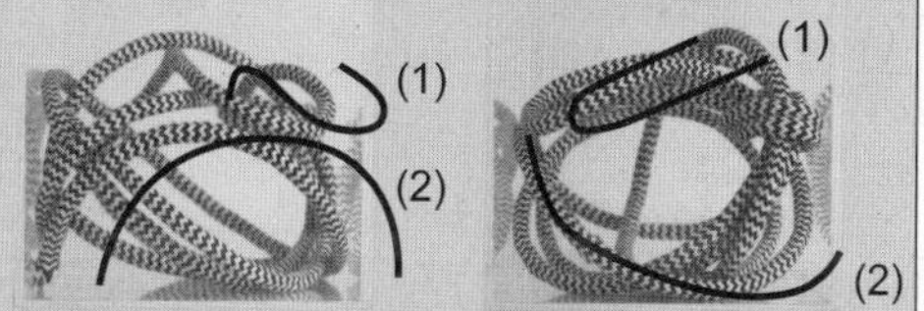

Zur Absicherung sollte man stets eine zweite markante Stelle heranziehen, hier die große Seilkurve (2), die im rechten Bild sehr gut links erkennbar ist (2), wie sie von links vorne nach links hinten verläuft, d. h. der zweite „Beweis", dass es sich um die rechte Draufsicht handeln muss. Richtige Antwort demnach: ***von rechts, Kennziffer 1.***

▶ g) Nachfolgend entsprechen einzelne Symbole einer **Ziffer von 2 bis 8**. Tragen Sie den Zahlenwert für das Symbol ⧄ in den Lösungsbogen ein.

△ · △ + △ − ⧄ = ⧄⧄

▶ h) Tragen Sie den gesuchten Wochentag in den Lösungsbogen ein.

Der Tag, der vor vorgestern lag, liegt drei Tage nach Samstag. Welcher Tag ist heute?

Meine Lösung:

g) Tragen Sie den Zahlenwert ein: ☐ 2 P.**

h) Tragen Sie den Wochentag ein: ______________________ 2 P.**

g) Tragen Sie den Zahlenwert ein: **6** 2 Punkte 2 P.**

h) Tragen Sie den Wochentag ein: **Freitag** 2 Punkte 2 P.**

g)

Bei derartigen Aufgaben lohnt sich das einfache Ausprobieren. Sie haben eine Gleichung mit zwei Symbolen vor sich, Dreieck und Quadrat, die jeweils einer Ziffer von 2 bis 8 entsprechen, wie dem Aufgabenbogen zu entnehmen ist. Gesucht ist der Zahlenwert für das Quadrat.

Auf der rechten Seite der Gleichung steht, markiert durch zwei Quadrate, eine offensichtlich zweistellige Zahl mit demnach zwei Ziffern, also laut Angabe entweder 22, 33, 44, 55, 66, 77 oder 88. Der Zahlenwert einer dieser Ziffern muss auf der linken Seite der Gleichung von einer Summe abgezogen werden, die sich aus der Formel A x A + A ergibt, also z. B. 22 = A x A + A – 2. Damit wären A x A + A = 24. Die Ziffer 2 für A scheidet aus, da sie im Beispiel bereits für das Quadrat vergeben ist. Mit der Ziffer 3 für A geht es nicht weiter, denn 3 x 3 + 3 = 12 – 2 = 10, zu wenig. Die Ziffer 4 für A funktioniert auch nicht, denn 4 x 4 + 4 = 20 – 2 = 18, zu wenig. 5 x 5 + 5 = 30 – 2 = 28, zu viel.

*Spielt man die Gleichung mit aufsteigenden Zahlenwerten für das Quadrat nach oben durch, wird man bei **Ziffer 6** fündig: 66 = A x A + A – 6 lautet nun die Gleichung. A x A + A muss nun den Wert 72 ergeben, da man am Ende die 6 wieder abziehen muss. Ziffer 8 für A erfüllt – at last – die Bedingung, denn 8 x 8 = 64 + 8 = 72 – 6 = 66! Man sieht: Letztlich sind die Zahlenwerte bzw. Ziffern für beide Symbole zu finden, auch wenn nur nach dem Zahlenwert für das Quadrat gefragt ist. Anders lässt sich dieses mathematische Rätsel nicht lösen. Hat auch mit Hartnäckigkeit zu tun!*

Mathematisch geschulte Menschen gehen hier natürlich eleganter und zeitsparender vor. Vor ihnen liegt eine Gleichung mit zwei Unbekannten A und B: $A^2 + A - B = BB$.

BB = 10 x B + 1 x B (wegen Zehner- und Einerstelle). Durch Umstellung der Gleichung bei Wechsel des Vorzeichens für das B der linken Seite vereinfacht sich diese und lautet nun: $A^2 + A = 10 \times B + B + B$, entspricht: $A^2 + A = 12 \times B$. Mit Hilfe des Distributivgesetzes lässt sich diese Gleichung durch Ausklammern umwandeln zu: A x (A + 1) = 12 x B, die Ausgangsformel für die weiteren Überlegungen.

Gesucht ist demnach auf der linken Seite ein Produkt aus dem Zwölfer-Einmaleins, das minimal 24 (für B = 2) und maximal 96 (für B = 8) ergibt, da der Zahlenraum für B auf 2 bis 8 beschränkt ist. Rechenproben mit den Zahlenwerten 2, 3 und 4 für A ergeben, dass sich hierdurch auf der linken Seite viel zu kleine Werte ergeben. Erst bei A = 5 erreicht man den Zahlenraum > 24, landet aber beim Wert 30, der nicht mit dem Zwölfer-Einmaleins übereinstimmt. Auch für A = 6 oder 7 ergeben sich Widersprüche. Nur A = 8 ergibt eine Lösung, die passt, denn: 8 x (8 + 1) = 72 (= 6 x 12, also ein Wert aus dem Zwölfer-Einmaleins!). B ist demnach 6. Eine andere Lösung kann ausgeschlossen werden.

h)

*Man geht bei solch einer Aufgabe am besten vom in der Frage genannten Tag aus, das ist der Samstag. Drei Tage nach Samstag kommt der Dienstag. Dienstag ist also der Tag, der vor vorgestern lag. Man geht folglich drei Tage im Wochenkreis vor, denn die Tage werden hier zurückgerechnet (vorgestern wären zwei Tage, der Tag davor addiert einen dritten Tag). Drei Tage nach Dienstag kommt der **Freitag**, die korrekte Lösung für diese Aufgabe.*

29 Abhandlung

Thema: „Digitales Lernen: der Unterricht der Zukunft?"

▶ Entfalten Sie zu dieser Fragestellung **drei** Argumente.

Von der Beifügung einer Gliederung sowie von Einleitung und Schluss – wie sie bei Schulaufsätzen üblich sind – ist abzusehen. Bitte setzen Sie ***nach jedem Argument eine Leerzeile*** *und achten Sie auf eine ansprechende* ***äußere Form.***

Für die Bearbeitung wird eine Arbeitszeit von ***75 Minuten*** *vorgeschlagen. Benutzen Sie für Ihre Ausführungen die Seiten 9 bis 11 des* ***Lösungsbogens****.*

29 Abhandlung

Thema: „Digitales Lernen: der Unterricht der Zukunft?"

Entfalten Sie zu dieser Fragestellung **drei** Argumente.

Korrekturhinweise:

Erwartet wird eine differenzierte Stellungnahme mit drei Argumenten (These, Begründung, Beispiel), die sich auf einem für den Einstieg in die dritte Qualifikationsebene angemessenen Reflexionsniveau bewegt. Hierbei können u. a. folgende Aspekte bzw. Stichworte aufgegriffen werden:

Hintergrund – gesamtgesellschaftlicher Zusammenhang

- *Medienrevolution/Mediengesellschaft*
- *Siegeszug des Internets und des Smartphones*
- *Allgegenwart digitaler Medien im Beruf (z. B. Industrie 4.0) und Alltag (z. B. Soziale Medien)*
- *Notwendigkeit des lebenslangen Lernens*
- *Medienkompetenz als zentrale Anforderung der Gegenwart*

Lernen mit digitalen Medien

- *Informationsrecherche und -verarbeitung*
- *Nutzung digitaler Bildungsressourcen (z. B. Internet-Datenbanken, Learning Apps)*
- *Präsentation von Arbeitsergebnissen mit Hilfe digitaler Medien (Bild, Ton, Film)*
- *Selbstständiges Lernen mit Hilfe digitaler Angebote, z. B. Online-Kurse bzw. Lern- und Austauschplattformen*
- *Computer- und EDV-Kenntnisse (z. B. Office-Anwendungen) sowie Programmieren als Schlüsselqualifikationen*

Veränderung des Unterrichts

- *Steigerung der Selbsttätigkeit der Schülerinnen und Schüler z. B. durch interaktive Lernangebote, Internetrecherche, Laptop-Klassen, Einrichtung von Lern- und Austauschplattformen*
- *Veranschaulichung der Unterrichtsinhalte durch digitale Angebote (Bild, Ton, Film)*
- *Intensivierung kooperativer Unterrichtsformen*
- *Individualisierung des Lernens (z. B. Lerntempo, Differenzierung des Lernniveaus, Berücksichtigung individueller Interessen)*
- *Motivationssteigerung der Schülerinnen und Schüler*

Lernen über digitale Medien

- *Datenschutz und Urheberrecht*
- *Mechanismen der Online-Werbung und Sozialer Netzwerke (z. B. Cyber Mobbing)*
- *Quellenkritik – Fake News*
- *Politischer Extremismus im Netz*
- *Jugendschutz*
- *Netiquette*
- *Risiken und Gefahren des Cyberraums*

Voraussetzungen für eine zeitgemäße Medienbildung in der Schule

- *Verbesserung der Medienausstattung*
- *Verankerung/Verstärkung von IT-Inhalten in Lehrplänen und Stundentafeln*
- *Intensivierung der Lehrerfortbildung*

*Die **besondere Qualität** einer Abhandlung zeigt sich, wenn in den Ausführungen auch gesamtgesellschaftliche Aspekte (s. o.) anklingen und ein der Fragestellung entsprechendes Problembewusstsein unter Beweis gestellt wird.*

Bewertungskriterien „Inhalt" und „Argumentation" (= I/A)

- Themarelevanz und Vielfalt der Bezüge
- Differenziertheit der Argumentation
- Anschaulichkeit der Beispiele
- Übersichtlichkeit des Aufbaus
- Stichhaltigkeit der Logik
- Adäquatheit des Abstraktionsniveaus
- Klarheit der Aussage

Bewertungskriterien „Sprache" und „Form" (= S/F)

- Angemessenheit der Wortwahl
- Korrektheit von Grammatik und Satzbau
- „Lesbarkeit"
- Korrektheit von Rechtschreibung und Zeichensetzung
- Schriftbild und äußere Form

Abkürzungen für die Korrektur

Bei der Korrektur sind folgende **Korrekturzeichen** zu verwenden:

A = Ausdruck
Bz = Bezug
Gr = Grammatik
R = Rechtschreibung
Sb = Satzbau
Wh = Wiederholung
Z = Zeichensetzung

Benotung

Für beide Bewertungsdimensionen („Inhalt"/„Argumentation" und „Sprache"/„Form") ist jeweils eine Note zu vergeben. Die Benotung richtet sich nach folgender **Notenskala** (§ 27 APO):

sehr gut (1) = eine besonders hervorragende Leistung,
gut (2) = eine Leistung, die die durchschnittlichen Anforderungen übertrifft,
befriedigend (3) = eine Leistung, die in jeder Hinsicht durchschnittlichen Anforderungen entspricht,
ausreichend (4) = eine Leistung, die trotz ihrer Mängel durchschnittlichen Leistungen noch entspricht,
mangelhaft (5) = eine an erheblichen Mängeln leidende, im Ganzen nicht mehr brauchbare Leistung,
ungenügend (6) = eine völlig unbrauchbare Leistung.

Punkteermittlung

Die aus der Korrektur resultierenden Noten sind entsprechend der nachstehenden Tabelle in Punkte umzurechnen. Innerhalb einer Note können nur jeweils drei Abstufungen vorgenommen werden, um dadurch ggf. auch Plus- oder Minus-Tendenzen zum Ausdruck zu bringen.

Note	Punkte	
	I/A	S/F
1	45 – **42** – 39	15 – **14** – 13
2	36 – **33** – 30	12 – **11** – 10
3	27 – **24** – 21	9 – **8** – 7
4	18 – **15** – 12	6 – **5** – 4
5	9 – **6** – 3	3 – **2** – 1
6	0	0

Im **Bewertungsschema Abhandlung** (s. Lösungsbogen S. 11) sind jeweils die vergebene Note und die Punktezahl anzugeben sowie in einer stichwortartigen Bemerkung die Erwägungen für die Benotung aufzuzeigen.

5 DIE PRÜFUNGSAUFGABEN FÜR DAS EINSTELLUNGSJAHR 2019

MIT LÖSUNGEN UND HINWEISEN

Als Übung lesen Sie die Aufgaben auf den linken Seiten sorgfältig durch.

Decken Sie dabei die rechte Seite jeweils ab und tragen Sie unter „Meine Lösung" die Ihrer Meinung nach richtige Lösung ein.

Vergleichen Sie Ihre Antwort dann mit der Musterlösung auf der rechten Seite.

Text Dieser Text ist für die Bearbeitung der Aufgaben Nummer 1 bis 5 notwendig.

Jochen Temsch: Individualistenplage

Abschnitt 1

Wenn das Frühjahr naht, reifen die Reisepläne: Wie wäre es mit Karneval in Venedig, Mandelblüte auf Mallorca oder Ostern in Florenz? Klingt verlockend für Urlauber, nicht aber für Einheimische. Viele empfinden die Beliebtheit ihrer Heimat als Heimsuchung. Das liegt nicht nur an der ökologischen Belastung durch Abgase, Flächenfraß oder verschwendete Ressourcen. Der Besucherandrang selbst löst Unbehagen aus. Die bloße Anwesenheit von immer größeren Touristenmassen ist an vielen Orten psychologisch unerträglich geworden – auch für die Touristen selbst.

Abschnitt 2

Wo Millionen Urlauber Strände und Städte bevölkern, sodass einer kaum mehr einen Schritt machen kann, ohne dem anderen auf die Flipflops zu steigen, fühlen sich weder Gäste noch Gastgeber wohl. Dabei geht es weniger um Benimmfragen wie den Umgang mit Betrunkenen oder Kirchenbesucherinnen im Bikini, sondern um tief greifende soziale Erschütterungen: Souvenirshops ersetzen Gemüseläden, Preise in Cafés steigen, die Mieten ziehen an. Am Ende können sich die Einheimischen das Leben in der eigenen Stadt nicht mehr leisten. Diese Touristifizierung von ganzen Vierteln erleben Bürger in Venedig, Palma und Barcelona, aber auch in Passau und Berlin.

Abschnitt 3

Dass sich sehr wohl etwas gegen den Ausverkauf der Städte unternehmen lässt, macht nun Amsterdam vor. Dort dürfen keine reinen Touristenläden mehr in der Innenstadt eröffnen. Kreuzfahrtschiffe und Touristenbusse wurden aus der City verbannt und die Möglichkeiten, private Wohnungen übers Internet als Ferienapartment anzubieten, eingeschränkt. Solch harte Maßnahmen sind geboten in einer Stadt, die am eigenen touristischen Erfolg zu ersticken droht.

Abschnitt 4

In Amsterdam wie in anderen beliebten Metropolen sind die Hauptverursacher der Misere Kreuzfahrer und Urlauber, die ihre Unterkunft über private Wohnungsvermittlungen im Internet buchen. Die Schiffspassagiere verstopfen bei Landgängen die Orte, ohne den Einheimischen Geld zu bringen. Und die angeblichen Individualisten, die für kurze Zeit in Privatwohnungen einziehen, summieren sich allein in Berlin zu einer Masse von rund einer Million Touristen. Sie machen das kaputt, was sie eigentlich zu erfahren suchen: das authentische Leben im Kiez. Der oft belächelte Pauschaltourist in einer Hotelburg am Strand ist harmlos dagegen.

Abschnitt 5

Die Neugier auf Land und Leute gilt als Tugend des Urlaubers – aber als angenehm wird der Besuch vom Gastgeber nur empfunden, wenn der Gast nicht dauerhaft den Alltag stört. Eine Entspannung der Lage ist nicht in Sicht. Die Nachfrage nach Kurzurlauben und Kreuzfahrten steigt, der Tourismus weltweit nimmt aufgrund des wachsenden Wohlstands in Asien und Südamerika zu und wegen der unsicheren politischen Lage in Nordafrika und der Türkei konzentriert sich das Problem am westlichen Mittelmeer.

Abschnitt 6

Immer mehr Einheimische wehren sich gegen den Massenandrang vor ihrer Haustür. Bürgerinitiativen in Palma, Menschenketten am Strand von Barcelona sind Notwehrmaßnahmen von Anwohnern, die sich von ihren Politikern im Stich gelassen fühlen. Denn Stadtverwaltungen und Regierungen verdienen über Gewerbesteuern, Touristenabgaben, Schiffsanlege-Gebühren prächtig mit an der Invasion der Urlauber. So schafft der Tourismus Tatsachen, bevor rechtliche und politische Rahmenbedingungen dafür ausgehandelt wurden.

Abschnitt 7

Möglichkeiten zum Schutz der Einheimischen gäbe es durchaus. Man kann der Gewerbefreiheit Grenzen setzen wie in Amsterdam oder beim Kampf der Berliner Bezirksparlamente gegen Kneipen-Monokulturen. Weitere sinnvolle Maßnahmen sind Baustopps für Hotels, Bebauungspläne mit tourismusfreien Zonen, die Kontingentierung von Besucherzahlen in Naturräumen oder weniger Kreuzfahrtschiffe. Scharf sanktionierte Regelungen zur Zweckentfremdung privaten Wohnraums als Feriendomizil dienen dem Gemeinwohl. Das alles ist dringend notwendig. Denn wie jede Industrie treibt auch die Reise-Industrie der Wunsch nach Progression an, und es ist nicht zu erwarten, dass sich die Branche selbst freiwillig Grenzen auferlegt.

Abschnitt 8

Es ist an der Zeit, die Einheimischen in demokratischen Prozessen einzubeziehen bei der Frage, wie der Tourismus in ihrer Stadt aussehen soll. Ein Urlaub, der den Grund für den Urlaub – nämlich die Kultur und Schönheit eines Ortes – zerstört, ist widersinnig.

(Süddeutsche Zeitung, 6. Februar 2018, Nr. 30, S. 4, für Prüfungszwecke leicht verändert)

Hinweise:

Beachten Sie, dass unter Aufgabe 32 (Seite 212) eine Abhandlung zu fertigen ist. Planen Sie hierfür eine Bearbeitungszeit von etwa 75 Minuten ein.

Vor der Lösung der nachfolgenden Aufgaben Nrn. 1–5 lesen Sie bitte den Text „Individualistenplage" (Text auf Seite 134 f.) aufmerksam durch.

1 Inhalt des Textes

▶ Kreuzen Sie im Lösungsbogen an, ob es im Text **„Individualistenplage"** um die folgenden Themen **hauptsächlich, eher beiläufig/punktuell** oder **überhaupt nicht** geht.

1 Gentrifizierung der Innenstädte

2 Touristifizierung von Urlaubsorten

3 Reisetipps für Asien

4 Verlagerung von Tourismusströmen aufgrund der aktuellen politischen Situation

5 Sicherheit des Flugverkehrs

6 Wirtschaftsentwicklung in sogenannten Schwellenländern

7 Staatliche Einnahmen aus dem Fremdenverkehr

8 Eindämmung von Touristenströmen

9 Energiewende

10 Urlaub, wie er sein soll

Meine Lösung:

Kreuzen Sie an:	**1**	**2**	**3**	**4**	**5**	**6**	**7**	**8**	**9**	**10**	
hauptsächlich	☐	☐	☐	☐	☐	☐	☐	☐	☐	☐	
eher beiläufig/punktuell	☐	☐	☐	☐	☐	☐	☐	☐	☐	☐	
überhaupt nicht	☐	☐	☐	☐	☐	☐	☐	☐	☐	☐	10 P.

1 Inhalt des Textes

Kreuzen Sie an:	1	2	3	4	5	6	7	8	9	10	rot	grün
hauptsächlich		X						X				
eher beiläufig/punktuell				X		X	X			X		
überhaupt nicht	X		X		X				X			

je 1 Punkt, insgesamt 10 Punkte
kein Punkt für jede Spalte mit mehr als einem Kreuz

10 P.

Tipp: Beachten Sie vor Beginn und während der Textarbeit die Arbeitsschritte in Kap. 2.1.1 dieses Arbeitsbuches!

Die erste Aufgabe zum Basistext der Auswahlprüfung überprüft Ihr Textverständnis hinsichtlich des Inhalts der Vorlage. Hier gilt es nach einem ersten überfliegend-orientierenden Lesen („Worum geht es überhaupt?") durch eine genau an den Aufgaben orientierte Lektüre zu entscheiden, ob die bei Nr. 1 bis 10 genannten Themen:

- *mehrmals im Text vorkommen und diesen dominieren (dann: „hauptsächlich"),*
- *eher am Rande und dabei nur kurz angesprochen werden (dann: „eher beiläufig/punktuell") oder*
- *überhaupt nicht Gegenstand der Vorlage sind (dann: „überhaupt nicht").*

Bei der genauen Lektüre werden Sie feststellen:

keine Entsprechung zum Text:

*Bereits beim ersten Lesen wird klar, dass die zunehmende Gentrifizierung der Innenstädte (**Thema 1**), also die Vertreibung einkommensschwacher Bevölkerungsgruppen aus der City, mit keinem Wort im Text angesprochen wird, auch wenn sie mit dem Phänomen des Massentourismus durchaus zusammenhängt, Stichwort: Airbnb (vgl. Z. 22 ff., wo jedoch das Phänomen der Gentrifizierung nicht erwähnt wird). Auch werden vom Autor keine Reisetipps für Asien (**Thema 3**) gegeben. Die Sicherheit des Flugverkehrs (**Thema 5**) spielt ebenso wenig eine Rolle wie die viel diskutierte Energiewende (**Thema 9**). Demnach können diese Themen schnell als überprüft abgehakt werden. Bleiben nur noch sechs Themen, die es zu überprüfen gilt.*

hauptsächlich:

*Ebenso schnell dürften Sie bereits beim ersten oder zweiten Lesen erkennen, dass im Zentrum des Artikels fraglos die Themen Nr. 2 und 8 stehen – die Touristifizierung von Urlaubsorten (**Thema 2**) und die Eindämmung von Touristenströmen (**Thema 8**). Beide Themen sind vom Anfang bis zum Schluss des Textes präsent.*

eher beiläufig/punktuelle Erwähnung:

- ***Thema 4**: Abschnitt 5 (Z. 28 f.) hebt kurz die unsichere politische Lage in Nordafrika und der Türkei hervor, wodurch die Touristenströme vermehrt ins westliche Mittelmeer gelenkt werden.*
- ***Thema 6**: Abschnitt 5 (Z. 28) nennt kurz den wachsenden Wohlstand in Asien und Südamerika als Ursache für den weltweit anwachsenden Tourismus. Der Autor lenkt dadurch den Blick auf Ländergruppen, die bis vor Kurzem noch zu den Entwicklungsländern gezählt wurden, heute aber auf dem Sprung zu Industriegesellschaften sind und deshalb „Schwellenländer" genannt werden.*
- ***Thema 7**: Abschnitt 6 (Z. 32 ff.) nennt die Gewerbesteuern, Touristenabgaben und Schiffsanlege-Gebühren als staatliche Einnahmen aus dem Tourismus und erläutert dadurch die Zurückhaltung des Staates, dem Massentourismus Einhalt zu gebieten. Zu einer ausführlichen Darstellung dieses Zusammenhangs kommt es jedoch nicht.*
- ***Thema 10**. Der Text fokussiert die Schattenseiten des Massentourismus. „Urlaub, wie er sein soll" wird allenfalls indirekt angesprochen oder nur sehr punktuell, wie am Ende des Textes, wo auf die Begegnung mit der Kultur und Schönheit eines Ortes hingewiesen wird, als eigentlicher Grund für eine Urlaubsreise.*

2 Textaufbau

In welchem Abschnitt ...

A verlässt der Autor durchweg die Rolle des Berichterstatters?

B nimmt der Text Bezug auf Bayern?

C werden Pro- und Kontra-Argumente gegenübergestellt?

D finden Sie eine pessimistische Prognose hinsichtlich der Entwicklung des in Frage stehenden Phänomens?

E werden erstmals Auswirkungen auf den Wohnungsmarkt beschrieben?

F ist erstmals von politischen Maßnahmen die Rede?

G werden die Hauptverantwortlichen für die Fehlentwicklung deutlich?

▶ Tragen Sie jeweils die Nummer des zutreffenden Textabschnitts in den Lösungsbogen ein.

Hinweis:
Bei Fragen ohne Textbezug ist im Lösungsbogen beim betreffenden Kennbuchstaben die Ziffer 0 zu vermerken.

Meine Lösung:

Tragen Sie jeweils die Nummer des zutreffenden Textabschnitts ein:

	A	B	C	D	E	F	G
Abschnitt							

7 P.

2 Textaufbau

Tragen Sie jeweils die Nummer des zutreffenden Textabschnitts ein:

	A	B	C	D	E	F	G
Abschnitt	**8**	**2**	**0**	**5**	**2**	**3**	**4**

je 1 Punkt, insgesamt 7 Punkte 7 P.

Aufgabe 2 hängt eng mit Aufgabe 1 zusammen. Sinnabschnitte sollen verortet werden, um so Ihr Verständnis für den Textaufbau testen zu können. Hierbei ist sicher ein nochmaliges Lesen erforderlich. Die Bildung von Zwischenüberschriften erleichtert die Lösung der Aufgabe:

- **A** *„Es ist an der Zeit …" – in* ***Abschnitt 8*** *macht der Autor seine Position deutlich und stellt eine Forderung, um den negativen Auswirkungen des Massentourismus begegnen zu können. Abschließend wird an den eigentlichen Sinn des Reisens erinnert. Beides geht über die bis dahin zu beobachtende Analyse und Berichterstattung hinaus.*
- **B** *Bayern wird indirekt in* ***Abschnitt 2*** *(Z. 13) erwähnt, wenn von der Touristenhochburg Passau die Rede ist.*
- **C** *Eine Gegenüberstellung der Pro- und Kontra-Argumente findet in* ***keinem*** *Absatz statt. Deshalb an dieser Stelle: 0.*
- **D** ***Abschnitt 5*** *prognostiziert ein Ansteigen von Kurzurlauben und Kreuzfahrten nicht zuletzt aufgrund des wachsenden Wohlstands in Asien und Südamerika.*
- **E** *Um Auswirkungen des Massentourismus auf den Wohnungsmarkt geht es erstmals in* ***Abschnitt 2****, wo auf ansteigende Mieten hingewiesen wird.*
- **F** *Das Beispiel Amsterdam in* ***Abschnitt 3*** *zeigt, was die Politik gegen die negativen Folgen des Massentourismus unternehmen kann.*
- **G** *In* ***Abschnitt 4*** *werden die „Hauptverursacher der Misere" genannt: „Kreuzfahrer und Urlauber, die ihre Unterkunft über private Wohnungsvermittlungen im Internet buchen".*

3 Meinung des Autors

▶ Kreuzen Sie im Lösungsbogen an, welche der folgenden Aussagen der im Text zutage tretenden Meinung des Autors **entsprechen**, welche ihr **nicht entsprechen** und welche dem Text **nicht zu entnehmen** sind.

Aussagen:

1 Die Zinspolitik der EZB benachteiligt die Sparer.

2 Urlaub auf dem Bauernhof ist ideal für Familien mit Kindern.

3 Eine Kreuzfahrt ist rundum eine tolle Sache.

4 Die Politik ist hinreichend dabei, das in Frage stehende Problem zu lösen.

5 Städtereisen kommen der Bevölkerung der besuchten Orte sehr zugute.

6 Nachhaltiger Tourismus ist ein Gebot der Stunde.

7 Die Bevölkerung muss stärker am politischen Prozess beteiligt werden.

8 Vor allem Pauschaltouristen richten großen Schaden an.

Meine Lösung:

Kreuzen Sie an:	1	2	3	4	5	6	7	8
entspricht der Meinung des Autors								
entspricht nicht der Meinung des Autors								
nicht dem Text zu entnehmen								

8 P.

3 Meinung des Autors

Kreuzen Sie an:

	1	2	3	4	5	6	7	8
entspricht der Meinung des Autors						X	X	
entspricht nicht der Meinung des Autors			X	X	X			X
nicht dem Text zu entnehmen	X	X						

je 1 Punkt, insgesamt 8 Punkte
kein Punkt für jede Spalte mit mehr als einem Kreuz

8 P.

Hier sollen die Aussagen 1 bis 8 mit der im Text zutage tretenden Meinung des Autors verglichen werden. Verschaffen Sie sich hierfür zunächst einen Überblick über die zur Überprüfung vorgelegten Aussagen und scheiden Sie dabei jene aus, von denen Sie sicher sind, dass sie mit dem Text nichts zu tun haben und somit auch keinen Aufschluss über die Meinung des Autors geben. Der Vergleich nach erneuter zielgenauer Lektüre ergibt folgendes Ergebnis:

nicht dem Text zu entnehmen:

- ***Aussage 1:*** *Um die Zinspolitik der EZB geht es in diesem Text an keiner Stelle.*
- ***Aussage 2:*** *Der Autor äußert sich an keiner Stelle zum Thema „Urlaub auf dem Bauernhof". Er mag mit dieser alternativen Urlaubsform sympathisieren. Der Text jedoch schweigt dazu.*

entspricht nicht der Meinung des Autors:

- ***Aussage 3:*** *Der Autor ist ein entschiedener Gegner des Kreuzfahrttourismus, wie den Abschnitten 3, 4 und 5 zu entnehmen ist. Schiffsreisen als eine in jeder Hinsicht „tolle Sache" zu bezeichnen, widerspricht seiner Meinung völlig.*
- ***Aussage 4:*** *Jochen Temsch beobachtet generell ein eher zögerliches Verhalten des Staates gegenüber den Auswüchsen des Massentourismus, wie vor allem Abschnitt 6 deutlich macht. Stadtverwaltungen und Regierungen geben zu oft wirtschaftlichen Aspekten den Vorrang, die vom Massentourismus betroffenen Bürger bleiben auf der Strecke. Amsterdam (vgl. Abschnitt 3) stellt in diesem Zusammenhang eine rühmliche Ausnahme dar. Auch mit Blick auf die ausschließlich gewinnorientierte Ausrichtung der Tourismusindustrie scheint ein stärkeres Eingreifen des bislang eher zurückhaltenden Staates geboten, dem in Abschnitt 7 deshalb mit gutem Grund ein ganzes Bündel von Maßnahmen vorgeschlagen wird.*
- ***Aussage 5:*** *Städtereisen stellen für Temsch ein Kernübel des Massentourismus dar – in ökologischer, wirtschaftlicher und sozialer Hinsicht (vgl. Abschnitt 1 und 2). In Abschnitt 3 ist sogar von einem „Ausverkauf der Städte" die Rede.*
- ***Aussage 8:*** *Der Text kritisiert die Auswüchse des vermeintlich alternativen Individualtourismus, worauf bereits der Titel („Individualistenplage") hinweist. Pauschaltouristen erscheinen hier im milden Licht: „Der oft belächelte Pauschaltourist in einer Hotelburg am Strand ist harmlos dagegen" (Z. 24).*

entspricht der Meinung des Autors:

- ***Aussage 6:*** *Angesichts der Fülle der schon heute eingetretenen negativen Folgen des sog. Individualtourismus zumal in den Städten muss umgedacht werden, so Temsch. „Nachhaltiger Tourismus", der die Ressourcen schont und das Leben der Einheimischen nicht unzulässig beeinträchtigt, ist ein Gebot der Stunde, wie dem Text durchgehend zu entnehmen ist.*
- ***Aussage 7:*** *Angesichts des wachsenden Widerstands der Bevölkerung an vielen Orten (vgl. Abschnitt 6) ist es „an der Zeit, die Einheimischen in demokratischen Prozessen einzubeziehen bei der Frage, wie der Tourismus in ihrer Stadt aussehen soll" (Z. 42 f.), so Temsch am Ende seiner Ausführungen.*

4 Eigenschaften und Merkmale des Textes

Welche Eigenschaften und Merkmale kennzeichnen den Text **„Individualistenplage"**?
Sechs der nachfolgenden Antwortmöglichkeiten treffen zu.

▶ Kreuzen Sie im Lösungsbogen die zutreffenden Kennbuchstaben an.

Der Text von Jochen Temsch ist …

A eine Art Glosse.

B weitgehend affirmativ.

C teilweise auch normativ.

D überwiegend kritisch-fordernd.

E durch eine klare Position des Autors gekennzeichnet.

F ein Essay mit ausgeprägt philosophischem Charakter.

G überwiegend wissenschaftlich argumentierend.

H oft anschaulich und konkret.

I punktuell durchaus um Witz bemüht.

K am Ende deutlich appellativ.

L sehr poetisch und durchgehend rhetorisch geprägt.

M syntaktisch und lexikalisch sehr anspruchsvoll.

N meinungsbildend.

O einer bekannten Tageszeitung entnommen.

Meine Lösung:

Kreuzen Sie an:

	A	B	C	D	E	F	G	H	I	K	L	M	N	O	
zutreffend															6 P.

4 Eigenschaften und Merkmale des Textes

Kreuzen Sie an:

	A	B	C	D	E	F	G	H	I	K	L	M	N	O
zutreffend				X	X			X		X			X	X

je 1 Punkt, insgesamt 6 Punkte 6 P.
Bei mehr als sechs Kreuzen: 1 Punkt Abzug pro zusätzlichem Kreuz (niedrigster Endpunktwert 0)

Konzentrieren Sie sich bei einem erneuten Textdurchgang nun auf die Textart der Vorlage und überprüfen Sie dabei die Antwortmöglichkeiten A bis O. Markieren Sie Ihre Prüfergebnisse zunächst mit Bleistift im Bogen „Aufgabenstellung", bevor Sie Ihr Resultat in den Lösungsbogen übertragen, wo nur die Kennbuchstaben der zutreffenden Antwortmöglichkeiten anzukreuzen sind. Setzen Sie dort max. 6 (!) Kreuze, wie der Bewertungsanleitung im Lösungsbogen zu entnehmen ist. Die schrittweise Markierung im Bogen „Aufgabenstellung" hilft, einen schnellen Überblick über die noch vorhandenen Optionen zu erhalten, und ermöglicht die ggf. erforderliche Schlusskorrektur. Am Ende Ihrer Analyse werden Sie feststellen:

Nicht zutreffend sind die Aussagen:

A *Die Glosse gehört zu den meinungsbildenden journalistischen Darstellungsformen. Sie verpackt ihre Kritik möglichst geistreich, originell und witzig, ist oft auch satirisch und karikierend. Die Vermischung unterschiedlicher Sprachebenen gehört hier auch dazu. Dies alles sucht man im Text von Temsch vergeblich, bei dem der Inhalt im Vordergrund steht.*

B *„Affirmativ" bezeichnet man einen Text, der den gegebenen Verhältnissen das Wort redet und sie bestärkt. Dies ist hier nicht der Fall. Hier wird Kritik geübt.*

C *„Normativ" werden z. B. Gesetzestexte oder Verträge genannt, da sie eine verbindliche Regelung treffen. Darum geht es hier nicht.*

F *Ein Essay ist der Versuch, ein Thema vergleichsweise knapp, anspruchsvoll und bewusst subjektiv zu behandeln. Er zeichnet sich durch seine Individualität aus – sprachlich wie auch hinsichtlich der Gedankenführung. Das eine oder andere dieser Merkmale mag auch auf den vorliegenden Text zutreffen, einen „ausgeprägt philosophischen Charakter" hat er aber gewiss nicht.*

G *Für eine überwiegend „wissenschaftliche" Argumentation fehlen hier Daten oder Meinungen der Forschung. Eine streng logische Gedankenführung, wie wir sie z. B. aus wissenschaftlichen Aufsätzen kennen, liegt hier nicht vor und wäre für eine Tageszeitung auch ungewöhnlich.*

I *Ausgesprochen witzige Stellen sucht man hier vergebens.*

L *Dichterische Ausdrucksmittel, z. B. lyrische Passagen oder den Einsatz von Metaphern, gibt es hier nicht.*

M *Der Text ist für eine breite Leserschaft geschrieben. Satzbau und Wortwahl stellen keine besonderen Anforderungen.*

Als Resultat des Ausschlussverfahrens verbleiben sechs mutmaßlich „richtige" Merkmale, die Sie im Einzelnen noch überprüfen sollten.

Zutreffend sind die Aussagen:

D *Fraglos: Der Text ist überwiegend kritisch-fordernd, da er die Folgen des Individualtourismus an den Pranger stellt und zu seiner Eindämmung aufruft.*

E *An der Position des Autors besteht kein Zweifel. Hier gibt es kein Wenn und Aber.*

H *Konkrete Beispiele für die negativen Folgen des Massentourismus, die die Anschaulichkeit des Textes erhöhen, finden sich hier zuhauf. Vgl. zum Beispiel Abschnitt 2.*

K *Ein „appellativer" Text stellt Forderungen, hier – vgl. Abschnitt 7 und 8 – die Forderung nach einer Eindämmung des Massentourismus und der Einbindung der Bevölkerung in demokratische Abstimmungsprozesse.*

N *Der Text macht den Leser auf die negativen Folgen des Massentourismus aufmerksam und hält dabei sowohl den Touristen als auch dem Staat einen kritischen Spiegel vor und beabsichtigt dadurch, die Meinung des Lesers in diesem Sinne zu beeinflussen.*

O *Der Text ist (siehe Quellenangabe!) der Süddeutschen Zeitung (SZ) entnommen, die an sechs Tagen in der Woche erscheint und mit rund 345.000 verkauften Exemplaren (4. Quartal 2018) 1,25 Mio. Leser erreicht. Die SZ ist damit die mit Abstand auflagenstärkste seriöse überregionale Tageszeitung in Deutschland, gefolgt von der Frankfurter Allgemeinen Zeitung (FAZ) und Die Welt.*

5 Synonyme und Antonyme

▶ Ordnen Sie im Lösungsbogen den nachfolgenden **Wörtern mit den Kennnummern 1 bis 4** jeweils den Kennbuchstaben des Wortes aus der Auswahlliste mit **gleicher** Bedeutung und den **Wörtern mit den Kennnummern 5 bis 8** mit **entgegengesetzter** Bedeutung zu.

Wörter:

1 ökologisch (Z. 3)
2 Kiez (Z. 24)
3 Kontingentierung (Z. 38)
4 Progression (Z. 40)
5 Tourist (Z. 6)
6 authentisch (Z. 23)
7 pauschal (Z. 24)
8 Monokultur (Z. 36)

Auswahlliste:

A Einheimischer
B Überwachung
C individuell
D Migrant
E Ortsteil
F Hochkultur
G unecht
H Kneipe
I kollektiv
K Begrenzung
L physisch
M Vielfalt
N umweltbezogen
O Sicherheit
P psychisch
Q Club
R Wachstum
S ökonomisch

Meine Lösung:

Ordnen Sie die zutreffenden Kennbuchstaben zu:

1	2	3	4	5	6	7	8

8 P.

5 Synonyme und Antonyme

Ordnen Sie die zutreffenden Kennbuchstaben zu:

1	2	3	4	5	6	7	8
N	E	K	R	A	G	C	M

je 1 Punkt, insgesamt 8 Punkte 8 P.

Bei dieser zweiteiligen Aufgabe geht es um Ihren Wortschatz. Bei den Wörtern 1 bis 4 sollen zu Stellen aus dem Text von Jochen Temsch aus einer Auswahlliste Synonyme (Wörter oder Ausdrücke mit gleicher oder ähnlicher Bedeutung), bei den Wörtern 5 bis 8 Antonyme (Wörter oder Ausdrücke mit entgegengesetzter Bedeutung) zugeordnet werden. Hier hilft der Sinn der jeweiligen Textstelle bzw. die Feststellung der Wortart (hier: Nomen/Hauptwort oder Adjektiv/Eigenschaftswort), die zugeordnet werden soll. Wenn Sie die Auswahlliste systematisch abarbeiten und diejenigen Wörter aus der Auswahlliste streichen, bei denen Sie ganz sicher sind, wird die Aufgabe nach und nach immer leichter, da übersichtlicher:

Synonyme:

1 ***ökologisch** (Z. 3): Hier kommt nur eines der sieben Adjektive der Auswahlliste (C, G, I, L, N, P, S) in Frage. Sinnvoll im Kontext nur umweltbezogen (N), da im Text an dieser Stelle von Abgasen, Flächenfraß und verschwendeten Ressourcen die Rede ist.*

2 ***Kiez** (Z. 24): Hier kommt als Synonym nur das Nomen Ortsteil (E) in Frage. Die anderen Nomen der Auswahlliste machen keinen Sinn. Als „Kiez“ bezeichnet man in Berlin, aber auch anderswo ein überschaubares Stadtviertel mit einem besonderen Charakter und einem besonders ausgeprägten Zugehörigkeitsgefühl der Bevölkerung.*

3 ***Kontingentierung** (Z. 38): Wenn etwas kontingentiert wird, wird es begrenzt, eingeschränkt. Richtige Lösung deshalb Begrenzung (K).*

4 ***Progression** (Z. 40): Den Begriff (lat. „progressio“ = Fortschritt, Entwicklung) kennt man u. a. aus dem Steuerrecht, wo er das Ansteigen des Steuersatzes in Abhängigkeit vom zu versteuernden Einkommen oder Vermögen bezeichnet. Im Zusammenhang des Textes meint er das verständliche Bedürfnis nach Wachstum (R) der Reise-Industrie.*

Antonyme:

5 ***Tourist** (Z. 6): Klar, das Gegenteil ist der Einheimische (A), der dauerhaft an einem Ort wohnt, den der Tourist nur für eine gewisse Zeit besucht.*

6 ***authentisch** (Z. 23): Ein authentischer Ort ist unverwechselbar. Es gibt ihn nur einmal. Hier zeigt sich die jeweilige Kultur im Original, „echt“. Das Gegenteil ist daher unecht (G). Wenn in den USA ein Oktoberfest stattfindet, dann ist es nachgemacht und nur ein Abklatsch des Originals in München.*

7 ***pauschal** (Z. 24): Pauschaltouristen „in einer Hotelburg am Strand“ erfreuen sich mehr oder minder alle desselben Angebots und machen daher mehr oder minder dieselben Erfahrungen. Das Gegenteil ist der Individualtourist, der sich seine Reise selbst zusammenstellt und Erfahrungen macht, die nur ihm zuteil werden. Richtige Lösung demnach: individuell (C).*

8 ***Monokultur** (Z. 36): Wo in der Landwirtschaft nur mehr eine Pflanzenart angebaut wird, wenn es in gewissen Stadtvierteln nur mehr Kneipen oder Modeläden gibt, sprechen wir von einer Monokultur (altgr. monos = allein). Das Gegenteil ist Vielfalt (M).*

6 Nebensätze

▶ Überprüfen Sie in den Sätzen a) bis e) im Lösungsbogen, ob diese einen Nebensatz enthalten. Unterstreichen Sie ggf. jeweils den Nebensatz eindeutig und vollständig. Bestimmen Sie zusätzlich dessen Art oder vermerken Sie, dass kein Nebensatz vorliegt, indem Sie jeweils den passenden Kennbuchstaben des zugehörigen Fachbegriffs bzw. Ausdrucks aus der nachfolgenden Auswahlliste ergänzen.

Auswahlliste:

A	Temporalsatz	**E**	Kausalsatz	**I**	Konzessivsatz
B	Lokalsatz	**F**	Finalsatz	**K**	kein Nebensatz
C	Relativsatz	**G**	Konditionalsatz		
D	Modalsatz	**H**	Konsekutivsatz		

Meine Lösung:

Unterstreichen Sie ggf. den Nebensatz und tragen Sie bei a) bis e) jeweils den passenden Kennbuchstaben ein:

a) Wenn das Frühjahr naht, reifen die Reisepläne. (Z. 1)

passender Kennbuchstabe: ☐

b) Souvenirshops ersetzen Gemüseläden, Preise in Cafés steigen, die Mieten ziehen an. (Z. 10 f.)

passender Kennbuchstabe: ☐

c) Solch harte Maßnahmen sind geboten in einer Stadt, die am eigenen touristischen Erfolg zu ersticken droht. (Z. 17 f.)

passender Kennbuchstabe: ☐

d) So schafft der Tourismus Tatsachen, bevor rechtliche und politische Rahmenbedingungen dafür ausgehandelt wurden. (Z. 33 f.)

passender Kennbuchstabe: ☐

e) Weitere sinnvolle Maßnahmen sind Baustopps für Hotels, Bebauungspläne mit tourismusfreien Zonen, die Kontingentierung von Besucherzahlen in Naturräumen oder weniger Kreuzfahrtschiffe. (Z. 37 f.)

passender Kennbuchstabe: ☐

8 P.

6 Nebensätze

Unterstreichen Sie ggf. den Nebensatz und tragen Sie bei a) bis e) jeweils den passenden Kennbuchstaben ein:

a) Wenn das Frühjahr naht, reifen die Reisepläne. (Z. 1)

passender Kennbuchstabe: **A**

b) Souvenirshops ersetzen Gemüseläden, Preise in Cafés steigen, die Mieten ziehen an. (Z. 10 f.)

passender Kennbuchstabe: **K**

c) Solch harte Maßnahmen sind geboten in einer Stadt, die am eigenen touristischen Erfolg zu ersticken droht. (Z. 17 f.)

passender Kennbuchstabe: **C**

d) So schafft der Tourismus Tatsachen, bevor rechtliche und politische Rahmenbedingungen dafür ausgehandelt wurden. (Z. 33 f.)

passender Kennbuchstabe: **A**

e) Weitere sinnvolle Maßnahmen sind Baustopps für Hotels, Bebauungspläne mit tourismusfreien Zonen, die Kontingentierung von Besucherzahlen in Naturräumen oder weniger Kreuzfahrtschiffe. (Z. 37 f.)

passender Kennbuchstabe: **K**

bei a), c) und d): je 1 Punkt für die richtige und vollständige Unterstreichung
a) bis e) jeweils 1 Punkt für den richtigen Kennbuchstaben,
jedoch 0 Punkte bei richtigem Kennbuchstaben, aber fehlerhafter oder fehlender Unterstreichung
insgesamt 8 Punkte 8 P.

Hier gilt es im Lösungsbogen Nebensätze zu bestimmen. Dabei sollte man wissen: Ein Nebensatz kann nicht alleine stehen. Er ist dem Hauptsatz untergeordnet und wird mit ihm z. B. durch eine Konjunktion (Bindewort) oder ein Relativpronomen (rückbezügliches Fürwort: der, die, das – welcher, welche, welches) verbunden. Er kann vor oder nach dem Hauptsatz stehen oder in diesen eingebettet sein, dabei immer durch ein Komma von ihm getrennt. Doch Vorsicht: Nebensätze haben zwar immer ein Komma oder mehrere, dies gilt aber auch für Aufzählungen oder Appositionen (Beifügungen), die keinen Nebensatz bilden. Wichtig auch: Das Verbum steht beim Nebensatz im Regelfall immer am Ende!

Die jeweilige Konjunktion oder das Relativpronomen bestimmen die Art des Nebensatzes. Hierbei gilt es, eine Vielzahl unterschiedlicher Nebensatzarten zu unterscheiden, deren lateinische Bezeichnungen Sie im Bogen „Aufgabenstellung" bei A – K aufgelistet finden.

- ***Satz a):** Die Konjunktion „wenn" leitet den Nebensatz ein, der hier dem Hauptsatz vorausgeht. „Wenn" (hier im Sinne von „immer wenn" oder „jedes Mal, wenn") beschreibt ein zeitliches Verhältnis und leitet deshalb einen Temporalsatz (A) ein (lat. tempus = Zeit!). Hier einen Konditionalsatz (G) anzunehmen und die Konjunktion „wenn" im Sinne von „falls" oder „unter der Bedingung, dass …" zu interpretieren, ist abwegig, da dies nicht dem Kern der Botschaft entspricht.*
- ***Satz b):** Hier finden sich zwar viele Kommata, die aber keine Unterordnungen markieren, sondern eine Reihung dreier Hauptsätze mit je eigenem Subjekt und Prädikat. Demnach: Kennbuchstabe K, kein Nebensatz.*
- ***Satz c):** Hier verbindet das Relativpronomen „die" (man könnte auch „welche" dafür sagen) den nachgestellten Nebensatz mit dem Hauptsatz. Deshalb Kennbuchstabe C, Relativsatz.*
- ***Satz d):** Hier geht es wie bei Satz a) um ein zeitliches Verhältnis („bevor") zwischen dem Haupt- und dem nachgestellten Nebensatz. Deshalb Kennbuchstabe A, Temporalsatz.*
- ***Satz e):** Hier finden sich viele Kommata, die allerdings keine Unterordnungen markieren, sondern eine Reihung von Maßnahmen zur Eindämmung des Massentourismus. Deshalb Kennbuchstabe K, kein Nebensatz.*

Hinweis: Beachten Sie den Bewertungshinweis, der die korrekte und eindeutige Unterstreichung der Nebensätze fordert! Nur so können Sie hier punkten!

7 „Irrläufer“

Ein Begriff gehört jeweils **nicht** in die Reihe.

▶ Bestimmen Sie den „Irrläufer“. Begründen Sie kurz Ihre Entscheidung, indem Sie zunächst das gemeinsame Merkmal der anderen Namen oder Begriffe und dann das Unterscheidungsmerkmal des „Irrläufers“ nennen.

a) Salzburg – Florenz – Amsterdam – Barcelona – Mallorca – Zürich

b) Buenos Aires – Bern – Moskau – Peking – München – Kopenhagen

c) Eiffelturm – Kreml – Kolosseum – Serengeti – Akropolis – Cheops-Pyramide

Meine Lösung:

a) „Irrläufer“: ______________________

Begründung

andere: ______________________

Irrläufer: ______________________

b) „Irrläufer“: ______________________

Begründung

andere: ______________________

Irrläufer: ______________________

c) „Irrläufer“: ______________________

Begründung

andere: ______________________

Irrläufer: ______________________

9 P.

7 „Irrläufer"

a) „Irrläufer": **Mallorca**

Begründung

andere: **Städte** (o. Ä.)

Irrläufer: **Insel** (o. Ä.)

b) „Irrläufer": **München**

Begründung

andere: **Hauptstädte von Staaten** (o. Ä.)

Irrläufer: **(Landes-)Hauptstadt von Bayern / Hauptstadt eines Bundeslandes** (o. Ä.)

c) „Irrläufer": **Serengeti**

Begründung

andere: **Baudenkmäler** (o. Ä.)

Irrläufer: **Naturpark / Nationalpark / Savanne** (o. Ä.)

bei jeder Teilaufgabe je 1 Punkt für die Nennung des Irrläufers, des gemeinsamen Merkmals und des Unterscheidungsmerkmals
jeweils 0 Punkte bei falschem Irrläufer
insgesamt 9 Punkte

9 P.

Der „Irrläufer" ist ein beliebter Aufgabentypus der Auswahlprüfung, denn er erlaubt nicht nur das Abfragen einfacher Kenntnisse, sondern erfordert zudem eine Begründung, warum ein bestimmter Begriff, Name bzw. Sachverhalt nicht in die Reihe passt. Zur Lösung dieses Aufgabentypus ist es deshalb notwendig, das „Schwarze Schaf" der Reihe herauszufiltern und das Unterscheidungsmerkmal zu notieren.

*(a) Fünf der sechs Ortsnamen der Reihe bezeichnen **Städte**: Salzburg, Florenz, Amsterdam, Barcelona, Zürich. **Mallorca** hingegen ist bekanntermaßen eine **Insel**!*

*(b) Fünf der sechs Ortsnamen bezeichnen **Hauptstädte von Staaten**: Buenos Aires (Argentinien), Bern (Schweiz), Moskau (Russland), Peking (China), Kopenhagen (Dänemark). **München** hingegen ist lediglich die **Hauptstadt eines Bundeslandes** und fällt somit raus aus der Reihe.*

*(c) Fünf der genannten Sehenswürdigkeiten sind **Baudenkmäler**: der Eiffelturm in Paris, der Kreml in Moskau, das Kolosseum in Rom, die Akropolis in Athen, die Cheops-Pyramide bei Kairo. Die **Serengeti** hingegen hat mit der Natur zu tun. Sie ist eine **Savanne**, die sich vom Norden Tansanias bis in den Süden Kenias erstreckt. Der Serengeti-Nationalpark ist ein Biosphärenreservat und gehört zu den größten und sicherlich auch bekanntesten Nationalparks der Welt. Seit 1981 Teil des Weltnaturerbes der UNESCO.*

Hinweis: Detaillierte Tipps und weiteres Übungsmaterial zum Umgang mit „Irrläufern" finden Sie in Kap. 3.4 („Irrläufer") unseres Vorbereitungsbuches.

8 Sehenswürdigkeiten

▶ Nennen Sie den Namen der nachfolgend abgebildeten Bauwerke und die Stadt, in der Sie diese Sehenswürdigkeiten besuchen können. Tragen Sie Ihre Antwort in die Tabelle im Lösungsbogen ein.

1

2

3

4

Bild 1: https://pixabay.com
Bilder 2 bis 4: www.shutterstock.com

Meine Lösung:

Tragen Sie Ihre Lösungen ein:

	Name	Stadt
1		
2		
3		
4		

8 P.

8 Sehenswürdigkeiten

Tragen Sie Ihre Lösungen ein:

	Name	Stadt
1	**Atomium**	**Brüssel**
2	**Akropolis** (nicht: Pantheon)	**Athen**
3	**Kreml**	**Moskau**
4	**Weißes Haus**	**Washington**

je 1 Punkt, insgesamt 8 Punkte 8 P.

Bild 1 *Sie sehen das* ***Atomium in Brüssel****, ein 102 Meter hohes Bauwerk, das zur Weltausstellung 1958 errichtet wurde, der Expo 58. Die kubische Kristallstruktur besteht aus neun miteinander verbundenen Atomen und gilt als Symbol für das Atomzeitalter und die friedliche Nutzung der Kernenergie. In der obersten Kugel befindet sich eine Restaurant- und Aussichtsetage.*

Bild 2 *Dieses alte Bauwerk gehört zu den meistbesuchten in Europa: Die* ***Akropolis****, der Burgberg über* ***Athen****, ursprünglich eine von Mauern umgebene Wehranlage, eine Zitadelle, die sich im Lauf der Geschichte zu einem Kultplatz mit zahlreichen Heiligtümern entwickelte. Die Bezeichnung ist ein Kompositum, zusammengesetzt aus altgriechisch ákros (höchster, oberster) und polis (Stadt).*

Bild 3 *Der* ***Kreml*** *ist der historische Mittelpunkt und die bedeutendste Sehenswürdigkeit von* ***Moskau****. Der groß angelegte Befestigungskomplex mit 20 Türmen und zahlreichen Sakral- und Profanbauten aus verschiedenen Epochen beherbergte einst auch die Residenz des Zaren und Patriarchen von Moskau. Seit 1918 erneut Sitz der russischen Staatsmacht. 1990 zusammen mit dem benachbarten Roten Platz Aufnahme in die Liste des UNESCO-Welterbes.*

Bild 4 *Dieses Gebäude erscheint fast täglich in allen Nachrichtensendungen des Fernsehens: das* ***Weiße Haus*** *(White House) in* ***Washington D. C.****, der Amts- und offizielle Regierungssitz des amerikanischen Präsidenten. Der Grundstein für den Erstbau wurde 1792 durch George Washington gelegt.*

9 Reiseländer der Deutschen

Die nachfolgende Tabelle zeigt ausgewählte statistische Kennziffern von Ländern, die auch Reiseziele deutscher Urlauber darstellen.

▶ Ordnen Sie im Lösungsbogen für die Zeilen 1 bis 4 jeweils den Kennbuchstaben des betreffenden Landes aus der Auswahlliste zu.

Auswahlliste:

A Spanien

B Italien

C Griechenland

D Ägypten

	Beitrag des Tourismus zum BIP* (in Prozent)	**mittlere Tagestemperatur**** (in °C)	**BIP***** (in Mrd. US-Dollar)	**Bevölkerung*** (in Millionen)	**CO_2-Emissionen pro Kopf*** (in Tonnen)
1	19,7	32,6	204	10,8	6,1
2	13,0	30,4	1.900	60,7	6,0
3	14,9	30,8	1.300	46,5	5,4
4	7,3	34,4	332	91,0	2,3

* aus 2017
** jeweils im Juli in der Hauptstadt
*** gerundet

(Quellen: www.statista.com; www.travelklima.de; www.wko.at)

Meine Lösung:

Ordnen Sie die Kennbuchstaben zu:

1	2	3	4

4 P.

9 Reiseländer der Deutschen

Ordnen Sie die Kennbuchstaben zu:

1	2	3	4
C	B	A	D

je 1 Punkt, insgesamt 4 Punkte 4 P.

Aufgaben mit statistischen Kennziffern zu aktuellen Themen, hier: Reiseländer der Deutschen, sind seit langer Zeit ein Klassiker in der Auswahlprüfung für die dritte Qualifikationsebene. Jeder, der den Politik- und Wirtschaftsteil einer Tageszeitung wie Frankfurter Allgemeine Zeitung (FAZ) und Süddeutsche Zeitung (SZ), einer Wochenzeitung wie Die Zeit, Die Woche und Frankfurter Allgemeine Sonntagszeitung (FASZ) oder eines Online-Portals wie beispielsweise www.focus.de, www.spiegel.de, www.zeit.de, www.wirtschaftswoche.de, www.handelsblatt.de oder www.faz.net aufmerksam und regelmäßig verfolgt, wird bei der Zuordnung von geographischen, sozioökonomischen oder anderer ausgewählter Daten zu Ländern keine Probleme haben. So auch bei der vorliegenden Aufgabe, bei der es um beliebte Urlaubsziele deutscher Urlauber geht. Die Auswahlliste gibt vier Länder vor: Spanien (A), Italien (B), Griechenland (C) und Ägypten (D), die anhand des Datenmaterials identifiziert werden sollen.

Tipps:

- *Es reicht, drei der vier Länder eindeutig zu bestimmen. Das vierte ergibt sich dann im Ausschlussverfahren.*
- *Häufig lässt sich ein Land bereits aufgrund einer oder zwei Kennziffern eindeutig identifizieren bzw. ausschließen. Schauen Sie dabei zunächst auf die Extremwerte der Tabelle.*
- *Überprüfen Sie Ihre so gewonnenen Hypothesen anhand des weiteren Datenmaterials zum jeweiligen Land.*

Lösung:

***Ägypten** (D) verzeichnet als südlichstes Land der Auswahlliste die höchste mittlere Tagestemperatur, als klassisches Entwicklungsland folgerichtig einen vergleichsweise geringen CO_2-Output. Das Land am Nil hat – wie allgemein bekannt – eine hohe Geburtenrate, d. h. eine vergleichsweise große Bevölkerung. Aufgrund der Terrorgefahr verzeichnet das Land eine seit Jahren stark rückläufige Zahl an Touristen. Damit: **Ägypten = Zeile 4**.*

***Italien** (B) ist nach Deutschland und Frankreich die drittstärkste Volkswirtschaft in der EU. Unter den Ländern der Auswahlliste lässt es sich daher allein aufgrund seines BIP-Werts eindeutig identifizieren. Zur Wirtschaftskraft passt der vergleichsweise hohe Kohlendioxidausstoß als Industriestaat. Die Bevölkerungszahl entspricht ungefähr 75 Prozent von Deutschland. Damit: Italien = Zeile 2.*

***Griechenland** (C) hat im Vergleich mit den anderen Ländern der Auswahlliste eine sehr kleine Bevölkerung und lebt seit jeher stark vom Tourismus, befördert durch seine Geschichte und Natur. Das dünn besiedelte Land und seine vielen Inseln sind oft noch agrarisch geprägt und weisen auch infolge der Finanzkrise und der damit verbundenen Sparmaßnahmen einen vergleichsweise geringen BIP-Wert auf. Etwas verwirrend aufs Erste: der hohe CO_2-Ausstoß. Aber: Mineralöl, Steinkohle und Erdgas sind in Griechenland nach wie vor die zentralen Energieträger. Erneuerbare Energien sind bisher kaum ausgeschöpft. Auch dies eine Folge der Finanzkrise. Aus all dem folgt: **Griechenland = Zeile 1**.*

*Hinter **Zeile 3** der Tabelle kann sich damit nur **Spanien** (A) verstecken. Spanien hat als wichtige Volkswirtschaft der EU ein deutlich höheres BIP als etwa Griechenland oder Ägypten und lebt seit Langem stark vom Tourismus, insbesondere auf den Kanarischen Inseln und den Balearen.*

10 Knobeleien

▶ a) Verändern Sie die Reihenfolge der Buchstaben so, dass sie jeweils einen Ausdruck aus dem Bereich des Tourismus ergeben. Tragen Sie jeweils das Wort im Lösungsbogen ein.

1	TOLPI	**4**	RERFÜHESIER
2	BURULA	**5**	SEDRAWSTES
3	LETOHGAPE	**6**	METTAGNÄHE

Meine Lösung:

a) Tragen Sie Ihre Lösungen ein:

1 ______________________

2 ______________________

3 ______________________

4 ______________________

5 ______________________

6 ______________________

6 P.

10 Knobeleien

a) Tragen Sie Ihre Lösungen ein:

1 Pilot

2 Urlaub

3 Hotelpage

4 Reiseführer

5 Stewardess

6 Hängematte je 1 Punkt (korrekte Schreibweise, auch Großschreibung erlaubt!), insgesamt 6 Punkte 6 P.

a)

Bei diesen zunächst wirr anmutenden ***Buchstabenreihen*** *muss man ein wenig tüfteln und seiner Intuition freien Lauf lassen, um sinnvolle Begriffe zu bilden. Manchmal kann man auch einzelne Silben erkennen, z. B. PI (bei Pilot), UR (bei Urlaub), FÜH (bei Reiseführer), die jedoch auch in verkehrter Reihenfolge erscheinen, z. B. TOL (bei Pilot) oder LETOH (bei Hotel). Ein wichtiger Hinweis ist, dass es sich hier um Begriffe aus dem Bereich des Tourismus handeln soll.*

Tipps:

- *Dieser Aufgabentypus gehört zu den so genannten Kombinationsaufgaben und findet sich häufig auch in psychologischen Testverfahren zur Bewerberauswahl. Da auch die Auswahlprüfung für den Einstieg in die dritte Qualifikationsebene seit geraumer Zeit nicht mehr allein auf wissens- und faktenbasierte Aufgabenstellungen zurückgreift, lohnt es sich, ggf. einschlägige Vorbereitungsliteratur heranzuziehen, welche die Konzentrationsfähigkeit, die visuelle Wahrnehmung und das räumliche Vorstellungsvermögen, die Abstraktionsfähigkeit sowie die Erfassung komplexer Informationen schult. Hilfe leistet hier jede gut sortierte Buchhandlung.*
- *Lassen Sie sich keinesfalls frustrieren, wenn es am Anfang etwas langsam geht. Diese Aufgaben sind in jedem Falle sehr gut trainierbar. Mit einiger Übung machen diese Aufgaben sogar richtig Spaß und man kann dann auch ordentlich punkten.*

▶ b) **1** Bestimmen Sie, welcher der 4 Würfel der Auswahlliste zum abgebildeten Würfel passt. Vermerken Sie im Lösungsbogen die zutreffende Kennnummer.

Auswahlliste:

▶ **2** Ergänzen Sie bei der nachfolgenden Figurenreihe die fehlende vierte Figur aus der neben der Figurenreihe abgebildeten Auswahlliste. Vermerken Sie im Lösungsbogen die zutreffende Kennnummer.

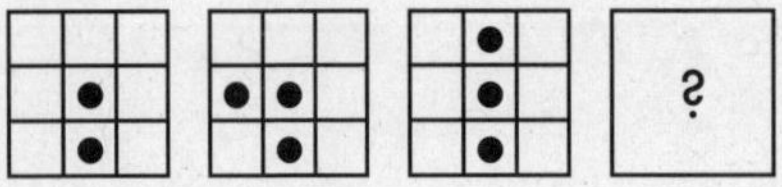

Auswahlliste:

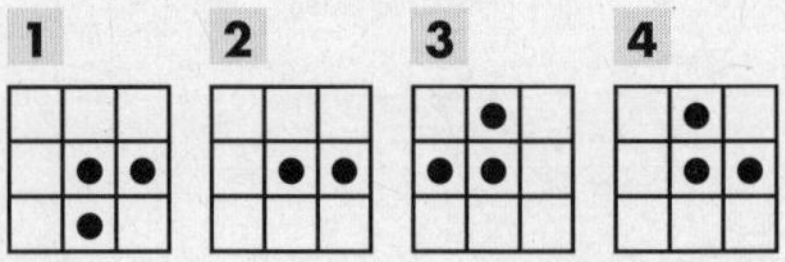

Meine Lösung:

b) Tragen Sie jeweils die zutreffende Kennnummer ein:

1 ☐

2 ☐

4 P.**

b) Tragen Sie jeweils die zutreffende Kennnummer ein:

1 **2**

2 **1**

je 2 Punkte, insgesamt 4 Punkte | 4 P.**

b)

Auch hier sind Konzentration, das Erkennen logischer Strukturen, ein scharfer Blick, der die wesentlichen Charakteristika eines abgebildeten Musters (hier: Würfel bzw. geometrische Fläche) erfasst, sowie die Fähigkeit, einen Körper im Raum gedanklich zu drehen, gefragt. Auch hier sollten und können Sie systematisch vorgehen.

1 Sie sehen drei Seiten (oben, vorne, rechts) eines leicht gekippten und leicht gedrehten Würfels, deren Augenzahl und Augenmuster Sie zunächst genau wahrnehmen sollten:

- *Die obere Würfelseite zeigt ein Auge in der Mitte.*
- *Die vordere Würfelseite hat zwei Augen, diagonal angeordnet von links oben nach rechts unten.*
- *Die rechte Würfelseite zeigt zwei Augen, am linken Rand senkrecht angeordnet, oben und unten.*

Die Aufgabe besteht nun darin, in einem Gedankenexperiment festzustellen, welcher der Würfel der Auswahlliste zu dem abgebildeten Würfel passt:

- *Würfel 3 scheidet schnell aus, da er auf zwei (!) Seiten eine diagonale Anordnung der Augen hat. Passt nicht!*

Hilfreich zur Überprüfung der Würfel 1, 2 und 4: Kippen Sie jeweils die rechte Seite mit dem einem Auge nach oben und drehen Sie dann den Würfel 90 Grad nach rechts. Sie werden sehen:

- *Würfel 1: Sie erhalten zwar eine identische Vorderseite, auf der rechten Seite aber liegen die beiden Augen nun horizontal unten. Passt nicht!*
- *Würfel 4: Sie erhalten auf der Vorderseite zwei senkrecht stehende Augen, auf der rechten Seite eine Diagonalausrichtung der Augen. Passt auch nicht!*

*Nur **Würfel 2** entspricht dem abgebildeten Würfel: Seite mit einem Auge nach oben kippen, gegen den Uhrzeigersinn nach rechts drehen. Le voilà!*

2 Abgebildet ist eine Figurenreihe, in der sich eine 3x3-Matrix hinsichtlich Augenzahl und Anordnung der Augen dreimal verändert. Herauszufinden ist, welche Matrix der Auswahlliste die abgebildete Figurenreihe logisch fortsetzt. Hier muss man die der Figurenreihe zugrundeliegende Logik erkennen, d. h. die Logik der Veränderungen, die es genau nachzuvollziehen gilt:

- *Die Grundmatrix enthält zwei Augen in der Mittelspalte, unten und mittig.*
- *In der zweiten Figur kommt ein Auge hinzu, linke Spalte mittig.*
- *In der dritten Figur wandert das hinzugekommene Auge diagonal nach rechts auf 12 Uhr in die Mittelspalte. Es kommt kein (!) neues Auge hinzu.*
- *Für die zu ergänzende Matrix ergibt sich demnach folgende Regel: Die Zahl der Augen bleibt gleich, das in Figur 2 hinzugekommene Auge wandert erneut diagonal nach rechts in eine neue Spalte, dieses Mal nach unten auf 3 Uhr. Eine andere Möglichkeit gibt es nicht.*

*Nur **Matrix 1** entspricht dieser Regel.*

11 Barcelona

▶ Ergänzen Sie den nachfolgenden Lückentext. Tragen Sie im Lösungsbogen jeweils die Kennnummer der passenden Ergänzung aus der Auswahlliste ein.

Auswahlliste:

1	Alpen	**7**	Katalonien	**13**	Picasso
2	Andalusien	**8**	Kanarischen	**14**	Portugal
3	Atlantik	**9**	Mittelmeer	**15**	Pyrenäen
4	Gaudí	**10**	Monitum	**16**	Referendum
5	Iberischen	**11**	Neruda	**17**	Serra
6	Katalanien	**12**	Petitum	**18**	Spanien

Lückentext:

Barcelona gehört hinter London und Paris zu den von Touristen am meisten besuchten Städten Europas. 2017 besuchten rund 9 Millionen Touristen die zweitgrößte Stadt der ___(a)___ Halbinsel. Die Stadt liegt direkt am westlichen ___(b)___ und bietet durch ihren neuen Hafen den zahlreichen Kreuzfahrtschiffen ausreichend Ankerplätze. Die Nähe zum Gebirgszug der ___(c)___ macht sie auch im Winter attraktiv. Barcelona gilt vor allem kulturell als Juwel: Die Jugendstil-Bauwerke von Antoni ___(d)___ prägen die Stadt, in der auch Joan Miró geboren wurde, neben Pablo ___(e)___ einer der populärsten Vertreter der „Klassischen Moderne".

Anfang Oktober 2017 geriet Barcelona in die Schlagzeilen, indem die Stadt zum Schauplatz einer politischen Bewegung wurde, die die Unabhängigkeit der Region ___(f)___ vom Königreich ___(g)___ forderte. Anlass war ein umstrittenes ___(h)___, bei dem sich eine Mehrheit der Teilnehmer für eine unabhängige Republik aussprach.

Meine Lösung:

Tragen Sie Ihre Lösungen ein:

(a)	(b)	(c)	(d)	(e)	(f)	(g)	(h)

8 P.

11 Barcelona

Tragen Sie Ihre Lösungen ein:

(a)	(b)	(c)	(d)	(e)	(f)	(g)	(h)
5	9	15	4	13	7	18	16

je 1 Punkt, insgesamt 8 Punkte 8 P.

Bei diesem Lückentext zur Touristenmetropole Barcelona muss man zunächst grundlegendes geographisches, sodann kunstgeschichtliches und schließlich aktuelles politisches Wissen unter Beweis stellen. Ein geschickter Umgang mit der Auswahlliste unterstützt Sie dabei:

(a) Den Begriff „Kanarische" (8) Halbinsel gibt es nicht, also muss es – auch grammatisch gesehen – die ***Iberische*** *(5) Halbinsel sein, der Barcelona zugeordnet werden kann. Dies weiß man aber sicher auch so oder aus dem Geo-Unterricht.*

(b) Leicht fällt sicher auch das Füllen dieser Lücke. Die Stadt liegt natürlich am ***Mittelmeer*** *(9). Wo sonst? Am Atlantik (3) sicher nicht!*

(c) Als „naher" Gebirgszug kommen sicher nur die ***Pyrenäen*** *(15) in Frage, die Alpen (1) sind es nicht, liegen deutlich nördlicher.*

(d) Weltweit bekannter Architekt des Jugendstils ist Antoni ***Gaudí*** *(4), der in Barcelona zahlreiche Meisterwerke hinterlassen hat, darunter die berühmte, bis heute unvollendete Kirche Sagrada Família – ein Muss für jeden Stadtbesuch.*

(e) Vertreter der „Klassischen Moderne" neben Joan Miró ist natürlich ***Picasso*** *(13), worauf bereits der Vorname Pablo hinweist. Der Name Serra (17) macht hier keinen Sinn, da er auf den bedeutenden US-amerikanischen Bildhauer Richard Serra hinweist. Gleiches gilt für den berühmten chilenischen Dichter und Schriftsteller Pablo Neruda (11), der 1971 den Nobelpreis für Literatur erhielt.*

(f) Hier muss man die Auswahlliste genau ansehen. Barcelona ist die Hauptstadt der Region ***Katalonien*** *(7). Nicht Katalanien (6), auch wenn die Einwohner Kataloniens Katalanisch sprechen! Mitunter macht nur ein Buchstabe einen Unterschied.*

(g) Katalonien ist natürlich Teil des Königreichs ***Spanien*** *(18). Portugal (14) als zweite Auswahlmöglichkeit ist seit 1910 eine Republik. Auch an dieser Stelle hilft es, wenn man sich nicht sicher ist, den Lückentext genau zu lesen und nach hilfreichen Hinweisen abzuklopfen.*

(h) Hier stehen in der Auswahlliste drei Begriffe zur Wahl: Monitum (10), Petitum (12), ***Referendum*** *(16). Referendum, also eine Volksabstimmung, ist richtig. „Monitum" meint eine Beanstandung oder Rüge, „Petitum" ein Gesuch, einen Antrag.*

12 Tourismus – historisch

▶ Ergänzen Sie den nachfolgenden Lückentext. Tragen Sie im Lösungsbogen jeweils die fehlenden Namen und Begriffe ein.

Lückentext:

Schon in der Antike gab es Reisen zu religiösen Kultstätten wie dem Orakel von **(a)** in Griechenland, das Reisende aus dem gesamten Mittelmeerraum anzog. Im Mittelalter entwickelte sich der **(b)**weg nach Santiago di Compostela zu einer wichtigen Pilgerroute. Außerhalb Europas ist an die lange Tradition der Pilgerreisen von Muslimen nach **(c)** und Medina zu denken. In der Neuzeit öffneten der Fernhandel und Entdeckungsfahrten neue Horizonte. **(d)** – von den im heutigen Italien liegenden ehemaligen Seerepubliken am weitesten nördlich gelegen – hatte zum Beispiel bereits früh regelmäßige Schiffsverbindung mit Konstantinopel. Marco **(e)** soll auf dem Landweg bis nach China gereist sein.

Bildungsreisen waren in Europa lange Zeit ein Privileg des Adels. Erholungsreisen kamen erst im 19. Jahrhundert auf. Pioniere waren die Briten: Thomas Cook führte 1869 die erste Pauschalreise durch – an den Nil.

In Deutschland ebneten von 1933 bis 1939 die Reisen der NS-Organisation „Kraft durch Freude" (KdF) den Weg zum Massentourismus. Erst in den 1950er-Jahren setzte ein stetiger Anstieg der Reisetätigkeit ein, begünstigt durch das viel zitierte **(f)**.

Meine Lösung:

Tragen Sie Ihre Lösungen ein:

(a) ______________ **(d)** ______________

(b) ______________ **(e)** ______________

(c) ______________ **(f)** ______________

6 P.

12 Tourismus – historisch

Tragen Sie Ihre Lösungen ein:

(a) Delphi

(b) Jakobs

(c) Mekka

(d) Venedig

(e) Polo

(f) Wirtschaftswunder

je 1 Punkt (korrekte Schreibweise!), insgesamt 6 Punkte | 6 P.

Dieser chronologisch angelegte Lückentext erfordert historisches Allgemeinwissen. Hier gibt es keine (!) Auswahlliste, da offensichtlich davon ausgegangen wird, dass Sie die richtigen Antworten auch so finden:

(a) Im Geschichtsunterricht über die griechische Antike haben wir es gelernt: Eine der wichtigsten Kultstätten war das Orakel von ***Delphi****, am Hang des Parnass nahe der gleichnamigen Stadt in der Landschaft Phokis. Hier erfuhren die Ratsuchenden Weisheiten aus dem Mund der Priesterin Pythia, sitzend auf einem Dreifuß über einer Erdspalte …*

(b) Seit dem Mittelalter bis heute pilgern Tausende aus ganz Europa jedes Jahr auf dem ***Jakobs****weg nach Santiago di Campostela im Nordwesten Spaniens. Der Bericht des Komikers Hapé Kerkeling „ich bin dann mal weg" (2006) machte diese Pilgerroute auch einem breiten Publikum bekannt.*

(c) Wichtigster Pilgerort des Islams ist seit Jahrhunderten ***Mekka*** *im westlichen Saudi-Arabien, der mutmaßliche Geburtsort Mohammeds mit dem Heiligtum der Kaaba, das es mehrmals zu umrunden gilt. Jährlich pilgern rund 2,5 Mio. Muslime aus aller Welt zur Haddsch nach Mekka.*

(d) ***Venedig*** *ist natürlich die ehemalige italienische Seerepublik, nach der hier gefragt wird. Ein Zentrum des Fernhandels im gesamten Raum des Mittelmeers und seiner angrenzenden Gebiete.*

(e) Ein früher Reisender auf dem Landweg nach China? Marco …? Das kann nur Marco ***Polo*** *(ca. 1254–1324) sein, ein Händler aus Venedig, gestorben vermutlich ebendort. Seine Reiseberichte aus dem Land der Mitte sorgten nach seiner Rückkehr für großes Aufsehen.*

(f) Voraussetzung für die Entwicklung des Massentourismus in Deutschland in den 1950er-Jahren war das sog. ***Wirtschaftswunder****, der rasante wirtschaftliche Wiederaufstieg nach dem Zweiten Weltkrieg mit Vollbeschäftigung und einem Anstieg der Reallöhne.*

13 Tourismus als Wirtschaftsfaktor

Überprüfen Sie die folgenden Aussagen zu den beiden nachfolgenden Grafiken.

▶ Kreuzen Sie im Lösungsbogen an, welche Aussagen **vollständig richtig**, nur **teilweise richtig**, **völlig falsch** oder **nicht zu entnehmen** sind.

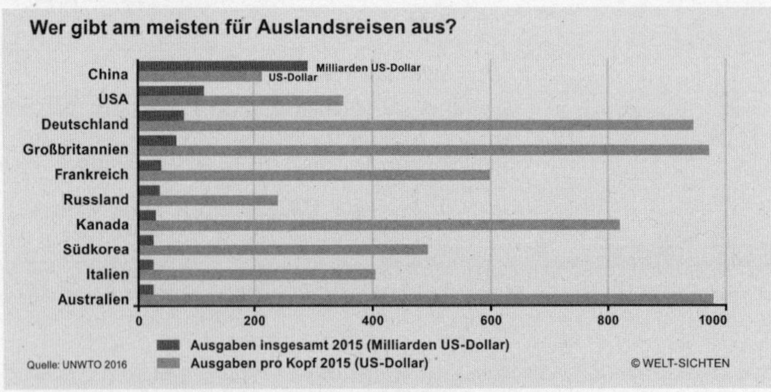

(Quelle: https://www.welt-sichten.org/artikel/32464/tourismus-zahlen)

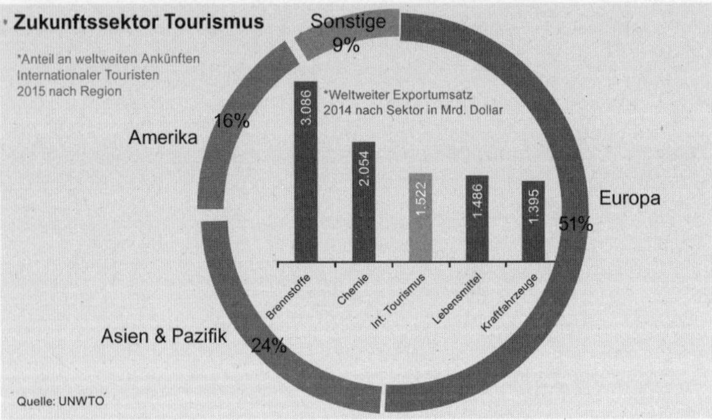

(Quelle: https://reset.org/knowledge/was-ist-nachhaltiger-tourismus-07272015)

Aussagen:

1 Frankreich hat 2018 den Titel als Reiseweltmeister deutlich verfehlt.

2 Der weltweite Exportumsatz des internationalen Tourismus übertraf 2014 erstmals den mit Lebensmitteln.

3 Während 2015 die südkoreanischen Pro-Kopf-Ausgaben für Auslandsreisen etwa doppelt so hoch sind wie die russischen, liegen diejenigen Italiens und Kanadas in etwa gleichauf.

4 Die Pro-Kopf-Ausgaben des Durchschnittskanadiers waren im Jahr 2015 mit gut 800 Milliarden US-Dollar mehr als doppelt so hoch, wie die des Durchschnittsrussen und -chinesen zusammen.

5 Die Türkei profitiert heute wegen der wieder deutlich ansteigenden Buchungszahlen überdurchschnittlich vom tourismusbedingten Beschäftigungszuwachs.

6 Europa besuchten 2015 mehr internationale Touristen als den amerikanischen und asiatisch-pazifischen Raum zusammen.

7 2015 war China gemessen an den Gesamtausgaben für Auslandsreisen Reiseweltmeister, verglichen pro Kopf geht dieser Titel an Deutschland.

8 2014 wurden mehr als doppelt so viel Brennstoffe exportiert wie Kraftfahrzeuge.

9 Das Wachstum des Beschäftigungsbeitrags der Tourismusbranche in Deutschland blieb 2015/16 unter dem weltweiten Durchschnitt.

Die Lösungen zu Aufgabe 13 finden Sie auf Seite 165.

Meine Lösung:

Kreuzen Sie an:	1	2	3	4	5	6	7	8	9
vollständig richtig	☐	☐	☐	☐	☐	☐	☐	☐	☐
teilweise richtig	☐	☐	☐	☐	☐	☐	☐	☐	☐
völlig falsch	☐	☐	☐	☐	☐	☐	☐	☐	☐
nicht zu entnehmen	☐	☐	☐	☐	☐	☐	☐	☐	☐

9 P.

13 Tourismus als Wirtschaftsfaktor

Kreuzen Sie an:	1	2	3	4	5	6	7	8	9
vollständig richtig						X			
teilweise richtig			X				X		
völlig falsch				X					
nicht zu entnehmen	X	X			X			X	X

je 1 Punkt, insgesamt 9 Punkte
kein Punkt für jede Spalte mit mehr als einem Kreuz

9 P.

*Zu **Chart 1** („Wer gibt am meisten für Auslandsreisen aus?") und **Chart 2** („Zukunftssektor Tourismus") sollen die Aussagen 1 bis 9 nach dem Muster „vollständig richtig – teilweise richtig – völlig falsch – nicht zu entnehmen" überprüft werden. Geprüft wird bei dieser Aufgabe die grundlegende Fähigkeit, einer Grafik bzw. Statistik korrekte Informationen entnehmen zu können bzw. Aussagen daraufhin zu überprüfen, ob sich diese aus den Grafiken teilweise oder ganz ableiten lassen. Man muss hier also genau lesen, da die vorliegenden Aussagen möglicherweise korrekt sind, sich aber nicht aus den Statistiken ableiten lassen bzw. Informationen enthalten, die mit Bezug auf die Statistiken gleichzeitig richtige und falsche Anteile aufweisen. Detaillierte Hinweise zu diesem Aufgabenformat finden Sie bei Kap. 3.7 in diesem Arbeitsbuch. Wie immer bei derlei Aufgaben gilt: Verschaffen Sie sich zunächst einen Überblick über Aufbau und Inhalt der Charts. Nur so gelangen Sie zu den richtigen Ergebnissen:*

nicht zu entnehmen:

- ***Aussage 1:** Diese Aussage kann den Charts nicht entnommen werden, da für 2018 keine Daten vorliegen.*
- ***Aussage 2:** Chart 2 macht nur Aussagen für das Jahr 2014, d. h. es liegt keine Zeitreihe vor, die Rückschlüsse über die Entwicklung in früheren Jahren zulässt. Ob also der weltweite Exportumsatz des internationalen Tourismus im Jahr 2014 erstmals den mit Lebensmitteln übertraf oder ob dies schon öfter vorgekommen ist, lässt sich aus dem vorliegenden Datenmaterial nicht beantworten.*
- ***Aussage 5:** Über die Türkei wird in keiner Grafik eine Aussage gemacht.*
- ***Aussage 8:** Chart 2 macht lediglich Angaben über den weltweiten Exportumsatz in Mrd. Dollar. Die Aussage nimmt allerdings Bezug auf die Anzahl der Brennstoffe und Kraftfahrzeuge, nicht auf den Wert in Dollar. (Auch inhaltlich macht die Aussage wenig Sinn, da man beispielsweise die Zahl exportierter Reisebusse wohl schlecht mit der Zahl an Litern Benzin oder Tonnen Steinkohle vergleichen kann.)*
- ***Aussage 9:** Über den Zusammenhang zwischen Tourismus und Beschäftigung macht keine der Grafiken eine Aussage.*

teilweise richtig:

- ***Aussage 3:** Für die Beantwortung muss Chart 1 herangezogen werden: Die südkoreanischen Pro-Kopf-Ausgaben für Auslandsreisen lagen 2015 mit ca. 480 US-Dollar tatsächlich etwa doppelt so hoch wie die russischen mit rund 220 US-Dollar. Die 400 US-Dollar Italiens liegen aber deutlich unter denen Kanadas mit über 800 US-Dollar. Teil 1 der Aussage ist also korrekt, Teil 2 nicht.*
- ***Aussage 7:** Der erste Halbsatz trifft Chart 1 nach voll zu, da China mit rund 300 Milliarden Dollar Reiseausgaben mit deutlichem Abstand führt; Halbsatz 2 ist falsch, da die Australier und die Briten im Berichtsjahr pro Kopf noch etwas mehr ausgaben.*

völlig falsch:

- ***Aussage 4:** Die Aussage lässt sich unter Hinzuziehung von Chart 1 beantworten: Die Pro-Kopf-Ausgaben der Chinesen (ca. 210 US-Dollar) und der Russen (ca. 230 US-Dollar) sind mit rund 440 US-Dollar 2015 tatsächlich etwa halb so groß wie die der Kanadier mit rund 800 US-Dollar. Hier muss man allerdings genau lesen: Im Text stehen „Milliarden US-Dollar" und das ist falsch, da die Pro-Kopf-Ausgaben nicht in „Milliarden US-Dollar", sondern in „US-Dollar" gemessen werden.*

vollständig richtig:

- ***Aussage 6:** Die Korrektheit der Aussage ergibt sich unmittelbar aus dem Ringdiagramm (Chart 2). Während auf Europa 51 Prozent der Ankünfte ausländischer Touristen entfielen, waren es für die beiden anderen Räume zusammen nur 40 Prozent.*

14 Flugverkehr

▶ Überprüfen Sie die folgenden Aussagen zum vorliegenden Schaubild und kreuzen Sie im Lösungsbogen an, welche **richtig**, welche **falsch** und welche der Grafik **nicht zu entnehmen** sind.

(Quelle: Die Welt)

Aussagen:

1 Die Anzahl der Passagiere in der kommerziellen Zivilluftfahrt lag 2015 bei etwa 3,5 Milliarden.

2 Etwa 1990 wurde bei den Passagierzahlen die Milliardengrenze überschritten.

3 Im gesamten Beobachtungszeitraum ist die Anzahl der Passagiere Jahr für Jahr gestiegen.

4 Im gesamten Beobachtungszeitraum ist die Anzahl der jährlichen Todesfälle in der kommerziellen Zivilluftfahrt kontinuierlich gesunken.

5 Passagierflugzeuge mit mehr als 14 Plätzen gelten als besonders sicher.

6 In den 1990er-Jahren wurden die meisten Todesfälle in der kommerziellen Zivilluftfahrt verzeichnet.

7 Der Luftraum im Nahen Osten gehört zu den gefährlichsten des internationalen Luftverkehrs.

8 Prognosen zufolge wird sich das Passagieraufkommen bis 2030 fast verdoppeln.

Meine Lösung:

Kreuzen Sie an:	**1**	**2**	**3**	**4**	**5**	**6**	**7**	**8**
richtig	☐	☐	☐	☐	☐	☐	☐	☐
falsch	☐	☐	☐	☐	☐	☐	☐	☐
nicht zu entnehmen	☐	☐	☐	☐	☐	☐	☐	☐

8 P.

14 Flugverkehr

Kreuzen Sie an:

	1	2	3	4	5	6	7	8
richtig	X	X						
falsch			X	X		X		
nicht zu entnehmen					X		X	X

je 1 Punkt, insgesamt 8 Punkte
kein Punkt für jede Spalte mit mehr als einem Kreuz

8 P.

Bei Aufgabe 14 empfehlen sich – analog zu den Hinweisen in Kap. 3.7 in diesem Arbeitsbuch – folgende Arbeitsschritte:

1. *Zuerst ist die Bildüberschrift zu lesen. Sie weist im vorliegenden Fall darauf hin, dass hier zwei Datensätze miteinander verknüpft werden: zum einen die Anzahl von Todesfällen, zum anderen die Entwicklung des Passagieraufkommens.*
2. *Die Grafik weist daher zwei unterschiedliche Hochwertachsen (y-Achsen) auf. Links die y-Achse mit der Anzahl der Todesfälle (die Werte müssen logischerweise unter denen der Passagiere insgesamt liegen, eine Verwechslung der beiden Achsen ist also ausgeschlossen), rechts die Anzahl der Passagiere weltweit. Zu beachten ist, dass die beiden y-Achsen unterschiedliche Skalenwerte aufweisen (links in Tausend, rechts in Milliarden).*
3. *In einem dritten Schritt betrachtet man die Rechtswertachse (x-Achse). Im vorliegenden Schaubild ist, wie häufig anzutreffen, ein Zeitraum abgebildet: 1970 bis 2015.*
4. *Erst nach diesen Vorarbeiten werden die einzelnen Aussagen betrachtet. Hierbei gilt es, spezifische Formulierungen („etwa“, „Milliardengrenze“, „Beobachtungszeitraum“ etc.) genau mit den entsprechenden Achsen abzugleichen. Ein Geodreieck/Lineal o. Ä. kann hierbei sehr nützlich sein, um zu den richtigen Ergebnissen zu gelangen.*

richtig:

- ***Aussage 1** bezieht sich auf einen Wert im letzten abgebildeten Jahr. Die Skala ist hier nicht mehr auf der rechten y-Achse fortgeführt, man muss also selbst die fehlenden Werte interpolieren, da der genaue Wert nicht abzulesen ist. Das Wörtchen „etwa“ gibt hierbei den Ausschlag, da kein konkreter Wert angegeben ist, sondern nur ein ungefährer Wert.*
- ***Aussage 2**: „Etwa“ findet sich auch hier. Diesmal muss genauer mit der x-Achse abgeglichen werden, da das Jahr 1990 zu finden ist. Auch diese Aussage ist richtig.*

falsch:

- ***Aussage 3**: Hier muss der gesamte Zeitraum überblickt werden in Bezug auf die Entwicklung des Passagieraufkommens im Laufe der Zeit. Da es nach dem Jahr 2000, möglicherweise als Folge der terroristischen Anschläge in den USA, zu einem leichten Rückgang der Fluggastzahlen kam, ist die Aussage „Jahr für Jahr“ nicht zutreffend.*
- ***Aussage 4**: Die Darstellung der Todesfälle in Form von Säulen zeigt ein Auf und Ab der Zahlenwerte – mit freilich deutlich sinkender Gesamttendenz. Von einem „kontinuierlichen“ (!) Rückgang der Todesfälle, wie die zur Demonstration der Gesamttendenz geglättete Kurve nahelegt, kann jedoch nicht gesprochen werden.*
- ***Aussage 6**: Hier ist die Rede von den „meisten“ Todesfällen. Betrachtet wird der Zeitraum der 1990er-Jahre. Entscheidend sind hier also die einzelnen Säulen, die die Anzahl der Todesfälle pro Jahr ausweisen. Es ist leicht zu erkennen, dass in den 1970er-Jahren insgesamt gesehen höhere Säulen angetragen sind als in den 1990er-Jahren. Zusammengerechnet würden sich für die 1970er-Jahre (also 1970 bis 1979) in etwa 16–17 Tausend Todesfälle ergeben, für die 1990er-Jahre ca. 11–12 Tausend.*

nicht zu entnehmen:

- ***Aussage 5**: Der Stern hinter dem Begriff „Zivilluftfahrt“ in der Bildüberschrift verweist (siehe Bild unten) darauf, dass im Schaubild nur Passagierflugzeuge mit einer Kapazität von 14 Passagieren oder mehr erfasst werden. Eine Aussage über die Sicherheit größerer Flugzeuge gegenüber kleineren kann demnach nicht getroffen werden.*
- ***Aussage 7** und **8**: Das Schaubild enthält weder Aussagen über bestimmte Regionen („Naher Osten“) noch über Prognosen über das Jahr 2015 hinaus („bis 2030“).*

15 Nachhaltiger Tourismus

Ein „Reisestern" versucht die Forderungen eines sanften bzw. nachhaltigen Tourismus zu erfassen, indem er die ökologischen, ökonomischen, sozialen und kulturellen Effekte einer Reise durch Indikatoren messbar macht und in einem Schaubild darstellt, wie hier am Beispiel einer Reise nach Neuseeland.

▶ Überprüfen Sie die folgenden Aussagen zum „Reisestern Neuseeland" und kreuzen Sie im Lösungsbogen an, welche **richtig**, welche **falsch** und welche dem Schaubild **nicht zu entnehmen** sind.

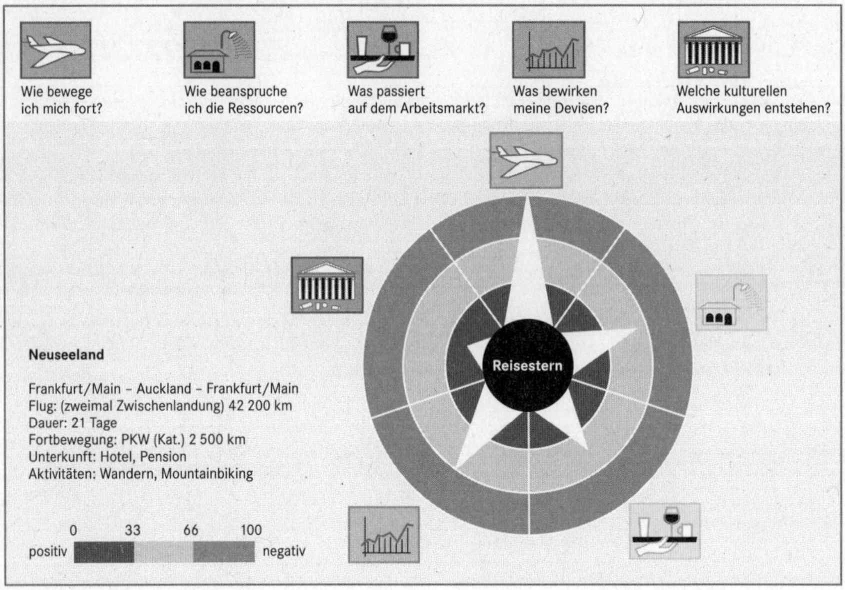

© Prof. Dr. Hans Hopfinger, 2007

Aussagen:

1 Eine Schiffsreise nach Neuseeland wäre ökologisch sinnvoller.

2 Der Ressourcenverbrauch der Reise nach Neuseeland ist insgesamt sehr positiv zu bewerten.

3 Deutsche Wanderer sind in Neuseeland besonders beliebt.

4 Die dargestellte Reise nach Neuseeland hat kaum negative kulturelle Auswirkungen.

5 Die Devisen kommen dem Gastland in jeder Hinsicht sehr zugute.

6 Neuseeland ist vor allem wegen seiner Natur ein empfehlenswertes Reiseziel.

7 Reisen nach Neuseeland wirken sich durchweg positiv auf den Arbeitsmarkt dieses Landes aus.

Meine Lösung:

Kreuzen Sie an:	1	2	3	4	5	6	7
richtig	☐	☐	☐	☐	☐	☐	☐
falsch	☐	☐	☐	☐	☐	☐	☐
nicht zu entnehmen	☐	☐	☐	☐	☐	☐	☐

7 P.

15 Nachhaltiger Tourismus

Kreuzen Sie an:

	1	2	3	4	5	6	7
richtig				X			
falsch		X			X		X
nicht zu entnehmen	X		X			X	

je 1 Punkt, insgesamt 7 Punkte
kein Punkt für jede Spalte mit mehr als einem Kreuz

/ P.

Aufgabe 15 fordert erneut eine kritische Auseinandersetzung mit einer grafisch aufbereiteten Statistik und visualisiert in Form eines Reisesterns die Auswirkungen einer Flugreise nach Neuseeland, deren Daten links unten einem kurzen Info-Text zu entnehmen sind. Dabei werden fünf Dimensionen unterschieden und grafisch symbolisiert sowohl um den Stern herum als auch in der oberen Reihe, dort mit einer kurzen Erläuterung. Die Ringe um den Reisestern bieten nur drei Einschätzungen: „positiv", „unbestimmt" und „negativ". Die links unten im Bild angegebenen dazugehörigen Werte (0–33, 34–66, 67–100) dienen lediglich der Unterscheidung in drei gleich große Drittel und werden hier nicht weiter benötigt. Der dem Kern des Reisesterns nächste Kreis ist der „positive", er ist grafisch dunkel ausgeführt. Die Pfeildreiecke des Sterns, die in diesem Kreis enden, zeigen also positive Auswirkungen einer Reise nach Neuseeland an. Je größer und länger der Pfeil, desto negativer die Auswirkungen.

- ***Aussage 1:** Da die beschriebene Reise mit dem Flugzeug gemacht wird, führt die Aussage leicht in die Irre. Ob eine Schiffsreise ökologisch sinnvoller wäre, ist dem Schaubild nicht zu entnehmen.*
- ***Aussage 2:** Beim Ressourcenverbrauch weist der Pfeil weit in das mittlere Farbsegment. Die Aussage „sehr positiv" ist demnach falsch.*
- ***Aussage 3:** Die Antwort auf die Frage nach der Beliebtheit von Wanderern aus Deutschland ist der Abbildung nicht zu entnehmen, auch wenn die Reise von Deutschland (Frankfurt) nach Neuseeland (Auckland) laut Info-Text die Aktivität „Wandern" beinhaltet. Um die Beliebtheit bestimmter Touristengruppen geht es bei diesem Schaubild an keiner Stelle.*
- ***Aussage 4:** Der Reisestern zeigt bei Kultur einen sehr gering ausgeprägten Pfeil. Die Formulierung „kaum negative Auswirkungen" ist richtig und weist auf durchaus vorhandene positive Effekte hin.*
- ***Aussage 5:** Dem Reisestern lässt sich ablesen, dass der Pfeil bei „Devisen" bis an die Grenze zwischen mittlerem und äußerem Kreis reicht. Die Auswirkungen der Devisen sind also eher negativ zu bewerten. Daher ist die Aussage falsch.*
- ***Aussage 6:** Obgleich Neuseeland sicherlich ein wegen seiner Natur empfehlenswertes Reiseziel ist, muss hier nicht zu entnehmen angekreuzt werden, da diese Thematik in der vorliegenden Abbildung schlicht nicht behandelt wird.*
- ***Aussage 7:** Der Pfeil nach unten rechts zeigt die Auswirkungen der dargestellten Neuseelandreise auf den Arbeitsmarkt und reicht bis ins mittlere Segment. Die Bewertung „durchweg positiv" ist also falsch.*

16 Airbnb

► Ergänzen Sie den nachfolgenden Lückentext. Tragen Sie im Lösungsbogen jeweils die Kennnummer der passenden Ergänzung aus der Auswahlliste ein.

Auswahlliste:

1	den USA	**6**	Deutschland	**11**	Vergnügungssteuer
2	Irland	**7**	Zweckentfremdungsgesetz	**12**	Verbraucherschutz
3	Mieten	**8**	Mieterschutzgesetz	**13**	Wohnraum
4	privater	**9**	Mehrwertsteuer	**14**	Gewerbeflächen
5	gewerblicher	**10**	Datenschutz	**15**	Touristen

Lückentext:

Airbnb (Abk. für Airbed and Breakfast) ist eine in **(a)** gegründete Online-Plattform für die Buchung und Vermietung **(b)** Unterkünfte. Insbesondere in touristischen Zentren wird dieses äußerst erfolgreiche Konzept seit einigen Jahren zum Problem. Durch die Verknappung von **(c)** in attraktiven Innenstadtlagen steigen die **(d)**, die einheimische Bevölkerung wird an den Rand gedrängt. Unter dem Vorwand der Identitätsprüfung („Verified Identification") erhebt Airbnb umfangreiche persönliche Daten, die den **(e)** auf den Plan rufen. Airbnb-Angebote machen Hotels und Pensionen Konkurrenz, die ihren Gästen in vielen Ländern **(f)** berechnen müssen. Manche Airbnb-Vermieter versteuern auch ihre Einkünfte nicht oder unterlassen es, ortsübliche Abgaben wie die Kurtaxe abzuführen. Bayern hat auf diese Entwicklung mit dem bislang schärfsten Gesetz in Deutschland reagiert: Bei illegaler Vermietung über Online-Plattformen drohen gemäß **(g)** hohe Bußgelder.

Meine Lösung:

Tragen Sie Ihre Lösungen ein:

(a)	(b)	(c)	(d)	(e)	(f)	(g)

7 P.

16 Airbnb

Tragen Sie Ihre Lösungen ein:

(a)	(b)	(c)	(d)	(e)	(f)	(g)
1	4	13	3	10	9	7

je 1 Punkt, insgesamt 7 Punkte — 7 P.

Der Lückentext über Airbnb fragt Überblicks- und Grundlagenwissen zu einem Thema ab, das aktuell wegen des starken Wachstums dieses Geschäftszweiges und wegen der dadurch ausgelösten sozialen Verwerfungen in der Diskussion steht. Es handelt sich also um ein Thema, dessen Kenntnis man von einem Bewerber für die 3. Qualifikationsebene, gestützt auf seine aufmerksamen Beobachtungen des aktuellen Zeitgeschehens, erwarten kann. Bei der Aufgabe kann aus 15 in der Auswahlliste vorgegebenen Namen und Begriffen ausgewählt werden, von denen aber nur 7 passend sind.

Tipp: Überfliegen Sie den Lückentext zunächst, um eine Vorstellung vom Inhalt zu bekommen. Verschaffen Sie sich dann einen Überblick über die zur Auswahl stehenden Lösungsvorschläge. Die Unterscheidung von Wortarten, Namen und Begriffen, die die gezielte Auswahl deutlich vereinfachen, ist dabei sicher hilfreich. Notieren Sie anschließend Schritt für Schritt die Kennbuchstaben derjenigen Namen und Begriffe im Lösungsbogen, von denen Sie sicher sind, dass sie stimmen. Streichen Sie sie gleichzeitig in der Auswahlliste, um auf diese Weise die weiteren Auswahlmöglichkeiten schrittweise und schnell nachvollziehbar zu begrenzen.

*(a) Hinsichtlich des Gründungslandes von Airbnb stehen in der Auswahlliste drei Länder zur Verfügung: USA (1), Irland (2) und Deutschland (6). Wer den Gründungsmythos von Airbnb kennt, weiß, dass das Unternehmen im Silicon Valley seinen Anfang nahm. Richtige Antwort demnach: **USA** (1).*

*(b) Hinsichtlich der Art der von Airbnb vermittelten Unterkünfte muss man sich zwischen „privat" (4) und „gewerblich" (5) entscheiden, den beiden einzigen Adjektiven der Auswahlliste. Richtige Antwort: **Privat** (4). Von gewerblichen Immobilien im Zusammenhang mit Airbnb war in den Diskussionen um das Unternehmen noch nie die Rede.*

*(c) Aufgrund der Konzentration des Unternehmens auf private Unterkünfte kann es hier nicht um die Verknappung von Gewerbeflächen (14) gehen. Die Verknappung von **Wohnraum** (13) steht im Mittelpunkt der Kritik, zumal in attraktiven Innenstadtlagen, wie der Lückentext betont.*

*(d) Die Verknappung des Wohnraums führt zwangsläufig zu einem Anstieg der **Mieten** (3), worunter, so der Text weiter, die einheimische Bevölkerung zu leiden hat. Ein weiterer Hinweis auf das gesuchte Wort.*

*(e) Die umfangreiche digitale Identitätsprüfung bei Airbnb rief zwangsläufig den **Datenschutz** (10) auf den Plan, wie aus den Medien bekannt sein dürfte. Der Verbraucherschutz (12) kümmert sich um andere Probleme.*

*(f) Hotels und Pensionen berechnen ihren Gästen die **Mehrwertsteuer** (9). Erscheinungsformen der Vergnügungssteuer (11) sind vor allem die Besteuerung von Eintrittsgeldern für Veranstaltungen (Kartensteuer) und Spielautomaten (Spielgerätesteuer). Für die Vermittlung privaten Wohnraums trifft die Vergnügungssteuer nicht zu.*

*(g) Die illegale Vermietung von Wohnraum wird durch das **Zweckentfremdungsgesetz** (7) unter Strafe gestellt. Das Mieterschutzgesetz (8) kümmert sich um andere Dinge.*

17 Urlaubsreise mit Hindernissen

Infolge der Richtlinie (EU) 2015/2302 vom 25. November 2015 wurde im Bundesgesetzblatt Jahrgang 2017 Teil I Nr. 48 vom 21. Juli 2017 die Änderung der reiserechtlichen Vorschriften des Bürgerlichen Gesetzbuches mit Wirkung vom 1. Juli 2018 veröffentlicht.

▶ Überprüfen Sie nur anhand der nach den Fallvarianten abgedruckten Rechtsgrundlagen, ob die Aussagen zur jeweiligen Fallvariante **richtig**, **teilweise richtig** oder **falsch** sind, und vermerken Sie Ihr Ergebnis im Lösungsbogen. Es sind – abgesehen vom Tatbestand, dass ein Vertrag zwei übereinstimmende Willenserklärungen bedingt – **ausschließlich** die angegebenen Vorschriften für die Falllösung zu berücksichtigen.

Fall:

Rainer (R) bucht beim Reiseveranstalter WorldTravel (W) eine vierwöchige Flugreise mit Hotelaufenthalt in der Karibik. Um vor dem Frühstück schnorcheln zu können, um beruflichen Stress abzubauen und um seine Reisekasse zu schonen, besteht er in den Vertragsverhandlungen auf ein ruhig gelegenes Hotel mit direkter Strandlage und lediglich Frühstücksbüfett sowie auf das Vorhandensein eines Supermarktes vor Ort. Der Reisepreis wird in einer Summe eine Woche vor Reiseantritt bezahlt, R werden alle Vertragsunterlagen einschließlich Sicherungsschein ausgehändigt.

Variante 1:

Bei Ankunft wird R ein anderes als das gebuchte Hotel zugewiesen, welches 750 Meter vom Strand entfernt liegt. Außerdem herrscht permanent erheblicher Baulärm wegen Bautätigkeit in der Umgebung. Einen Supermarkt gibt es in der Nähe nicht, nur einen Kiosk. Dafür ist das Frühstücksbüfett großzügiger. R zeigt unverzüglich W die aus seiner Sicht bestehenden Mängel an, W weist die Kritik als unberechtigt zurück und verweigert jegliche Abhilfe.

Aussage 1.1: Durch den Antritt der Reise ist ein Reisevertrag nach § 651a entstanden.

Aussage 1.2: Eine direkte Strandlage sowie das Vorhandensein eines Supermarktes sind vereinbarte Eigenschaften. Der Kiosk gilt als zumutbarer Ersatz für einen Supermarkt, stellt also keine Verletzung der Vereinbarung dar.

Aussage 1.3: Wegen des erheblichen Baulärms hat R das Recht, sich ohne Fristsetzung ein passendes Hotel in der gebuchten Preiskategorie zu suchen und von W Ersatz für die damit verbundenen Kosten zu verlangen.

Variante 2:

Bei Ankunft stellt R fest, dass sein Hotel tagsüber, vor allem aber nachts wegen Bauarbeiten in der Umgebung lärmdurchflutet ist. Zur Kompensation offeriert das Hotel ein während der Aufenthaltsdauer kostenloses Abendessen. R zeigt sich zunächst versöhnlich, stellt aber am Ende seiner Reise fest, dass er sich überhaupt nicht erholt hat. Nach seiner Rückkehr reklamiert er unverzüglich bei seinem Reiseveranstalter.

Aussage 2: R hat das Recht, den Reisepreis zu reduzieren.

Variante 3:

Bei Ankunft stellt R fest, dass sein gebuchtes Hotel tagsüber, vor allem aber nachts wegen Bauarbeiten in der Umgebung lärmdurchflutet ist. R reklamiert diesen Mangel unverzüglich und wiederholt gegenüber der Hotelleitung, die sich trotz Fristsetzung außerstande sieht, Abhilfe zu leisten. R sucht sich daraufhin selbst ein Hotel in der gebuchten Preiskategorie und verlangt nach seiner Rückkehr von W Ersatz für die entstandenen Kosten.

Aussage 3: Die Forderung von R gegenüber W ist nicht berechtigt.

Variante 4:

R bucht in der patagonischen Steppe Argentiniens einen Reiturlaub auf einer Hotelranch. Da die Ranch kurzfristig geschlossen ist, wird er gleich nach seiner Ankunft in ein anderes Hotel ohne Reitmöglichkeiten umgebucht. R reklamiert sofort bei W und verlangt innerhalb einer Woche Abhilfe. W lässt die Frist verstreichen, da er kein anderes Reiterhotel verfügbar hat.

Aussage 4: R kann den Reisevertrag kündigen und einen nächstmöglichen Rücktransport verlangen. Damit verbundene Mehrkosten muss W tragen. Wegen der Kündigung kann R aber keinen Schadenersatz verlangen, sondern nur wegen nutzlos aufgewendeter Urlaubszeit.

Variante 5:

Zwei Tage vor Reisebeginn bricht unerwartet ein Vulkan unmittelbar im Urlaubsgebiet aus. Da die Aschewolke zur Sperrung aller umliegenden Flughäfen führt, wird der Flug von R auf unbestimmte Zeit, aber für mindestens 2 Wochen gestrichen. R tritt daraufhin unverzüglich per Fax an W vom Reisevertrag zurück.

Aussage 5: W kann von R als Entschädigung den anteiligen Reisepreis für die Unterkunft verlangen.

Rechtsgrundlagen BGB:

§ 651a Vertragstypische Pflichten beim Pauschalreisevertrag

(1) Durch den Pauschalreisevertrag wird der Unternehmer (Reiseveranstalter) verpflichtet, dem Reisenden eine Pauschalreise zu verschaffen. Der Reisende ist verpflichtet, dem Reiseveranstalter den vereinbarten Reisepreis zu zahlen.

§ 651h Rücktritt vor Reisebeginn

(1) Vor Reisebeginn kann der Reisende jederzeit vom Vertrag zurücktreten. Tritt der Reisende vom Vertrag zurück, verliert der Reiseveranstalter den Anspruch auf den vereinbarten Reisepreis. Der Reiseveranstalter kann jedoch eine angemessene Entschädigung verlangen.

[...]

(3) Abweichend von Absatz 1 Satz 3 kann der Reiseveranstalter keine Entschädigung verlangen, wenn am Bestimmungsort oder in dessen unmittelbarer Nähe unvermeidbare, außergewöhnliche Umstände auftreten, die die Durchführung der Pauschalreise oder die Beförderung von Personen an den Bestimmungsort erheblich beeinträchtigen. [...]

§ 651i Rechte des Reisenden bei Reisemängeln

(1) Der Reiseveranstalter hat dem Reisenden die Pauschalreise frei von Reisemängeln zu verschaffen.

(2) Die Pauschalreise ist frei von Reisemängeln, wenn sie die vereinbarte Beschaffenheit hat. [...]

(3) Ist die Pauschalreise mangelhaft, kann der Reisende [...]

1. nach § 651k Absatz 1 Abhilfe verlangen,
2. nach § 651k Absatz 2 selbst Abhilfe schaffen und Ersatz der erforderlichen Aufwendungen verlangen [...]

§ 651k Abhilfe

(1) Verlangt der Reisende Abhilfe, hat der Reiseveranstalter den Reisemangel zu beseitigen. [...]

(2) Leistet der Reiseveranstalter [...] nicht innerhalb einer vom Reisenden bestimmten angemessenen Frist Abhilfe, kann der Reisende selbst Abhilfe schaffen und Ersatz der erforderlichen Aufwendungen verlangen. Der Bestimmung einer Frist bedarf es nicht, wenn die Abhilfe vom Reiseveranstalter verweigert wird oder wenn sofortige Abhilfe notwendig ist.

§ 651l Kündigung

(1) Wird die Pauschalreise durch den Reisemangel erheblich beeinträchtigt, kann der Reisende den Vertrag kündigen. Die Kündigung ist erst zulässig, wenn der Reiseveranstalter eine ihm vom Reisenden bestimmte angemessene Frist hat verstreichen lassen, ohne Abhilfe zu leisten [...].

[...]

(3) Der Reiseveranstalter ist verpflichtet, die infolge der Aufhebung des Vertrags notwendigen Maßnahmen zu treffen, insbesondere, falls der Vertrag die Beförderung des Reisenden umfasste, unverzüglich für dessen Rückbeförderung zu sorgen; [...]. Die Mehrkosten für die Rückbeförderung fallen dem Reiseveranstalter zur Last.

§ 651m Minderung

(1) Für die Dauer des Reisemangels mindert sich der Reisepreis. [...]

§ 651n Schadensersatz

(1) Der Reisende kann unbeschadet der Minderung oder der Kündigung Schadensersatz verlangen [...].

(2) Wird die Pauschalreise vereitelt oder erheblich beeinträchtigt, kann der Reisende auch wegen nutzlos aufgewendeter Urlaubszeit eine angemessene Entschädigung in Geld verlangen.

§ 651o Mängelanzeige durch den Reisenden

(1) Der Reisende hat dem Reiseveranstalter einen Reisemangel unverzüglich anzuzeigen.

(2) Soweit der Reiseveranstalter infolge einer schuldhaften Unterlassung der Anzeige nach Absatz 1 nicht Abhilfe schaffen konnte, ist der Reisende nicht berechtigt,

1. die in § 651m bestimmten Rechte geltend zu machen oder
2. nach § 651n Schadensersatz zu verlangen.

Meine Lösung:

Kreuzen Sie an:	1.1	1.2	1.3	2	3	4	5
richtig	☐	☐	☐	☐	☐	☐	☐
teilweise richtig	☐	☐	☐	☐	☐	☐	☐
falsch	☐	☐	☐	☐	☐	☐	☐

14 P.**

Eine Fallstudie zum Recht findet sich in jedem Auswahltest für die dritte Qualifikationsebene. Die Thematisierung des Reiserechts in der Auswahlprüfung 2018 ist dem Umstand geschuldet, dass ab 1. Juli 2018 aufgrund der EU-Pauschalreiserichtlinie die Rechtsvorschriften zum Reiserecht neu gefasst wurden, was in den Medien teilweise heftige Diskussionen auslöste.

Keine Sorge: Auch mit dem Thema Reiserecht werden lediglich Basiskenntnisse aus dem juristischen Bereich und die Fähigkeit zur Subsumtion abgefragt. Jeder (Fach-)Abiturient wurde in der Anwendung von Rechtsvorschriften mehrfach im Rahmen seines Schullebens konfrontiert. Sie müssen also kein „Volljurist" sein, um diese Aufgabe zu bewältigen.

Hinweis: Beim vorliegenden Aufgabentypus geht es nicht um einen formal „sauberen" juristischen Aufbau mit Lösung des Rechtsfalles, sondern um die Überprüfung („richtig" – „teilweise richtig" – „falsch") von Aussagen anhand der Auszüge von acht hierzu grundlegenden Rechtsvorschriften des Bürgerlichen Gesetzbuches (BGB). Verlangt wird also ein sorgfältiges Lesen und „Verstehen" des Inhalts der einschlägigen Paragraphen und eine Überprüfung, inwiefern die auf den skizzierten Rechtsfall bezogenen Aussagen mit Blick auf die Rechtsvorschriften belastbar sind.

VARIANTE 1

- ***Aussage 1.1** ist <u>falsch</u>, da der Reisevertrag abgeschlossen ist, wenn sich die Parteien über eine Mehrheit von Reiseleistungen wie Flug, Transfer und Unterkunft geeinigt haben, die in einer Gesamtheit zusammengefasst sind (Pauschalreise). 1 Woche vorher wird der Reisepreis bezahlt, die Vertragsunterlagen werden ausgehändigt. Spätestens zu diesem Zeitpunkt liegen nachweisbar zwei konkludente Willenserklärungen vor (Antrag und Annahme des Angebots).*
- ***Aussage 1.2** ist nur <u>teilweise richtig</u>:*
  - *<u>Richtig</u>: Supermarkt und direkte Strandlage wurden gegenüber W deutlich als Voraussetzungen für eine Buchung deklariert. W hat dies R zugesichert, sonst wäre es nicht zu einer Buchung durch R gekommen. Bei Nichterfüllung wäre der Wert der Reise gemessen am gem. Vertrag vorausgesetzten Nutzen gemindert. Es handelt sich in beiden Fällen damit eindeutig um vereinbarte Eigenschaften gem. § 651i Abs. 2.*
  - *<u>Falsch</u>: Der Kiosk ist seiner Funktion nach nicht mit einem Supermarkt vergleichbar, da das vorhandene Warenangebot extrem eingeschränkt ist. Für eine Verpflegung über mehrere Wochen ist er in zumutbarer Weise daher nicht geeignet.*
- ***Aussage 1.3** ist <u>richtig</u>: Die ruhige Lage ist eine vereinbarte Eigenschaft. Der permanente Baulärm stellt daher einen Reisemangel gem. § 651i dar. Gem. § 651i Abs. 3 kann R folglich Abhilfe verlangen oder selbst Abhilfe schaffen. Da W Abhilfe verweigert, ist eine Fristsetzung gem. § 651k Abs. 2 nicht erforderlich. R kann daher nach § 651k Abs. 2 in Verbindung mit § 651i Abs. 3 ein den vereinbarten Eigenschaften entsprechendes Hotel („ruhige Lage") suchen und die mit dem Wechsel in ein anderes Hotel der gebuchten Preiskategorie verbundenen Aufwendungen von W verlangen.*

17 Urlaubsreise mit Hindernissen

Kreuzen Sie an:

	1.1	1.2	1.3	2	3	4	5
richtig			X		X		
teilweise richtig		X				X	
falsch	X			X			X

je 2 Punkte, insgesamt 14 Punkte
kein Punkt für jede Spalte mit mehr als einem Kreuz

14 P.**

VARIANTE 2

- ***Aussage 2** ist falsch: Die ruhige Lage ist nach Annahme eine vereinbarte Eigenschaft. Die Pauschalreise ist daher gem. § 651i Abs. 2 mangelhaft. R hat nach § 651i Abs. 1 allerdings das Recht auf eine Pauschalreise frei von Reisemängeln. Gem. § 651m Abs. 1 hat er das Recht, den Reisepreis angemessen zu mindern. Gem. § 651o Abs. 1 muss dem jedoch eine unverzügliche (!) Anzeige des Reisemangels zugrunde liegen. R kann zwar sein guter Wille zugutegehalten werden, die Angelegenheit versöhnlich zu regeln (kostenlose Halbpension), es ist aber nicht nachvollziehbar, dass er 4 Wochen braucht, um festzustellen, dass er nicht erholt aus dem Urlaub zurückkehrt. Er hätte daher in jedem Falle früher, d. h. vor Ort reklamieren müssen. Damit hat er es im Ergebnis schuldhaft unterlassen, den Mangel anzuzeigen. Sein Recht hat er damit verwirkt.*

VARIANTE 3

- ***Aussage 3** ist richtig: R muss dem Reiseveranstalter W gem. § 651o Abs. 1 den Mangel unverzüglich anzeigen. Eine Mängelanzeige und Fristsetzung der Hotelleitung gegenüber reicht nicht, da diese nicht Reiseveranstalter, sondern nur Leistungsträger ist. Gem. § 651o Abs. 2 hat R diese unverzügliche Mängelanzeige schuldhaft unterlassen, da es keinen Anhaltspunkt gibt, dass R nachweislich vergeblich versuchte, W zu kontaktieren. W konnte daher gem. Abs. 2 nicht Abhilfe schaffen, weswegen R seine Rechte gem. § 651m und § 651n (Schadenersatz) nicht geltend machen kann.*

VARIANTE 4

- ***Aussage 4** ist teilweise richtig:*
  - *Richtig: R hat einen Reiturlaub gebucht. Die Unmöglichkeit zu reiten, beeinträchtigt die Reise fraglos erheblich, da das Reiten Hauptzweck der Pauschalreise ist. Daher kann R gem. § 651l Abs. 1 kündigen, nachdem W die angemessene Frist ohne Abhilfe hat verstreichen lassen.*
  - *Richtig: Gem. § 651l Abs. 3 muss W für den Rücktransport sorgen, evtl. entstehende Mehrkosten sind von ihm zu tragen.*
  - *Falsch: R kann von W gem. § 651n Abs. 1 unbeschadet der Kündigung Schadenersatz fordern. Gem. Abs. 2 hat er auch das Recht, wegen nutzlos aufgewendeter Urlaubszeit Entschädigung zu verlangen. R hat damit beide Rechte.*

VARIANTE 5

- ***Aussage 5** ist falsch: R kann gem. § 651h Abs. 1 vor Reisebeginn, konkret also 2 Tage davor, jederzeit vom Reisevertrag zurücktreten. Damit verliert W den Anspruch auf den vereinbarten Reisepreis. Dies schließt logisch den anteiligen Reisepreis ein. Zwar kann W nach Absatz 1 grundsätzlich eine angemessene Entschädigung verlangen. Nach Absatz 3 entfällt diese jedoch, wenn am Bestimmungsort oder in dessen unmittelbarer Nähe („Urlaubsgebiet") unvermeidbare, außergewöhnliche Umstände („Vulkanausbruch") auftreten, die die Beförderung von Personen an den Bestimmungsort erheblich beeinträchtigen („Streichen des Flugs auf unbestimmte Zeit"). W kann daher von R keine Entschädigung fordern.*

18 Verbraucherschutz bei Reisen

Das Thema „Verbraucherschutz bei Reisen" spielt auch infolge der fortschreitenden Digitalisierung eine immer wichtigere Rolle.

▶ Entscheiden Sie für die nachfolgenden Aussagen, ob sie mit Blick auf die Richtlinie (EU) 2015/230 des Europäischen Parlaments und des Rates **richtig**, **teilweise richtig** oder **falsch** sind. Vermerken Sie Ihr Ergebnis im Lösungsbogen.

Aussagen:

1 Die Richtlinie (EU) 2015/2302 ist zwingend in nationales Recht umzusetzen.

2 Die Richtlinie (EU) 2015/2302 wurde von der EU-Kommission auf Vorschlag des Europäischen Parlaments und des Rates verabschiedet.

3 Die Übernachtung auf einem Fährschiff nach Schweden wäre kein Beispiel für Art. 3 Ziffer 1 Buchstabe a, ein 4-stündiger Kamelausritt in die Sahara mit Lunchpaket allerdings ein Beispiel für Art. 3 Ziffer 1 Buchstabe d.

4 Eine Pauschalreise liegt vor, wenn Privatmann Müller im Online-Portal „SchoenerUrlaub.de" für seinen 3-wöchigen Mexiko-Urlaub einen Flug von Albatros-Airlines, ein Hotel in Cancún der Kette „Hispano", einen Mietwagen von MexiCar sowie eine Stadtführung des Veranstalters TourMexico für Mexico-City auswählt und zum Schluss alles zusammen zahlungspflichtig bucht.

RICHTLINIE (EU) 2015/2302 DES EUROPÄISCHEN PARLAMENTS UND DES RATES

vom 25. November 2015

über Pauschalreisen und verbundene Reiseleistungen, zur Änderung der Verordnung (EG) Nr. 2006/2004 und der Richtlinie 2011/83/EU des Europäischen Parlaments und des Rates sowie zur Aufhebung der Richtlinie 90/314/EWG des Rates

DAS EUROPÄISCHE PARLAMENT UND DER RAT DER EUROPÄISCHEN UNION –
gestützt auf den Vertrag über die Arbeitsweise der Europäischen Union, insbesondere auf Artikel 114,

[...]

HABEN FOLGENDE RICHTLINIE ERLASSEN:

[...]

Artikel 2

Anwendungsbereich

(1) Diese Richtlinie gilt für Pauschalreisen, die Reisenden von Unternehmern zum Verkauf angeboten oder verkauft werden, und für verbundene Reiseleistungen, die Reisenden von Unternehmern vermittelt wurden.

(2) Diese Richtlinie gilt nicht für

a) Pauschalreisen und verbundene Reiseleistungen, die weniger als 24 Stunden dauern, es sei denn, es ist eine Übernachtung inbegriffen;

b) Pauschalreisen und verbundene Reiseleistungen, die gelegentlich und ohne Gewinnabsicht und nur einer begrenzten Gruppe von Reisenden angeboten oder vermittelt werden;

c) Pauschalreisen und verbundene Reiseleistungen, die auf der Grundlage einer allgemeinen Vereinbarung für die Organisation von Geschäftsreisen zwischen einem Unternehmer und einer anderen natürlichen oder juristischen Person, die zu Zwecken handelt, die ihrer gewerblichen, geschäftlichen, handwerklichen oder beruflichen Tätigkeit zugerechnet werden können, erworben werden.

[...]

Artikel 3

Begriffsbestimmungen

Für die Zwecke dieser Richtlinie bezeichnet der Ausdruck

1. „Reiseleistung"

   a) die Beförderung von Personen;

   b) die Unterbringung, bei der es sich nicht um einen wesensmäßigen Bestandteil der Beförderung von Personen handelt und zu anderen Zwecken als Wohnzwecken;

   c) die Autovermietung oder die Vermietung anderer Kraftfahrzeuge [...];

d) jede andere touristische Leistung, die nicht wesensmäßig Bestandteil einer Reiseleistung im Sinne der Buchstaben a, b oder c ist;

2. „Pauschalreise" eine Kombination aus mindestens zwei verschiedenen Arten von Reiseleistungen für den Zweck derselben Reise, wenn

   a) diese Leistungen von einem Unternehmer auf Wunsch oder entsprechend einer Auswahl des Reisenden vor Abschluss eines einzigen Vertrags über sämtliche Leistungen zusammengestellt werden oder

   b) diese Leistungen unabhängig davon, ob separate Verträge mit den jeweiligen Erbringern der Reiseleistungen geschlossen werden,

      i) in einer einzigen Vertriebsstelle erworben werden und diese Leistungen vor der Zustimmung des Reisenden zur Zahlung ausgewählt wurden,

      ii) zu einem Pauschal- oder Gesamtpreis angeboten, verkauft oder in Rechnung gestellt werden,

      iii) unter der Bezeichnung „Pauschalreise" oder einer ähnlichen Bezeichnung beworben oder verkauft werden,

      iv) nach Abschluss eines Vertrags, in dem der Unternehmer den Reisenden dazu berechtigt, eine Auswahl unter verschiedenen Arten von Reiseleistungen zu treffen, zusammengestellt werden oder

      v) von einzelnen Unternehmern über verbundene Online-Buchungsverfahren erworben werden, bei denen der Name des Reisenden, Zahlungsdaten und die E-Mail-Adresse von dem Unternehmer, mit dem der erste Vertrag geschlossen wurde, an einen oder mehrere andere Unternehmer übermittelt werden und ein Vertrag mit Letztgenanntem/n spätestens 24 Stunden nach Bestätigung der Buchung der ersten Reiseleistung abgeschlossen wird. [...]

[...]

5. „verbundene Reiseleistungen" mindestens zwei verschiedene Arten von Reiseleistungen, die für den Zweck derselben Reise erworben werden, bei der es sich nicht um eine Pauschalreise handelt, die zu dem Abschluss von separaten Verträgen mit den jeweiligen Erbringern der Reiseleistungen führen, wenn ein Unternehmer Folgendes vermittelt:

   a) anlässlich eines einzigen Besuchs in seiner Vertriebsstelle oder eines einzigen Kontakts mit seiner Vertriebsstelle die getrennte Auswahl und die getrennte Zahlung jeder Reiseleistung durch die Reisenden oder

   b) in gezielter Weise den Erwerb mindestens einer weiteren Reiseleistung eines anderen Unternehmers, sofern ein Vertrag mit diesem anderen Unternehmer spätestens 24 Stunden nach Bestätigung der Buchung der ersten Reiseleistung geschlossen wird. [...]

[...]

7. „Unternehmer" jede natürliche oder juristische Person, unabhängig davon, ob Letztere öffentlicher oder privater Natur ist, die bei von dieser Richtlinie erfassten Verträgen selbst oder durch eine andere Person, die in ihrem Namen oder Auftrag handelt, zu Zwecken tätig wird, die ihrer gewerblichen, geschäftlichen, handwerklichen oder beruflichen Tätigkeit zugerechnet werden können, unabhängig davon, ob sie in ihrer Eigenschaft als Reiseveranstalter, Reisevermittler, Unternehmer, der verbundene Reiseleistungen vermittelt oder als ein Erbringer von Reiseleistungen handelt;

8. „Reiseveranstalter" einen Unternehmer, der entweder direkt oder über einen anderen Unternehmer oder gemeinsam mit einem anderen Unternehmer Pauschalreisen zusammenstellt und verkauft oder zum Verkauf anbietet, oder den Unternehmer, der die Daten des Reisenden im Einklang mit Nummer 2 Buchstabe b Ziffer v an einen anderen Unternehmer übermittelt;

9. „Reisevermittler" einen anderen Unternehmer als den Reiseveranstalter, der von einem Reiseveranstalter zusammengestellte Pauschalreisen verkauft oder zum Verkauf anbietet;

[...]

Artikel 28

Umsetzung

(1) Die Mitgliedstaaten erlassen und veröffentlichen bis 1. Januar 2018 die Rechts- und Verwaltungsvorschriften, die erforderlich sind, um dieser Richtlinie nachzukommen. Sie teilen der Kommission unverzüglich den Wortlaut dieser Maßnahmen mit.

(2) Sie wenden diese Maßnahmen ab 1. Juli 2018 an.

[...]

Artikel 29

Aufhebung

Die Richtlinie 90/314/EWG wird mit Wirkung vom 1. Juli 2018 aufgehoben.

[...]

(Quelle: https://eur-lex.europa.eu/legal-content/DE/TXT/HTML/?uri=CELEX:32015L2302&from=DE)

Meine Lösung:

Kreuzen Sie an:	1	2	3	4
richtig				
teilweise richtig				
falsch				

8 P.**

18 Verbraucherschutz bei Reisen

Kreuzen Sie an:	1	2	3	4
richtig	X			X
teilweise richtig			X	
falsch		X		

je 2 Punkte, insgesamt 8 Punkte
kein Punkt für jede Spalte mit mehr als einem Kreuz

8 P.**

Auch hier müssen Sie Ihr Verständnis von juristischen Texten unter Beweis stellen: Dargestellt ist eine formal typische Richtlinie des Europäischen Parlaments und des Rates, die dem Amtsblatt der Europäischen Union entnommen ist und mit der Beamte im Rahmen ihrer Dienstausübung zunehmend häufiger konfrontiert werden. Diese Aufgabe ist damit ganz besonders anforderungsaffin hinsichtlich des Tätigkeitsprofils eines künftigen Verwaltungsbeamten. Abgeprüft wird hier insbesondere die Fähigkeit, Paragraphen bzw. Artikel inhaltlich zu verstehen und ihnen korrekt Informationen zu entnehmen.

- ***Aussage 1** ist richtig gem. Artikel 28 (1) der Richtlinie (EU) 2015/2302 des Europäischen Parlaments und des Rates.*
- ***Aussage 2** ist falsch, da es in den einleitenden Worten eindeutig heißt: „Das Europäische Parlament und der Rat der Europäischen Union … haben folgende Richtlinie erlassen".*
- ***Aussage 3** ist teilweise richtig, da die Fahrt auf einem Fährschiff primär dem Zweck der Beförderung dient (Buchstabe a), die Übernachtung dagegen nur den Transport angenehmer macht. Der Kamelausritt dagegen trifft auf Buchstabe d uneingeschränkt zu.*
- ***Aussage 4** ist richtig: Dies ergibt sich folgerichtig aus Art. 3 Ziffer 2 Buchstabe bv.*

19 Armut

Wer reisen will, braucht Geld. Aber: Trotz einer boomenden Wirtschaft kommt das Thema Armut in Deutschland weiterhin nicht aus den Schlagzeilen, wie aktuelle Daten zeigen.

▶ Überprüfen Sie die folgenden Aussagen zu der nachfolgenden Tabelle.

Kreuzen Sie im Lösungsbogen an, welche Aussagen bezogen auf die Pressemitteilung des Statistischen Bundesamtes vom 29.08.2017 **richtig**, welche **falsch** oder welche **nicht zu entnehmen** sind.

Statistisches Bundesamt DESTATIS wissen.nutzen.

Pressemitteilung vom 29. August 2017 – 298/17 – Seite 2

Armutsgefährdungsquoten[1] 2016 nach Bundesländern

Land	Insgesamt	Und zwar Erwerbslose[2]	Und zwar Alleinerziehende und deren Kind(er)[3]
	%	%	%
Baden-Württemberg	11,9	43,4	38,7
Bayern	12,1	48,1	36,7
Berlin	19,4	63,8	34,5
Brandenburg	15,6	63,8	46,8
Bremen	22,6	60,7	59,1
Hamburg	14,9	45,6	41,0
Hessen	15,1	50,1	42,2
Mecklenburg-Vorpommern	20,4	68,5	56,5
Niedersachsen	16,7	55,9	46,4
Nordrhein-Westfalen	17,8	59,0	45,2
Rheinland-Pfalz	15,5	55,5	46,0
Saarland	17,2	49,5	42,1
Sachsen	17,7	68,8	47,4
Sachsen-Anhalt	21,4	75,6	60,0
Schleswig-Holstein	15,1	53,6	39,2
Thüringen	17,2	61,2	49,6
Nachrichtlich:			
Früheres Bundesgebiet (ohne Berlin)	15,0	52,9	42,4
Neue Bundesländer (einschließlich Berlin)	18,4	66,9	46,9

Ergebnisse des Mikrozensus, Berechnungen durch Information und Technik Nordrhein-Westfalen (IT.NRW).

1) Anteil der Personen mit einem Äquivalenzeinkommen von weniger als 60 % des Bundesmedians der Äquivalenzeinkommen der Bevölkerung in Privathaushalten am Ort der Hauptwohnung. Das Äquivalenzeinkommen wird auf Basis der neuen OECD-Skala berechnet.
2) Nach dem „Labour-Force-Konzept" der International Labour Organization (ILO).
3) Zu den Kindern zählen Personen im Alter von unter 18 Jahren ohne Lebenspartner/-in und eigene Kinder im Haushalt.

(Quelle: Statistisches Bundesamt)

Aussagen:

1 Das höchste Armutsrisiko bundesweit gibt es in Sachsen-Anhalt.

2 In den beiden südlichsten Bundesländern ist das Armutsrisiko im Ländervergleich am geringsten ausgeprägt.

3 Nordrhein-Westfalen hatte bei Alleinerziehenden eine geringere Armutsgefährdungsquote als das den Stadtstaat Berlin umgebende Bundesland.

4 Fast doppelt so viel Rentner wie in Westdeutschland werden im dritten Jahrzehnt dieses Jahrhunderts in den neuen Bundesländern von Armut bedroht.

5 Umbrüche am Arbeitsmarkt Anfang der 1990er-Jahre sind ein wesentlicher Grund für die erhöhte Altersarmut in den neuen Bundesländern.

6 Erwerbslose in allen neuen Bundesländern (einschließlich Berlin) sind durchschnittlich mehr von Armut bedroht als jene der früheren Bundesrepublik.

7 Zwei der drei Stadtstaaten liegen hinsichtlich des Armutsrisikos ihrer Bevölkerung über dem gesamtdeutschen Durchschnitt.

8 In geografischer Hinsicht lässt sich bei der Armutsgefährdung in Deutschland von einem Nord-Süd-Gefälle sprechen. Je nördlicher das Bundesland, desto höher das Risiko, arm zu werden.

Manchmal gibt es bei der Auswahlprüfung auch längere Einzelaufgaben. Die Lösungen zu Aufgabe 19 finden Sie auf Seite 183.

Meine Lösung:

Kreuzen Sie an:

	1	2	3	4	5	6	7	8
richtig	☐	☐	☐	☐	☐	☐	☐	☐
falsch	☐	☐	☐	☐	☐	☐	☐	☐
nicht zu entnehmen	☐	☐	☐	☐	☐	☐	☐	☐

8 P.

19 Armut

Kreuzen Sie an:

	1	2	3	4	5	6	7	8
richtig		X	X			X	X	
falsch	X							X
nicht zu entnehmen				X	X			

je 1 Punkt, insgesamt 8 Punkte
kein Punkt für jede Spalte mit mehr als einem Kreuz

8 P.

Da Armut bzw. Armutsgefährdung in Deutschland seit geraumer Zeit ein Dauerbrenner in der politischen Diskussion ist, verliert diese Thematik bzw. Problematik auch bei zukünftigen Auswahlprüfungen sicherlich nicht an Relevanz und soll deshalb im Rahmen dieser Lösungshinweise etwas grundsätzlicher behandelt werden.

Arm zu sein bedeutet in der Bundesrepublik Deutschland nicht, um sein physisches Überleben kämpfen zu müssen (absolute Armut), sondern betrifft die Unterversorgung von Menschen bestimmter sozialer Schichten im Verhältnis zum Wohlstand der Gesellschaft. Hierbei spricht man von relativer Armut, deren Grundlage das durchschnittliche Einkommen der Bevölkerung, das Äquivalenzeinkommen, darstellt. Die Erläuterung des Begriffs „Armutsgefährdungsquoten" unserer Statistik (vgl. 1) liefert eine Definition der relativen Armut: Wer weniger als 60 % des Äquivalenzeinkommens (Pro-Kopf-Haushaltseinkommen) zur Verfügung hat, gilt als relativ arm. Dieses betrug 2016 1087 Euro pro Monat für Alleinstehende (www.destatis.de). Die Armut in Deutschland ist also in erster Linie von der Einkommenssituation des Einzelnen abhängig.

Bedroht von Armut sind in Deutschland sieben Bevölkerungsgruppen, von denen vier den sog. „traditionellen" Risikogruppen zugerechnet werden, dazu gehören alleinerziehende Mütter, kinderreiche Familien, Kinder und Jugendliche sowie Menschen mit geringer schulischer und beruflicher Qualifikation. (Langzeit-)Arbeitslose, Menschen mit Migrationshintergrund und getrennt Lebende sind als neue Risikogruppen hinzugekommen.

Die vorliegende Statistik, die einer Pressemitteilung des Statistischen Bundesamtes vom 29. August 2017 entnommen ist, vergleicht die Arbeitsgefährdungsquoten der einzelnen Bundesländer aus dem Jahre 2016, wobei die Arbeitslosenquoten bei Erwerbslosen sowie Alleinerziehenden und deren Kindern in den jeweiligen Bundesländern zusätzlich erfasst werden. Daneben gibt das Zahlenmaterial Auskunft über die Armutsgefährdungsquoten der beiden Risikogruppen im früheren Bundesgebiet und in den neuen Bundesländern insgesamt:

- ***Aussage 1** ist falsch, da nicht Sachsen-Anhalt, sondern das Bundesland Bremen mit 22,6 % das höchste Armutsrisiko bundesweit aufweist.*
- ***Aussage 2** ist richtig, da die beiden südlichsten Bundesländer, gemeint sind Baden-Württemberg und Bayern, mit 11,9 und 12,1 % das geringste Armutsrisiko verzeichnen.*
- ***Aussage 3** ist richtig, da in Nordrhein-Westfalen das Armutsrisiko für Alleinerziehende um mehr als 10 % geringer ausfällt als das der vergleichbaren Gruppe im Stadtstaat Bremen.*
- ***Aussage 4** ist nicht zu entnehmen, da das Zahlenmaterial keine Vergleichszahlen zur Armutsgefährdung von Rentnern als Risikogruppe nennt.*
- ***Aussage 5** ist nicht zu entnehmen. Die durchaus plausible Feststellung beruht auf einer Interpretation der Zahlen und erläutert eine mögliche Ursache der unterschiedlichen Verteilung der Altersarmut in den alten und neuen Bundesländern, geht aber nicht unmittelbar aus dem Zahlenbefund hervor.*
- ***Aussage 6** ist richtig, da in den neuen Bundesländern das Armutsrisiko bei Erwerbslosen mit 66,9 % das der Erwerbslosen in den alten Bundesländern um insgesamt 14 % übertrifft.*
- ***Aussage 7** ist richtig, da von den drei Stadtstaaten (Berlin, Bremen und Hamburg) Bremen und Berlin über dem gesamtdeutschen Durchschnitt liegen, der 16,7 % beträgt (das Mittel aus früherem Bundesgebiet und den neuen Bundesländern).*
- ***Aussage 8** ist falsch, da z. B. das nördlichste Bundesland Schleswig-Holstein mit 15,1 % Armutsgefährdung ein geringeres Risiko aufweist als z. B. das wesentlich südlicher gelegene Sachsen-Anhalt mit 21,4 %. Das behauptete Nord-Süd-Gefälle ist damit ebenso widerlegt wie auch der zweite Satz der Aussage.*

20 Fußball-WM im Spannungsfeld der Weltpolitik

▶ Ergänzen Sie den nachfolgenden Lückentext. Tragen Sie im Lösungsbogen jeweils die Kennnummer der passenden Ergänzung aus der Auswahlliste ein.

Auswahlliste:

1	Abbas	**6**	Gotland	**11**	Petitum	**16**	Taiga
2	Diplomaten	**7**	Hacker	**12**	NATO	**17**	UN
3	Wahlmanipulation	**8**	Klitschko	**13**	OSZE	**18**	Doping
4	Drohungen	**9**	Korruption	**14**	Sanktionen	**19**	Wissenschaftler
5	Gorbatschow	**10**	Krim	**15**	Sisi	**20**	Assad

Lückentext:

Die Fußball-WM 2018 in Russland fand in einer angespannten weltpolitischen Lage statt. Die Annexion der Halbinsel **(a)** (2014) durch Russland und die Unterstützung prorussischer Separatisten in der Ost-Ukraine hatten zu weitreichenden **(b)** der EU und USA geführt. Nach einem Giftanschlag im März 2018 auf einen ehemaligen russischen Doppelagenten in Südengland wiesen 14 EU-Staaten und die USA russische **(c)** aus. Im syrischen Bürgerkrieg an der Seite des vom Westen bekämpften Präsidenten Baschar al-**(d)** verhinderte Moskau gegen diesen gerichtete Beschlüsse als Vetomacht im **(e)**-Sicherheitsrat. Der Vorwurf der Manipulation der amerikanischen Präsidentschaftswahlen 2016 sowie die Versuche russischer **(f)**, in Regierungsnetze westlicher Staaten einzudringen, leisteten ein Übriges, das Verhältnis zwischen dem Westen und Russland einzutrüben. Auch sportpolitisch stand Russland in der Kritik. So durfte bei der Winter-Olympiade im Februar 2018 keine Mannschaft des russischen NOK antreten. Der Vorwurf des IOC: **(g)** – staatlich gefördert, systematisch, flächendeckend.

Meine Lösung:

Tragen Sie Ihre Lösungen ein:

(a)	(b)	(c)	(d)	(e)	(f)	(g)

7 P.

20 Fußball-WM im Spannungsfeld der Weltpolitik

Tragen Sie Ihre Lösungen ein:

(a)	(b)	(c)	(d)	(e)	(f)	(g)
10	14	2	20	17	7	18

je 1 Punkt, insgesamt 7 Punkte 7 P.

Vom 14. Juni bis zum 15. Juli 2018 fand in Russland die 21. Fußballweltmeisterschaft statt, das deshalb erneut im Brennpunkt der medialen Berichterstattung stand. Der Lückentext aus dem Bereich Zeitgeschichte stellt hierzu einige Fragen hinsichtlich der internationalen Politik, aber auch mit Blick auf die Sportpolitik im Reich Wladimir Putins:

(a) Die vergleichsweise guten Beziehungen zwischen Ost und West verkehrten sich 2014 durch die Annexion der ***Krim*** *(10) durch Russland in ihr Gegenteil. Der Hinweis auf die von Putin unterstützten Separatisten in der Ost-Ukraine (!) hilft, die Lücke (a) zu füllen. Gotland (6), eine schwedische Insel in der Ostsee, und Taiga (16), eine russische Stadt bzw. der nördlichste Waldtypus der Erde, können hier nicht gemeint sein.*

(b) Der Westen beantwortete die wieder erwachte Aggressivität der russischen Außenpolitik mit harten ***Sanktionen*** *(14), darunter das Einfrieren russischer Vermögenswerte, Einreiseverbote und Handelsbeschränkungen. Das Stadium bloßer Drohungen (4) wurde so deutlich überschritten.*

(c) So auch im März 2018, als nach einem Giftgasanschlag auf den früheren Oberst des russischen Militärgeheimdienstes Sergej Skripal und seine Tochter im englischen Salisbury zahlreiche russische ***Diplomaten*** *(2) ausgewiesen wurden, in Großbritannien und 13 weiteren EU-Staaten wie auch in den USA. Auch darüber wurde lang und breit in den Medien berichtet. Die Ausweisung von Wissenschaftlern (19) hätte kein derartiges Aufsehen erregt.*

*(d) Die Spannungen zwischen Ost und West zeigten sich auch im syrischen Bürgerkrieg, in dem Moskau im Gegensatz zum Westen den amtierenden syrischen Präsidenten Baschar al-***Assad** *(20) unterstützt. Die in der Auswahlliste enthaltenen Familiennamen Abbas (1), Klitschko (8) und Sisi (15) verweisen auf den palästinensischen Präsidenten Mahmud Abbas, den berühmten Boxer Wladimir Klitschko bzw. den ehemaligen General und seit 2014 ägyptischen Präsidenten Abdel Fatah El-Sisi, die im gegebenen Zusammenhang genauso wenig eine Rolle spielen wie Michail Gorbatschow (5), der letzte Präsident der Sowjetunion.*

(e) Auch die Verhandlungen im ***UN*** *(17)-Sicherheitsrat werden durch den Ost-West-Gegensatz geprägt. Gegen Assad gerichtete Beschlüsse der im Rat vertretenen Westmächte (USA, Frankreich, Großbritannien) wurden durch den Einspruch (Veto) Moskaus seit 2011 verhindert, zuletzt im November 2017. Auch darüber wurde in den Medien stets breit berichtet.*

(f) Weiteres Indiz für die Verwerfungen im Verhältnis zwischen Ost und West stellten die auf Russland hindeutenden Manipulationsversuche bei den US-Präsidentschaftswahlen 2016 dar sowie die seither bekannt gewordenen Cyber-Attacken russischer ***Hacker*** *(7). 2017 und 2018 waren davon auch westliche Regierungsnetze betroffen.*

(g) Die Kritik des Westens an Russland kennt viele Punkte: Menschenrechtsverletzungen, Unterdrückung der Meinungsfreiheit, Bestrafung von Homosexualität u. a. Hinzu kommt der Vorwurf der Wahlmanipulation (3) und Korruption (9), die in der Auswahlliste genannt werden. Lücke (d) ist jedoch nur mit dem Begriff ***Doping*** *(18) sinnvoll zu füllen, da es hier um einen sportpolitischen Zusammenhang geht.*

21 Luopi-Sprache

Hier gilt es, die Bedeutung der einzelnen Wörter und die grammatikalischen Regeln und Zusammenhänge einer (erfundenen) „Fremdsprache" zu erkennen. Regeln und Satzbau können sich von derjenigen der deutschen Sprache unterscheiden. Es sind daher nur diejenigen Regeln gültig, die sich aus den Zusammenhängen der vorgegebenen Sätze erschließen lassen.

In der „Luopi-Sprache" gelten folgende Sätze als Grundlage:

- wutezippe gag: die Frau läuft weg
- chalchapschie wuteen: der Mann streichelt die Frau
- böddlitzippe düot: der Hund läuft schnell
- bültemüstie böddliten: die Katze ärgert den Hund

▶ Kreuzen Sie im Lösungsbogen den jeweils zutreffenden Kennbuchstaben an.

Satz 1: „Die Frau streichelt die Katze" – heißt demzufolge:

a) wutezippe bülte **b)** wutepschie chalchaen **c)** wutepschie bülteen

Satz 2: „Der Mann ärgert den Hund" – heißt demzufolge:

a) chalchamüstie böddliten **b)** chalchabülte böddliten **c)** chalchamüstie bülteen

Satz 3: „Die Katze läuft schnell weg vor dem Hund" – heißt demzufolge:

a) bultezippe böddlitdüot gag **b)** bültezippe böddlitgag düot **c)** bültemüstie gag böddlit düot

Meine Lösung:

Kreuzen Sie an:

	a)	b)	c)
Satz 1	☐	☐	☐
Satz 2	☐	☐	☐
Satz 3	☐	☐	☐

6 P.**

21 Luopi-Sprache

Kreuzen Sie an:

	a)	b)	c)
Satz 1			X
Satz 2	X		
Satz 3		X	

je 2 Punkte, insgesamt 6 Punkte
kein Punkt für jede Zeile mit mehr als einem Kreuz

6 P.**

Hier geht es um Sprachlogik. Aus vier vorgegebenen und ins Deutsche übersetzten Beispielsätzen sollen die Regeln einer Kunstsprache („Luopi") abgeleitet werden, die nachfolgend bei der Übersetzung von Satz 1, 2 und 3 aus dem Deutschen angewandt werden sollen. Je drei Möglichkeiten sind vorgegeben.

***Methode:** Wer allein den ersten Beispielsatz liest, steht im Wald. Fokussiert man aber im Bereich der Beispielsätze die deutschen Sätze mit gleichen Wörtern in der Übersetzung („Frau", „laufen", Hund") und vergleicht man diese Sätze hinsichtlich Semantik und Syntax mit der Kunstsprache, kann man schnell erste Einsichten in das Luopi gewinnen. Die unten bei Satz 1, 2 und 3 angegebenen Varianten helfen, die an den Beispielsätzen aufgestellten Regeln zu verifizieren:*

- ***Beispielsatz 1 und 2:** Hier lernen wir: „Wute" heißt in Luopi offensichtlich „Frau", einen Artikel („der, die, das") gibt es nicht. Im zweiten Satz wird aus der Frau als Subjekt des ersten Satzes (Nominativ) das Objekt des zweiten Satzes (Akkusativ) durch Anhängen der Silbe „-en" („wute-en"). Syntax: Entsprechend dem Deutschen steht im Luopi das Subjekt am Anfang des Satzes, das Objekt danach.*
- ***Beispielsatz 3:** Hier erkennen wir im Vergleich zum ersten Beispielsatz, dass im Luopi das Wort „zippe" direkt an das Subjekt angehängt wird. Da es in beiden Sätzen die gleiche Bedeutung hat, wissen wir nun, dass es ein Verb ist und „laufen" heißt. Jetzt lässt sich auch im Rückblick auf Beispielsatz 1 und 2 folgern: „chalcha" heißt „Mann", „pschie" „streicheln", „gag" „weg", „düot" „schnell". Das Adverb steht im Luopi offensichtlich allein und wird nachgestellt. „Böddlit" kann nur der „Hund" sein.*
- ***Beispielsatz 4:** Im Vergleich wird deutlich: „Bülte" heißt „Katze", das angehängte „müstie" „ärgern".*

*So vorbereitet dürfte die Entscheidung hinsichtlich der jeweils richtigen Variante bei Satz 1, 2 und 3 (Lösung siehe oben) nicht mehr schwerfallen. **Satz 3** ist dabei der komplexeste. Hier kann man aber auch ohne grammatische Einsichten schnell auf die richtige Lösung kommen: Antwort a) hat mit „bultezippe" einen Umlaut zu wenig („ü"), Antwort c) mit „bültemüstie" zwar den nötigen Umlaut „ü" für das Luopi-Wort für Katze, mit „müstie" („er/sie/es ärgert") aber das falsche Verb. Demnach richtige Antwort **b)**.*

22 Diesel

Zu den zentralen Herausforderungen der neuen Regierung gehören die Bereiche Verkehr und Umwelt.

▶ Kreuzen Sie im Lösungsbogen an, ob die folgenden Aussagen zur Karikatur von Luis Murschetz **richtig**, **teilweise richtig** oder **falsch** sind.

© Luis Murschetz, aus: Süddeutsche Zeitung 24./25. Februar 2018

Aussagen:

Die Karikatur ...

1 zeigt Richter des Bundesverfassungsgerichts, die den Herstellern von Dieselfahrzeugen im Bundesgebiet rechtliche Beschränkungen auferlegen.

2 zeigt Richter des Bundesverwaltungsgerichts, die in einem aufsehenerregenden Urteil Diesel-Fahrverbote in Städten als nach geltendem Recht für grundsätzlich zulässig erklärten.

3 plädiert für eine bundeseinheitliche Regelung des Dieselfahrverbots in besonders belasteten Städten.

4 bedient sich der Stilmittel der Ironie und der Alliteration.

5 übt Kritik daran, dass bis dato keine ausreichenden Schritte zur Reduzierung des Treibhausgases CO_2 unternommen wurden.

Meine Lösung:

Kreuzen Sie an:	1	2	3	4	5
richtig	☐	☐	☐	☐	☐
teilweise richtig	☐	☐	☐	☐	☐
falsch	☐	☐	☐	☐	☐

5 P.

22 Diesel

Kreuzen Sie an:

	1	2	3	4	5
richtig		X			
teilweise richtig				X	
falsch	X		X		X

je 1 Punkt, insgesamt 5 Punkte
kein Punkt für jede Spalte mit mehr als einem Kreuz

5 P.

Die Karikatur von Luis Murschetz aus der Süddeutschen Zeitung vom 24./25. Februar 2018 verlangt keine eigenständige Interpretation, da fünf Aussagen zur Karikatur vorgegeben sind, die als „richtig“, „teilweise richtig“ oder „falsch“ gekennzeichnet werden sollen. Nichtsdestoweniger bedarf es einiger Kenntnisse, um den dargestellten Vorgang zu verstehen und die Aussagen richtig zu bewerten. Dass in einer Autowerkstatt einem Wagen auf der Hebebühne an Stelle eines Auspuffs ein Paragrafen-Symbol montiert wird, weist auf ein Gerichtsurteil hin. Die Richterroben der dargestellten Personen bestärken diesen Eindruck. Die Aufschrift des Nummernschildes legt nahe, dass die Karikatur ein Gerichtsurteil kommentiert, das im Zusammenhang mit der Dieselaffäre gefällt wurde.

Die Karikatur des Zeichners gibt keinen expliziten Hinweis darauf, um welches Gericht es sich handeln könnte. Laut Aussagen 1 und 2 kommen dabei das Bundesverfassungsgericht in Karlsruhe oder das Bundesverwaltungsgericht in Leipzig in Frage. Ob Aussage 1 oder 2 als „richtig“ eingestuft werden, hängt davon ab, ob Sie die breite Diskussion über dieses Thema verfolgt haben, die bis in den Herbst 2018 andauerte und bis heute anhält. Das Urteil führte noch vor dem Prüfungstermin im Oktober zu zahlreichen Diesel-Fahrverboten in deutschen Städten (Hamburg, Stuttgart, Frankfurt etc.) und hatte damit Signalwirkung. Vor diesem Hintergrund kommt man nach genauer Lektüre der vorgelegten Aussagen zu folgenden Lösungen:

- ***Aussage 1** ist falsch, da das Bundesverfassungsgericht für etwaige Diesel-Fahrverbote in Städten nicht zuständig ist. Auch wurde durch das in Frage stehende Urteil keine bundesweit (!) verbindliche Rechtslage geschaffen.*
- ***Aussage 2** ist richtig, da es sich bei dem in Frage stehenden Gerichtsurteil darum handelte, ob Städte (!) ein Diesel-Fahrverbot verhängen dürfen. Dass es sich bei den in der Karikatur dargestellten Richtern um die Richter des Bundesverwaltungsgerichts in Leipzig handelt, ist obendrein an deren Amtstracht zu erkennen: der langen Amtsrobe, dem Barett sowie vor allem der breiten weißen Halsbinde mit herabhängenden Enden.*
- ***Aussage 3** ist falsch, da die Karikatur ein Ereignis darstellt und keine Forderung erhebt.*
- ***Aussage 4** ist teilweise richtig, da sich die Karikatur zwar des Stilmittels der Ironie bedient (oberste Bundesrichter als Mechaniker, das übergroße Paragrafenzeichen anstelle des Auspuffs), die Alliteration als Wiederholung des Anfangslauts zweier oder mehrerer Wörter jedoch nicht zeichnerisch umgesetzt werden kann.*
- ***Aussage 5** ist falsch, da die Karikatur lediglich eine Gerichtsentscheidung kommentiert. Eine rückblickend-bilanzierende Kritik der bisherigen Versuche zur CO_2-Reduzierung ist nicht zu erkennen. Außerdem beabsichtigen Diesel-Fahrverbote in erster Linie nicht die Reduzierung des Treibhausgases CO_2, sondern die Reduzierung von Stickoxiden, die bei der Verbrennung des Diesel-Kraftstoffs entstehen.*

23 „Die kleine GroKo"

▶ Kreuzen Sie im Lösungsbogen an, ob die folgenden Aussagen zum Schaubild „Die kleine GroKo" **zutreffend**, **teilweise zutreffend**, **nicht zutreffend** oder **nicht zu entnehmen** sind.

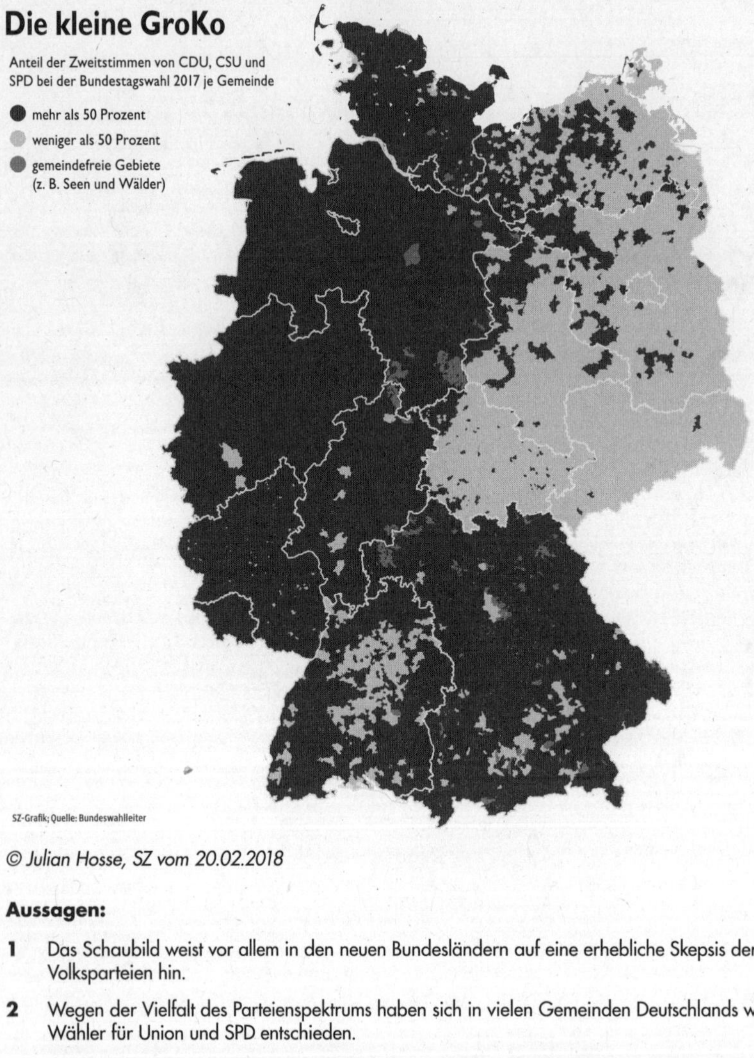

© Julian Hosse, SZ vom 20.02.2018

Aussagen:

1 Das Schaubild weist vor allem in den neuen Bundesländern auf eine erhebliche Skepsis der Wähler gegenüber den Volksparteien hin.

2 Wegen der Vielfalt des Parteienspektrums haben sich in vielen Gemeinden Deutschlands weniger als die Hälfte der Wähler für Union und SPD entschieden.

3 In den Stadtstaaten Hamburg und Berlin fielen mehr als die Hälfte der Zweitstimmen auf Union und SPD. Gleiches gilt für das Saarland.

4 Eine große relativ flächendeckende Zustimmung mit mehr als 50 Prozent der Zweitstimmen erfahren die Parteien der Großen Koalition im Saarland sowie in Niedersachsen.

5 Viele Wahlberechtigte in Baden-Württemberg wünschen sich eine grün-schwarze Koalition.

6 In Großstädten wie Berlin, Nürnberg und Stuttgart erhalten Rot und Schwarz von Wahl zu Wahl weniger Stimmen.

7 Ein rundes Vierteljahrhundert nach der deutschen Einheit hat sich das Wählerverhalten in Deutschland Ost und West einander angeglichen.

Die Lösungen zu Aufgabe 23 finden Sie auf Seite 192.

Meine Lösung:

Kreuzen Sie an:

	1	2	3	4	5	6	7
zutreffend	☐	☐	☐	☐	☐	☐	☐
teilweise zutreffend	☐	☐	☐	☐	☐	☐	☐
nicht zutreffend	☐	☐	☐	☐	☐	☐	☐
nicht zu entnehmen	☐	☐	☐	☐	☐	☐	☐

7 P.

23 „Die kleine GroKo"

Kreuzen Sie an:

	1	2	3	4	5	6	7
zutreffend	X			X			
teilweise zutreffend			X				
nicht zutreffend							X
nicht zu entnehmen		X			X	X	

je 1 Punkt, insgesamt 7 Punkte
kein Punkt für jede Spalte mit mehr als einem Kreuz 7 P.

Das Schaubild der Süddeutschen Zeitung mit dem antithetisch formulierten Titel: „Die kleine GroKo" zeigt, wie sich bundesweit auf Gemeindeebene (siehe Legende links oben!) die Zweitstimmen der Bürger bei der Bundestagswahl 2017 auf die Parteien der Großen Koalition (GroKo) verteilten. Erst nach langen Koalitionsverhandlungen nahm am 14. März 2018 eine weitere Große Koalition unter Angela Merkel ihre Arbeit auf.

Die Lösung der Aufgabe setzt Kenntnisse hinsichtlich der Grenzen der Bundesländer voraus. Auch sollte man wissen, dass GroKo für eine Koalition von Union und SPD steht, die im Rahmen der politischen Farbsymbolik auch als „Schwarz" und „Rot" bezeichnet werden im Gegensatz z. B. zu den „Grünen", was bei Aussage 5 und 6 relevant wird. Dass sich das Wahlverhalten der Bundesbürger in den neuen und alten Bundesländern die Parteien der GroKo betreffend deutlich unterscheidet, macht bereits ein erster Blick auf die unterschiedliche Schwarz- bzw. Grauschattierung der Deutschlandkarte deutlich, die es bei der Lösung der Aufgabe im Folgenden genau zu analysieren gilt:

- ***Aussage 1** ist zutreffend, weil in den neuen Bundesländern die Volksparteien CDU und SPD (die CSU tritt nur in Bayern zur Wahl an) zusammen in den meisten Gemeinden unter 50 % der Zweitstimmen liegen.*
- ***Aussage 2** ist nicht zu entnehmen, da das vorliegende Schaubild nur Informationen über die Stimmanteile der Parteien der Großen Koalition gibt, über mögliche Ursachen des Wählerverhaltens (z. B. Parteienzersplitterung) aber keine Auskunft zur Verfügung stellt. Aussage 2 ist zwar durchaus plausibel, dem Schaubild aber nicht inhärent.*
- ***Aussage 3** ist teilweise zutreffend, da im Stadtstaat Hamburg und im Saarland die GroKo (ohne CSU) über 50 % auf Gemeindeebene liegt, in Berlin jedoch weniger als die Hälfte der Wählerinnen und Wähler der SPD und CDU ihre Zweitstimme gegeben haben.*
- ***Aussage 4** ist zutreffend, da in den beiden genannten Ländern eine fast durchgehende Schwarzfärbung zu beobachten ist, die die „flächendeckende Zustimmung" zur GroKo der Wählerinnen und Wähler des Saarlands und in Niedersachsen augenscheinlich macht.*
- ***Aussage 5** ist nicht zu entnehmen, da das Schaubild keine Informationen über die Hintergründe des Wahlverhaltens von Wahlbürgern gibt, sondern nur verdeutlicht, dass im Bundesland Baden-Württemberg in vielen Gemeinden die Parteien der Großen Koalition zusammen nicht über 50 % gekommen sind.*
- ***Aussage 6** ist nicht zu entnehmen, da das Schaubild das Wählerverhalten ausschließlich bei der Bundestagswahl 2017 offenlegt. Ein Vergleich mit Wahlen in der Vergangenheit ist deshalb nicht möglich.*
- ***Aussage 7** ist nicht zutreffend, die deutlich (!) unterschiedlichen Farbwerte der alten und neuen Bundesländer springen sofort ins Auge. Hie überwiegend schwarz, dort überwiegend hellgrau, also weniger als 50 Prozent.*

24 Bayern: Landtagswahl 2018

Bei der Landtagswahl in Bayern am 14. Oktober 2018 können die Bürgerinnen und Bürger über die Zusammensetzung des 18. Bayerischen Landtags entscheiden.

▶ Kreuzen Sie im Lösungsbogen an, welche Aussagen **richtig**, welche nur **teilweise richtig** und welche **falsch** sind.

Aussagen:

1 Landtagswahlen in Bayern finden im Regelfall alle fünf Jahre statt.

2 Im 17. Bayerischen Landtag sind vier Parteien vertreten.

3 Das Wahlsystem zum Bayerischen Landtag gleicht im Wesentlichen dem „personalisierten Verhältniswahlrecht" der Bundesrepublik Deutschland, nur dass ihm die Einrichtung von Überhang- bzw. Ausgleichsmandaten fremd ist.

4 Das Wahlgebiet leitet sich aus der Einteilung des Staatsgebiets ab. Jeder Regierungsbezirk stellt einen Wahlkreis dar, sodass es in Bayern nur sieben Wahlkreise gibt.

5 In einem Stimmkreis ist ein Bewerber mit den meisten Stimmen auch dann in den Landtag gewählt, wenn die Partei, für die er kandidiert, an der Fünf-Prozent-Hürde scheitert.

6 Die Bayerische Verfassung nennt im Gegensatz zum Grundgesetz nur vier Wahlrechtsgrundsätze, und zwar: allgemein, gleich, unmittelbar und geheim.

7 Im Gegensatz zur Bundestagswahl sind nach dem Bayerischen Landtagswahlsystem Erst- und Zweitstimmen bei der Sitzverteilung auf die Parteien in gleichem Maße relevant.

8 Stimmberechtigt bei den Wahlen zum Bayerischen Landtag sind alle Deutschen ab Vollendung des 18. Lebensjahres (Volljährigkeit).

Meine Lösung:

Kreuzen Sie an:	1	2	3	4	5	6	7	8
richtig	☐	☐	☐	☐	☐	☐	☐	☐
teilweise richtig	☐	☐	☐	☐	☐	☐	☐	☐
falsch	☐	☐	☐	☐	☐	☐	☐	☐

8 P.

24 Bayern: Landtagswahl 2018

Kreuzen Sie an:	1	2	3	4	5	6	7	8
richtig	X	X		X		X	X	
teilweise richtig			X					
falsch					X			X

je 1 Punkt, insgesamt 8 Punkte
kein Punkt für jede Spalte mit mehr als einem Kreuz

8 P.

Da die Aufgabenstellung des Auswahltests spätestens zum Herbst eines jeden Jahres abgeschlossen sein muss, konnten zur Landtagswahl 2018 in Bayern nur allgemeine Aufgaben gestellt werden, hierbei u. a. zum Wahlrecht, das sicherlich Gegenstand des Sozialkundeunterrichts war und jeden Wahlberechtigten interessieren sollte. Da die Bundestagswahl nur ein Jahr zurückliegt, bot es sich auch an, Aussagen zu Unterschieden bei beiden Wahlsystemen aufzunehmen (vgl. Aussagen 3, 6 und 7). Gerade bei Fragen zu Wahlsystemen gilt es, Aussagen genau zu lesen und dabei die jeweiligen Schlüsselbegriffe zu beachten, um zur richtigen Lösung zu gelangen:

- ***Aussage 1** ist richtig. Seit 1998 gilt für den Bayerischen Landtag eine Wahlperiode von 5, bis dahin 4 Jahren.*
- ***Aussage 2** ist richtig, es handelt sich dabei um CSU, SPD, Freie Wähler und die Grünen.*
- ***Aussage 3** ist teilweise richtig, da es entgegen der Aussage auch im Bayerischen Wahlrecht Überhangs- und Ausgleichsmandate gibt.*
- ***Aussage 4** ist richtig, da in Bayern jeder Regierungsbezirk einen Wahlkreis darstellt. Bayerische Wahlkreise dürfen nicht mit dem für die Bundestagswahl üblichen Begriff verwechselt werden! Diese entsprechen bei der Landtagswahl den „Stimmkreisen".*
- ***Aussage 5** ist falsch. Nur in Bayern gilt heute noch die Regel, dass in den Landtag nur Direktkandidaten der Parteien einziehen können, die mindestens fünf Prozent der gültigen Stimmen bekommen.*
- ***Aussage 6** ist richtig, da nach dem Verständnis der Bayerischen Verfassung die Freiheit von Wahlen bereits durch die genannten vier Wahlrechtsgrundsätze gegeben ist (vgl. Art. 19 BV).*
- ***Aussage 7** ist richtig. Diese Regelung verhindert in Bayern die bei der Bundestagswahl möglichen „Papierkorbstimmen", bei denen es sich um Erststimmen für Kandidaten handelt, die nicht die Mehrheit im Wahlkreis erzielen konnten. Deren Erststimme verfällt, wird also im Gegensatz zu Bayern bei Ermittlung der Sitzverteilung nicht mitgezählt.*
- ***Aussage 8** ist falsch, da entsprechend dieser Aussage ein jeder volljährige deutsche Staatsbürger bei den Wahlen zum Bayerischen Landtag wählen könnte. Die Wahlberechtigung ist aber zusätzlich an den Wohnsitz gebunden. Wer mitwählen will, muss seinen Wohnsitz seit mindestens drei Monaten im Freistaat haben.*

25 Bayern: Ministerpräsident

Das Ergebnis der Landtagswahlen bildet die Grundlage für die Wahl des Bayerischen Ministerpräsidenten.

▶ Kreuzen Sie im Lösungsbogen an, welche Aussagen **richtig**, welche nur **teilweise richtig** und welche **falsch** sind.

Aussagen:

1 Der Ministerpräsident bestimmt die Richtlinien der Politik und verfügt über das Kabinettsbildungsrecht.

2 Die Amtszeit des Ministerpräsidenten beträgt in der Regel fünf Jahre, ist aber auf drei Legislaturperioden beschränkt.

3 Der Ministerpräsident vertritt Bayern nach außen und übt in Einzelfällen das Begnadigungsrecht aus.

4 Für die Berufung der Mitglieder der Staatsregierung benötigt der Ministerpräsident nicht die Zustimmung des Bayerischen Landtages.

5 Laut Bayerischer Verfassung ist der Ministerpräsident bei der Verteilung der Geschäftsbereiche (Staatsministerien) dem sogenannten Regionalproporz verpflichtet.

6 Die Staatsregierung fasst ihre Beschlüsse mit Zweidrittelmehrheit der Abstimmenden. Bei Stimmengleichheit gibt die Stimme des Ministerpräsidenten den Ausschlag.

Meine Lösung:

Kreuzen Sie an:	**1**	**2**	**3**	**4**	**5**	**6**
richtig	☐	☐	☐	☐	☐	☐
teilweise richtig	☐	☐	☐	☐	☐	☐
falsch	☐	☐	☐	☐	☐	☐

6 P.

25 Bayern: Ministerpräsident

Kreuzen Sie an:	1	2	3	4	5	6
richtig	X		X			
teilweise richtig		X				X
falsch				X	X	

je 1 Punkt, insgesamt 6 Punkte
kein Punkt für jede Spalte mit mehr als einem Kreuz 6 P.

Die vorliegenden sechs Aussagen zur Stellung und den Aufgaben des Bayerischen Ministerpräsidenten, über den vor den Landtagswahlen 2018 viel gesprochen wurde, setzen Kenntnisse der Bayerischen Verfassung (BV) voraus, insbesondere die Artikel, die die Staatsregierung betreffen. Als Vorsitzender der Staatsregierung leitet der Ministerpräsident ihre Geschäfte.

Einige der vorliegenden Aussagen treffen auch auf das Amt des Bundeskanzlers der Bundesrepublik zu, sodass man gelegentlich durch Analogieschluss die entsprechenden Aussagen als „richtig", teilweise richtig" oder „falsch" einordnen kann. Bei Aussagen mit zwei Sachverhalten sollten Sie grundsätzlich in Erwägung ziehen, dass eine der beiden ggf. falsch sein kann, sodass in diesen Fällen „teilweise richtig" die zutreffende Lösung darstellt:

- ***Aussage 1** ist richtig, denn wie der Bundeskanzler verfügt auch der Bayerische Ministerpräsident über die Richtlinienkompetenz und das Kabinettsbildungsrecht.*
- ***Aussage 2** ist teilweise richtig, da der Bayerische Ministerpräsident in aller Regel fünf Jahre im Amt ist entsprechend der Legislaturperiode des Bayerischen Landtags. Eine Beschränkung der Amtszeit besteht jedoch nach wie vor nicht. Zwar war eine solche auf 10 Jahre im Gespräch, fand jedoch keine Unterstützung der Opposition und hätte deshalb auch nicht die notwendige Zweidrittelmehrheit für Verfassungsänderungen im Landtag erhalten. Die Beschränkung der Amtszeit auf „drei Legislaturperioden", also 15 Jahre, wie im zweiten Teil der Aussage behauptet, trifft demnach nicht zu.*
- ***Aussage 3** ist richtig. Die Kompetenzen des Bayerischen Ministerpräsidenten entsprechen beim Begnadigungsrecht denen des Bundespräsidenten der Bundesrepublik Deutschland. Bei beiden Ämtern ist die Begnadigung auf „Einzelfälle" eingeschränkt. Allgemeine Begnadigungen bedürfen als Amnestien der Gesetzesform, für die in der Regel der Bund zuständig ist.*
- ***Aussage 4** ist falsch, da gemäß Art. 45 BV der Ministerpräsident bei der Berufung (und Entlassung) der Staatsminister (und Staatssekretäre) der Zustimmung des Landtags bedarf.*
- ***Aussage 5** ist falsch, da die Bayerische Verfassung den Begriff des Regionalproporzes nicht kennt. Gemäß Regionalproporz sollen die verschiedenen Regionen Bayerns wie z. B. Altbayern, Franken oder Schwaben bei der Kabinettsbildung personell ihren Niederschlag finden. Ein solcher Regionalproporz ist politisch durchaus opportun, verfassungsmäßig aber in keiner Weise verpflichtend.*
- ***Aussage 6** ist teilweise richtig, da zwar bei Stimmengleichheit im Kabinett die Stimme des Ministerpräsidenten den Ausschlag gibt, ein Beschluss des Kabinetts aber bereits bei Stimmenmehrheit der Abstimmenden zustande kommt. Eine Zweidrittelmehrheit, wie die Aussage behauptet, würde die Arbeit der Staatsregierung eher blockieren.*

26 Wer hat was gesagt?

▶ Ordnen Sie jedes der folgenden (aktuellen und historischen) Zitate seiner Urheberin/seinem Urheber zu. Tragen Sie im Lösungsbogen die Kennnummer der jeweiligen Persönlichkeit aus der Auswahlliste bei dem Kennbuchstaben des betreffenden Zitats ein (eine Persönlichkeit kann ggf. auch mehreren Zitaten zugeordnet werden).

Auswahlliste:

1	Willi Brandt	**4**	Martin Luther King	**7**	Konrad Adenauer
2	John F. Kennedy	**5**	Angela Merkel	**8**	Nelson Mandela
3	Charles de Gaulle	**6**	Walter Ulbricht	**9**	Horst Seehofer

Zitate:

A „Niemand hat die Absicht, eine Mauer zu errichten."

B „Ich habe einen Traum, dass meine Kinder eines Tages in einer Nation leben werden, in der man sie nicht nach ihrer Hautfarbe, sondern nach ihrem Charakter beurteilt."

C „Heute, am 23. Mai [1949], beginnt ein neuer Abschnitt in der Geschichte unseres Volkes."

Meine Lösung:

Ordnen Sie die zutreffenden Kennnummern zu:

A	**B**	**C**

3 P.

26 Wer hat was gesagt?

Ordnen Sie die zutreffenden Kennnummern zu:

A	B	C
6	4	7

je 1 Punkt, insgesamt 3 Punkte 3 P.

Bei diesem relativ neuen Aufgabentypus sollen aktuelle und historische Zitate bestimmten Urhebern bzw. Urheberinnen zugeordnet werden. Er setzt zum einen Kenntnisse aus dem Geschichtsunterricht voraus, zum anderen ein aktives Verfolgen aktueller Geschehnisse in den Medien. Die Aufgabe ist aber dadurch erleichtert, dass eine Auswahlliste bekannter Persönlichkeiten vorgegeben ist, bei der jedoch sechs der neun Genannten nicht zutreffen können. Weiterhin dient die Angabe einer Jahreszahl bei Zitat C als Hilfestellung für die Zuordnung. Alle angeführten Zitate sorgten zum Zeitpunkt ihrer Äußerung für Furore, wurden nicht nur zum Tagesgespräch, sondern kehrten auch immer wieder – bis heute – in die öffentliche Berichterstattung zurück.

***Zitat A**: geäußert vom DDR-Staats- und Parteichef **Walter Ulbricht** (6) am 15. Juni 1961 in einer Pressekonferenz – eine der dreistesten Lügen der jüngeren deutschen Geschichte. Zwei Monate später begann der Bau der Berliner Mauer!*

***Zitat B**: geäußert von dem berühmten Bürgerrechtler und Kritiker der Rassentrennung in den USA **Martin Luther King** (4) am 28. August 1963 vor dem Lincoln Memorial in Washington D. C. beim Marsch auf Washington für Arbeit und Frieden. Ausschnitt aus seiner berühmten „I have a Dream"-Rede, die auch aus dem Englischunterricht bekannt sein könnte.*

***Zitat C**: geäußert von **Konrad Adenauer** (7) am Tag der Gründung der Bundesrepublik Deutschland am 23. Mai 1949. Konrad Adenauer verkündete an diesem Tag als Präsident des Parlamentarischen Rates das Grundgesetz für die Bundesrepublik Deutschland.*

27 Vor 100 Jahren

▶ Ergänzen Sie den nachfolgenden Lückentext. Tragen Sie im Lösungsbogen jeweils die Kennnummer der passenden Ergänzung aus der Auswahlliste ein.

Auswahlliste:

1	Berliner	**7**	Ludwig III.	**13**	direkte
2	Ebert	**8**	Monarchie	**14**	Heinemann
3	Eisner	**9**	parlamentarische	**15**	Weimarer
4	Englands	**10**	plebiszitäre	**16**	Wilhelm II.
5	Frankeichs	**11**	Prinzregent Luitpold		
6	Liebknecht	**12**	Republik		

Lückentext:

Am 8. November 1918 rief Kurt **(a)** (USPD), der am Vortag von einem Arbeiter-, Soldaten- und Bauernrat zum neuen Ministerpräsidenten gewählt worden war, den „Freien Volksstaat Bayern" aus. Angesichts der revolutionären Massenunruhen entband **(b)**, der bereits auf der Flucht war, die bayerischen Beamten vom Treueid auf seine Person.

Am 9. November in Berlin proklamierte zuerst Philipp Scheidemann (SPD) die „Deutsche Republik", nur wenige Stunden nach ihm Karl **(c)** (Spartakus) die „Freie Sozialistische Republik Deutschland". Zu diesem Zeitpunkt hatte die Novemberrevolution bereits ganz Deutschland erfasst. Der Untergang der **(d)** war nicht mehr aufzuhalten. Bis zum 23. November mussten alle regierenden Fürsten der deutschen Länder abdanken, so auch Kaiser **(e)**.

In der Hauptstadt übernahm Friedrich **(f)** (SPD) die Regierungsverantwortung, der als politisches Ziel eine **(g)** Demokratie verfolgte – im Gegensatz zum Spartakusbund und dem radikalen Flügel der USPD, die nach dem Vorbild Russlands eine Räterepublik anstrebten. In einem blutigen Bürgerkrieg siegten am Ende die gemäßigten Kräfte und ebneten den Weg zur Verfassung der **(h)** Republik.

Meine Lösung:

Tragen Sie Ihre Lösungen ein:

(a)	(b)	(c)	(d)	(e)	(f)	(g)	(h)

8 P.

27 Vor 100 Jahren

Tragen Sie Ihre Lösungen ein:

(a)	(b)	(c)	(d)	(e)	(f)	(g)	(h)
3	7	6	8	16	2	9	15

je 1 Punkt, insgesamt 8 Punkte 8 P.

100 Jahre Novemberrevolution 1918! Der chronologisch (!) aufgebaute Lückentext zu diesem aktuellen historischen Datum, an das 2018 in allen Medien erinnert wurde, ruft Wissen aus dem Geschichtsunterricht ab. Als Hilfestellung steht eine Auswahlliste zur Verfügung, bei der man sich in der Regel zwischen zwei oder drei „ähnlichen" Begriffen entscheiden muss: Personen-, Orts- und Ländernamen sowie Begriffe zur Bezeichnung von Regierungsformen. Deshalb empfiehlt es sich, sofern man unsicher ist, bei den Lücken die jeweiligen Arten der Begriffe der Auswahlliste zu fokussieren, wodurch die Zahl der in Frage kommenden „Lückenfüller" rasch reduziert und eine schnelle Lösung gefunden werden kann:

(a) *Der erste Absatz des Lückentextes handelt von der Novemberrevolution in Bayern. Bei Lücke (a) kommt deshalb nur Kurt* ***Eisner*** *(3) in Frage, der Vorsitzende der Unabhängigen Sozialdemokratischen Partei Deutschlands (USPD) in Bayern, die sich 1917 von ihrer Mutterpartei losgelöst hatte und für ein Ende des Krieges plädierte. Alle anderen Namen bezeichnen entweder Monarchen (Ludwig III, Wilhelm II., Prinzregent Luitpold), die sicherlich keine Befürworter der Revolution waren, oder Politiker (Ebert, Liebknecht), die bei den Novemberereignissen in Berlin eine Rolle spielten oder keinerlei Bezug zur Novemberrevolution (Heinemann) haben.*

(b) ***Ludwig III.*** *(7), der letzte König von Bayern, ist hier zu nennen, seit 1913 Nachfolger des verstorbenen Prinzregenten Luitpold.*

(c) *Auch in Berlin spitzte sich Anfang November 1918 die Lage zu. Den Kräften der gemäßigten SPD stand vor allem der linke Flügel der USPD gegenüber, der radikale Spartakusbund, der sich in der Novemberrevolution als eigene Partei etablierte. Am 1. Januar 1919 ging daraus die Kommunistische Partei Deutschlands (KPD) hervor. Führer des Spartakusbundes war Karl* ***Liebknecht*** *(6), der nach der Niederschlagung des sog. Spartakusaufstands im Januar 1919 von rechten Militärs ermordet wurde. Desgleichen seine Mitstreiterin Rosa Luxemburg.*

(d) *Die Novemberrevolution 1918 ermöglichte den Übergang von der* ***Monarchie*** *(8) zur Republik und beendete somit eine jahrhundertealte Regierungsform.*

(e) *Letzter deutscher Kaiser war* ***Wilhelm II.*** *(16), König von Preußen aus dem Geschlecht der Hohenzollern, dem durch seine expansive Außen- und Flottenpolitik eine erhebliche Mitschuld am Ausbruch des Ersten Weltkriegs zukommt. Nach seinem Sturz bis zu seinem Tod 1941 lebte er im Exil im niederländischen Doorn und hoffte auf eine Restauration der Monarchie – vergeblich, wie wir wissen.*

(f) *Vorsitzender seit 1913 der gemäßigten SPD war der ehemalige Sattlergeselle Friedrich* ***Ebert*** *(2), der*

(g) *im Gegensatz zur Räterepublik nach russischem Vorbild, so das Ziel von Spartakus und KPD, eine* ***parlamentarische*** *(9) Demokratie anstrebte, in der nach englischem Vorbild das Parlament im Mittelpunkt des politischen Entscheidungsfindungsprozesses steht.*

(h) *Die Verfassung der ersten deutschen Demokratie wurde ab Februar 1919 im Deutschen Nationaltheater in Weimar (Thüringen) ausgearbeitet und am 14. August 1919 verkündet. Sie war die Grundlage der* ***Weimarer*** *(15) Republik, die durch die Machtübernahme der Nationalsozialisten 1933 zerstört wurde. Der durch (1) nahegelegte Begriff „Berliner Republik" bezieht sich auf die politischen Verhältnisse in Deutschland nach der Wiedervereinigung 1990 und wird oft im Gegensatz zur „Bonner Republik" verwendet.*

28 Karl Marx

▶ Ergänzen Sie den nachfolgenden Lückentext. Tragen Sie im Lösungsbogen jeweils die Kennnummer der passenden Ergänzung aus der Auswahlliste ein.

Auswahlliste:

1	Absolutismus	**7**	Frankreich	**13**	Sozialismus
2	Dortmund	**8**	Industrialisierung	**14**	Trier
3	Liberalismus	**9**	Idealismus	**15**	Kassel
4	England	**10**	Manifest	**16**	Globalisierung
5	Fake News	**11**	Proletarier		
6	Faschismus	**12**	Gewerkschafter		

Lückentext:

Karl Marx wurde vor 200 Jahren, am 5. Mai 1818, in der rheinland-pfälzischen Stadt **(a)** geboren und gilt als einer der einflussreichsten Theoretiker des **(b)** und Kommunismus. Besonders beeinflusst wurde er von den Folgen der Industriellen Revolution, die in der zweiten Hälfte des 18. Jahrhunderts in **(c)** begann. Die damit einhergehende Verelendung der Masse der Arbeiter führte bei Marx zu einer revolutionären Denkweise, die im „Kommunistischen **(d)**" politisches Programm wurde, einer Kampfschrift, die Marx zusammen mit dem deutschen Fabrikantensohn Friedrich Engels 1848 in London herausgab. Sie beginnt mit den seither viel zitierten Worten: „Ein Gespenst geht um in Europa – das Gespenst des Kommunismus" und endet mit dem bekannten Aufruf: „**(e)** aller Länder vereinigt euch!". Gerade im heutigen Zeitalter der **(f)** und der durch das internationale Finanzkapital mit verursachten wirtschaftlichen Krisen gewinnt Marx´ Lehre wieder an Interesse und Aufmerksamkeit, wie zahlreiche Publikationen belegen.

Meine Lösung:

Tragen Sie Ihre Lösungen ein:

(a)	(b)	(c)	(d)	(e)	(f)

6 P.

28 Karl Marx

Tragen Sie Ihre Lösungen ein:

(a)	(b)	(c)	(d)	(e)	(f)
14	13	4	10	11	16

je 1 Punkt, insgesamt 6 Punkte 6 P.

Runde Geburtstage bekannter historischer Persönlichkeiten sind oft ein Anlass, in die Auswahlprüfung aufgenommen zu werden. 2018 war es der 200. Geburtstag von Karl Marx, der in allen Medien breiten Niederschlag fand. Bei der Vorbereitung auf die Auswahlprüfung lohnt es sich also, das Prüfungsjahr nach solch „runden" Geburtstagen zu „durchforsten".

Der Lückentext zu Karl Marx ruft neben Allgemeinwissen auch Schulwissen ab. Als Hilfestellung steht eine umfängliche Auswahlliste zur Verfügung, bei der man sich in der Regel zwischen zwei oder drei ähnlichen Begriffen entscheiden muss. Gelegentliche Unsicherheiten bei der richtigen Wahl des Begriffs können mit Hilfe der grammatikalischen Stimmigkeit ggf. ausgeräumt werden, sodass die Zahl der Begriffe schnell reduziert wird:

(a) Da es sich gemäß der Textvorlage um eine rheinland-pfälzische Stadt handeln muss, kommt nur ***Trier*** *(14) als Geburtsstadt von Karl Marx in Frage. Kassel und Dortmund, die beiden anderen in der Auswahlliste genannten Städte, liegen in Hessen bzw. Nordrhein-Westfalen. Am 5. Mai 2018 zum 200. Geburtstag wurde in Trier eine spektakuläre Karl-Marx-Statue enthüllt – ein Geschenk der Volksrepublik China. Auch an die damit verbundenen Diskussionen könnte man sich erinnern.*

(b) Karl Marx gilt als Theoretiker des ***Sozialismus*** *(13) und Kommunismus, wobei der Sozialismus die dem Kommunismus vorausgehende Entwicklungsstufe darstellt, welche auf eine Vergesellschaftung bzw. Verstaatlichung der Produktionsmittel zum Zwecke einer gerechteren Verteilung der Güter an alle Menschen der Gemeinschaft ausgerichtet ist. Der Absolutismus (1) war zur Zeit von Marx bereits überwunden, der Liberalismus (3) sein Feindbild. Und dem Idealismus (9) der deutschen Philosophie seiner Zeit setzte er ein dezidiert materialistisches Weltbild gegenüber.*

(c) Als Mutterland der Industriellen Revolution gilt ***England*** *(4), wo die Mechanisierung der Produktion durch die Einführung von Maschinen, die mit Wasser- und Dampfkraft betrieben wurden, ihren Anfang nahm. Steht in jedem Geschichtsbuch!*

(d) Das 23-seitige Werk des „Kommunistischen ***Manifests****" (10) aus dem Revolutionsjahr 1848 zählt mittlerweile zum UNESCO-Dokumentenerbe, was die historische Bedeutung dieser Kampfschrift unterstreicht. In ihm entwickelten Karl Marx und Friedrich Engels große Teile der später als „Marxismus" bezeichneten Ideologie.*

*(e) Karl Marx sieht im Klassenkampf, der in dem Aufruf „****Proletarier*** *(11) aller Länder vereinigt euch" gipfelt, nicht nur den Motor der Geschichte, sondern auch die einzige Möglichkeit für diese Klasse, ihre soziale Misere zu überwinden.*

(f) Kennzeichen der Gegenwart ist die ***Globalisierung*** *(16) des Welthandels und der Produktionsstandorte. Das internationale Finanzkapital und seine Profitinteressen spielen dabei eine zentrale Rolle. Schattenseiten dieses seit den 1990er-Jahren zu beobachtenden Prozesses sind globale Finanz- und Wirtschaftskrisen und die ungleiche Verteilung der Gewinne. Zumal in Entwicklungs- und Schwellenländern herrschen oft noch Arbeits- und Lebensbedingungen, die an die Zeit der Frühindustrialisierung erinnern.*

29 Buchstabensalat

▶ Kreuzen Sie im Lösungsbogen an, welche der Wörter aus der nachfolgenden Auswahlliste im Buchstabensalat – waagerecht, senkrecht oder diagonal, zu lesen in alle Richtungen – enthalten sind.

Buchstabensalat:

X	T	G	E	U	N	E	G	G	U	A	E	E
R	I	R	E	M	L	U	E	N	D	X	C	T
D	E	M	A	H	O	M	L	A	I	E	H	R
T	I	I	N	U	S	G	E	L	W	L	O	E
H	U	T	J	E	T	E	G	T	E	R	R	I
C	V	T	A	J	B	S	E	N	R	R	E	S
A	N	E	S	S	E	A	S	E	S	O	N	I
N	M	L	T	G	R	M	T	I	E	S	T	T
O	E	A	A	O	L	T	A	S	M	B	I	I
E	R	L	L	E	I	J	L	N	H	R	T	R
T	K	T	A	L	N	A	T	A	D	C	E	K
I	E	E	R	E	E	H	E	E	D	E	U	V
G	L	R	M	E	R	R	T	J	E	Z	N	B

Auswahlliste:

1 TERROR

2 DIVERSE

3 MITTELALTER

4 RENDITE

5 ESSEN

(Quelle: https://puzzlephil.com/resources/puzzle-pdfs/buchstabensalat-03.pdf)

Meine Lösung:

Kreuzen Sie an:	1	2	3	4	5
enthalten	☐	☐	☐	☐	☐

3 P.

29 Buchstabensalat

Kreuzen Sie an:

	1	2	3	4	5
enthalten	X		X		X

je 1 Punkt, insgesamt 3 Punkte — 3 P.
Bei mehr als drei Kreuzen: 1 Punkt Abzug pro zusätzlichem Kreuz

Bei diesem Buchstabensalat muss man – wie bei Aufgabe 10 – ein wenig tüfteln und eingeübte Leseweisen überwinden, um die in der Auswahlliste vorgeschlagenen Begriffe zu identifizieren oder ausscheiden zu können. Wichtig ist der Hinweis in der Aufgabe, dass hier waagrecht, senkrecht oder diagonal in allen Richtungen (!) gelesen werden kann, d. h. auch von rechts nach links, von unten nach oben. Gehen Sie dabei z. B. von einzelnen Silben oder Buchstabengruppen aus, die Sie mit Blick auf die Wörter der Auswahlliste erkennen. Ergeben sich so keine Anhaltspunkte, sollte man vom jeweiligen Anfangsbuchstaben des gesuchten Wortes ausgehen und das jeweilige Umfeld genauer ansehen.

*Man muss kein Genie sein, um bei dem in der Auswahlprüfung 2018 angerichteten Buchstabensalat zu erkennen: Die Begriffe „**DIVERSE**“ (2) und „**RENDITE**“ (4) sind hier nicht (!) enthalten. Relativ rasch zu erkennen ist hingegen der Begriff „**MITTELALTER**“ (3), da er senkrecht zu lesen ist. Schwieriger zu finden ist der Begriff „**ESSEN**“ (5), da er von rechts nach links gelesen werden muss. Etwas nicklig: der Begriff „**TERROR**“ (1), der sich über fünf Zeilen zieht und von unten nach oben diagonal gelesen werden muss.*

X	T	G	E	U	N	E	G	G	U	A	E	E
R	I	R	E	M	L	U	E	N	D	X	C	T
D	E	M	A	H	O	M	L	A	I	E	H	R
T	I	I	N	U	S	G	E	L	W	L	O	E
H	U	T	J	E	T	E	G	T	E	R	R	I
C	V	T	A	J	B	S	E	N	R	R	E	S
A	N	E	S	S	E	A	S	E	S	O	N	I
N	M	L	T	G	R	M	T	I	E	S	T	T
O	E	A	A	O	L	T	A	S	M	B	I	I
E	R	L	L	E	I	J	L	N	H	R	T	R
T	K	T	A	L	N	A	T	A	D	C	E	K
I	E	E	R	E	E	H	E	E	D	E	U	V
G	L	R	M	E	R	R	T	J	E	Z	N	B

<u>Hinweis</u>: Auch bei diesem Aufgabentypus hilft ein kurzer Blick auf die max. zu vergebende Punktzahl im Lösungsbogen, hier 3 Punkte. D. h., dass Sie die Arbeit an dieser Aufgabe einstellen können, wenn Sie drei Wörter aus der Auswahlliste erkannt haben. Die restlichen zwei brauchen Sie dann nicht mehr überprüfen.

30 Zahlenspiele

Nachfolgend entsprechen einzelne Symbole einer Ziffer von 0 bis 9.

▶ a) Tragen Sie die gesuchte Ziffer für das Symbol △ in den Lösungsbogen ein.

$$\triangle\triangle * \square = \square\square$$

▶ b) Bestimmen Sie die Ziffer für △ so, dass beide Gleichungen des Gleichungssystems erfüllt sind.

$$\triangle * \triangle = \square\triangle$$

$$(\triangle\square - 2) : \triangle = 2 * \triangle$$

▶ c) Bestimmen Sie x so, dass sich in jedem Stein der Zahlenpyramide stets die Summe aus den beiden darunter liegenden Steinen befindet. Tragen Sie die Zahl in den Lösungsbogen ein.

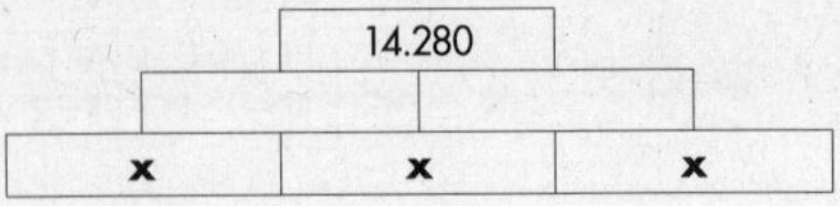

▶ d) Ergänzen Sie folgende Zahlenreihen logisch und tragen Sie die gesuchte Zahl in den Lösungsbogen ein.

1 1, 4, 6, 8, 9, 10, 12, **?**, 17

2 1, 2, 3, 1, 4, 9, 1, 8, **?**

Meine Lösung:

Tragen Sie nachfolgend Ihre Lösungen ein:

a) ____________________

b) ____________________

c) ____________________ 6 P.**

d)

1 ______________

2 ______________ 4 P.**

30 Zahlenspiele

Tragen Sie nachfolgend Ihre Lösungen ein:

a) **1**

b) **5**

c) **3.570**

jeweils 2 Punkte, insgesamt 6 Punkte | 6 P.**

d)

1 **14**

2 **27**

je 2 Punkte, insgesamt 4 Punkte | 4 P.**

Auch bei Zahlenspielen muss man bei der Auswahlprüfung die Fähigkeit zu logischem Denken unter Beweis stellen. Hier kann man ordentlich punkten, da die Lösungen oft doppelt gewertet werden.

a)

Die Lösung ist trivial, aber man muss erst einmal auf sie kommen: Egal, welche natürliche Zahl von 1 bis 9 man für □ einsetzt, es kommt immer 11 heraus, d. h. ***Δ = 1****.*

Hinweis: 0 ist nicht möglich, da eine Division durch 0 nicht definiert ist.

b)

Hier handelt es sich um ein Gleichungssystem mit 2 Variablen. Durch Probieren findet man für Gleichung I zwei mögliche Lösungen für die Variable Δ: 5 und 6, sodass Variable □ 2 oder 3 ist.

Setzt man beide Lösungsvarianten in Gleichung II ein, sieht man, dass nur Variante 1 mit ***Δ = 5*** *funktioniert.*

c)

Es handelt sich im Grunde um eine einfache Mathematikaufgabe. Jeder Stein der Zahlenpyramide ist stets die Summe aus den beiden darunter liegenden Steinen. Zunächst ist also die Zahl an der Spitze der Pyramide durch 2 zu teilen. 14 280 geteilt durch 2 ist 7140. Nun ist, um auf den Wert x zu kommen, diese Zahl erneut durch 2 zu teilen – und nicht etwa durch 3, obwohl dreimal ein x angeführt ist, denn in der Angabe steht ja bereits, dass stets die Summe zweier untenliegender Steine den Wert eines darüber liegenden Steins ergibt. 7140 geteilt durch 2 ergibt ***3570****. Das kann man auch im Kopf ausrechnen!*

d)

1 *Die Zahlenreihe wird, ausgehend von der Ziffer 1, zunächst um den Wert 3 erweitert, das Ergebnis ist 4. Es folgt eine Erweiterung um den Wert 2 auf 6, dann erneut um den Wert 2 auf 8. Dann wird um den Wert 1 erweitert auf 9, erneut um 1 auf 10. Bislang lauten also die Additionsaufgaben nacheinander: +3, +2, +2, +1, +1.*

Von 10 auf 12 wird um 2 erweitert, der Summand nimmt wieder zu. Und da sich bei den beiden vorangegangenen Additionen diese Doppelung stets wiederholt, dürfen wir davon ausgehen, dass dies auch an dieser Stelle der Zahlenreihe der Fall ist. Beim Fragezeichen würde nun 14 stehen.

Folgen wir der bisher gefundenen Logik, müsste die nächste Erweiterung um den Wert 3 erfolgen, das Ergebnis wäre 17, die letzte Zahl der gegebenen Reihe, wodurch unsere Annahme bestätigt wird. Die Lösung lautet also nach +3, +2, +2, +1, +1, +2, +2, +3: ***14****.*

(Würde die Reihe nach der bisherigen Logik weitergeführt, müsste man am Ende der Reihe nach 17 nun noch einmal um 3 erweitern, Ergebnis 20, das ist aber hier nicht mehr gefragt.)

2 *Ausgehend von den Ziffern 1, 2 und 3 wird erweitert. Die 1 bleibt im Folgenden bestehen, die 2 wird verdoppelt (= 4), die 3 verdreifacht (= 9).*

In der nächsten Gruppe bleibt die 1 wieder stehen, die 4 wird verdoppelt (= 8), folglich muss die 9 verdreifacht werden. Das Ergebnis ist ***27****.*

31 Denksport und Konzentration

a) Vor fünf Tagen war drei Tage vor Freitag. Welcher Tag ist morgen?

▶ Tragen Sie den gesuchten Wochentag in den Lösungsbogen ein.

b) Wer ist am Schnellsten? Heinz ist langsamer als Jana. Jana ist schneller als Nadine. Heinz ist langsamer als Jonas. Jonas ist schneller als Jana.

▶ Übertragen Sie die Kennnummer der richtigen Lösung in den Lösungsbogen.

Auswahlliste:

1 Heinz **2** Jana **3** Nadine **4** Jonas

c) In 18 Jahren ist Axel 30-mal so alt wie er heute vor 11 Jahren war. Wie alt ist Axel heute?

▶ Vermerken Sie das gesuchte Alter im Lösungsbogen.

d) Route A ist länger als Route B. Route B ist kürzer als Route C. Route C ist gleich lang wie Route D. Route D ist kürzer als Route A.

▶ Tragen Sie den Namen der kürzesten Route in den Lösungsbogen ein.

e) Im Endspurt eines Wettlaufs überholt Bert den vierten Läufer, wird aber von zwei anderen Läufern überholt.

▶ Tragen Sie Berts Platzierung im Ziel in den Lösungsbogen ein.

Meine Lösung:

Tragen Sie nachfolgend Ihre Lösungen ein:

a) ____________

b) ____________

c) ____________

d) ____________

e) ____________

31 Denksport und Konzentration

Tragen Sie nachfolgend Ihre Lösungen ein:

a) **Montag**

b) **4**

c) **12**

d) **(Route) B**

e) **(Platz) 6**

Gemein: Auch am Ende der Auswahlprüfung geht es um Denksport und Konzentration. Hier gilt es erneut, einen kühlen Kopf zu bewahren und sich nicht verwirren zu lassen. Gehen Sie die Aufgaben Schritt für Schritt an und notieren Sie sich ggf. Zwischenlösungen. Sie werden sehen, auch hier wird nur mit Wasser gekocht. Und wenn Sie einmal das Prinzip verstanden haben, dann machen diese kleinen Aufgaben nicht nur Spaß, sondern vielleicht sogar Appetit auf mehr!

a)

*Bei derlei Aufgaben ist es wichtig, den definierten Ausgangspunkt für die Berechnung zu finden: „Vor fünf Tagen war drei Tage vor Freitag", d. h. wir rechnen jetzt erst einmal vom Freitag drei Tage zurück: Freitag → Donnerstag → Mittwoch → Dienstag. Vor fünf Tagen war also Dienstag. „Heute" ist laut Angabe fünf Tage weiter, also Sonntag. Wenn heute Sonntag ist, dann ist morgen: **Montag**!*

b)

Im Aufgabentext erhalten Sie verschiedene Informationen, die nur auf den ersten Blick als verwirrendes Durcheinander erscheinen. Gefragt ist nach der schnellsten Person einer Vierergruppe. Hierzu werden vier Vergleiche angeboten, die es ermöglichen auf das richtige Ergebnis zu kommen:

- *Wenn Heinz langsamer als Jana ist (Vergleich 1), scheidet er aus.*
- *Wenn Jana schneller als Nadine ist (Vergleich 2), scheidet Nadine aus.*
- *Da auch Jonas schneller als Heinz ist (Vergleich 3), geht es schlussendlich um die Frage, ob Jonas schneller als Jana ist.*
- *Die Lösung ermöglicht Vergleich 4: **Jonas** (Kennnummer 4) ist der Schnellste der Gruppe, da schneller als Jana.*

c)

Lassen Sie sich auch bei dieser Aufgabe nicht ins Bockshorn jagen, sondern bringen Sie Übersichtlichkeit und System in die Aufgabenstellung. Etwas Mathe schadet hierbei sicher nicht:

- *Gesucht ist das aktuelle Alter von Axel, das wir nicht kennen. Nennen wir es wie in der Schule einfach X.*
- *In 18 Jahren (von heute an) hat er das 30-fache Alter, das er vor 11 Jahren hatte (Alter vor 11 Jahren = heutiges Alter abzüglich 11 Jahre), damit: $X + 18 = 30\,(X - 11)$.*
- *Diese einfache Gleichung lässt sich flink nach X auflösen: $X = 12$.*

d)

Diese Aufgabe erinnert strukturell an Aufgabe b). Gefragt ist nach der kürzesten von vier Routen. Erneut werden vier Vergleiche angeboten, die es ermöglichen auf das richtige Ergebnis zu kommen:

- *Wenn Route A länger ist als Route B (Vergleich 1), scheidet sie aus.*
- *Wenn Route B auch kürzer ist als Route C (Vergleich 2), scheidet Route C aus.*
- *Auch Route D scheidet aus, da sie gleich lang wie Route C (Vergleich 3) ist.*
- *Dass Route D kürzer ist als Route A (Vergleich 4), ist eigentlich eine überflüssige Angabe, denn das Ergebnis steht bereits nach dem dritten Schritt fest: kürzeste Route = **Route B**.*

Hinweis: Sie erleichtern sich diese Aufgabe, wenn Sie die Längenverhältnisse der Routen auf einem Schmierblatt aufzeichnen.

A ————————————————
B ————————
C ———————————
D ———————————

e)

*Die Lösung ergibt sich einfach durch kurzes logisches Nachdenken: Wenn Bert den vierten Läufer überholt, ist er nun an vierter Stelle. Wenn er dann von zwei anderen Läufern überholt wird, ist er auf **Platz 6**.*

Hinweis: Auch bei dieser Aufgabe könnte man sich den in der Aufgabe beschriebenen Sachverhalt zunächst auf einem Beiblatt visualisieren, um nicht in die Irre zu gehen.

f) Bestimmen Sie die Summe der Buchstaben im folgenden Text – abzüglich „F/f", „P/p" und „E/e".

▶ Tragen Sie die Anzahl in den Lösungsbogen ein.

Text:

Fischers Fritz kennzeichnet frisch gefischte kennzeichnungspflichtige Flussfische pflichtgemäß als kennzeichnungspflichtig beziehungsweise nicht kennzeichnungspflichtige frisch gefischte Flussfische als nicht kennzeichnungspflichtig.

(Quelle: https://www.plakos.de)

g) Fred faltet das abgebildete Stück Papier entlang der Faltlinien und stanzt ein Loch in das gefaltete Papier. Welche 4 Löcher könnten zu sehen sein, wenn Fred das Papier wieder auseinanderfaltet?

▶ Tragen Sie den Kennbuchstaben des zutreffenden Elements aus der Auswahlliste in den Lösungsbogen ein.

Abbildung:

Auswahlliste:

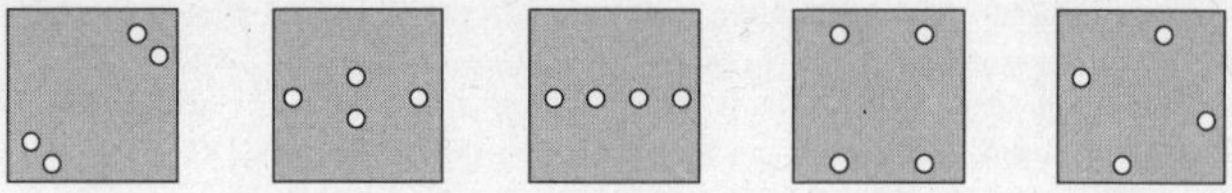

A **B** **C** **D** **E**

h) Nachfolgend zeigt das linke Bild jeweils das Innenleben eines durchsichtigen Würfels aus der frontalen Ansicht (von vorne). Welche Ansicht zeigt das rechte Bild?

▶ Tragen Sie jeweils den entsprechenden Kennbuchstaben aus der Auswahlliste ein.

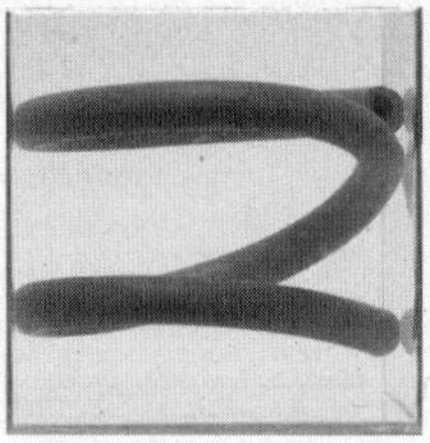

rechtes Bild 1:

1 von rechts

2 von links

3 von unten

4 von oben

5 von hinten

© Dr. Constantin Lechner / MedGurus Verlag

rechtes Bild 2:

1 von rechts

2 von links

3 von unten

4 von oben

5 von hinten

(Quelle: https://www.studymed.de)

Meine Lösung:

f) ____________

g) ____________

h)

rechtes Bild 1 ☐

rechtes Bild 2 ☐

14 P.**

4 P.**

f) **169**

g) **A** — jeweils 2 Punkte, insgesamt 14 Punkte — 14 P.**

h)

rechtes Bild 1 **4**

rechtes Bild 2 **5** — jeweils 2 Punkte, insgesamt 4 Punkte — 4 P.**

f)

Denken ist hier weniger gefragt, dafür umso mehr Konzentration. Auch hier sollte man methodisch vorgehen, um sich beim Zählen nicht zu verheddern. Eine Möglichkeit wäre z. B.:

- *Zählen Sie zunächst alle Buchstaben des Textes. Markieren Sie hierfür mit dem Bleistift Fünfer- oder Zehnerschritte, um keinen Buchstaben zu übersehen.*
- *Errechnen Sie dann das Ergebnis pro Zeile und Gesamttext. Ergebnis: 214 Buchstaben insgesamt.*
- *Markieren Sie nun in einem zweiten Durchgang alle F/f, P/p und E/e. Verwenden Sie hierfür jeweils spezifische Hervorhebungen. Ergebnis: F/f = 15, P/p = 5, E/e = 25. Zusammen: 45.*
- *Eine einfache Subtraktion zeigt: 214 – 45 = **169**.*

g)

*Das Papierfalten ist jetzt eine kleine Herausforderung für echte Bastelfreunde. Dazu brauchen Sie nur ein wenig räumliches Vorstellungsvermögen sowie ein paar geometrische Grundkenntnisse. Falten Sie gedanklich das gefaltete und gestanzte Papier wieder auseinander und überlegen Sie, wie die Löcher aufgrund der Symmetrie angeordnet sein müssen. Vergleichen sie mit den Abbildungen A – E der Auswahlliste. Die richtige Lösung ist **A**.*

Erklärung: Die vier Löcher, die beim Auseinanderfalten sichtbar werden, müssen bezüglich der diagonalen Faltlinien (= Spiegelachsen) gespiegelt zueinander liegen. Dies trifft nur auf Abbildung A zu.

h)

Nach der Aufwärmübung in Aufgabe g), die sich im zweidimensionalen Raum abspielt, geht es nun bei zwei Schlauchbildern in die dritte Dimension. Hier wird das räumliche Vorstellungsvermögen geprüft. Konzentration und eine scharfe Beobachtungsgabe sind jetzt besonders gefragt: Links befindet sich jeweils ein gläserner Würfel mit einer Schlauchfigur im Inneren. Man hat dabei die Ansicht von vorne. Rechts wurde dieser Würfel gedreht. Zu entscheiden ist, welche Ansicht man jetzt hat: Von rechts, von links, von unten, von oben oder von hinten?

Schlauchbild 1:

vorne

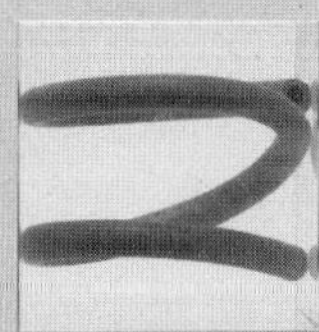

?

Die Sicht von hinten scheidet aus, da man sonst wie bei der Ansicht von vorne durch das Innere der Spirale sehen würde. Bei der Ansicht von rechts oder links müsste man sehen, wie die Schlauchwindungen vertikal verlaufen. Damit bleiben nur die Sicht von oben oder unten. Korrekt ist die Ansicht von oben, da man das Schlauchende oben rechts bis knapp zur Biegung sehen muss, ehe es von der hinteren Windung verdeckt wird (siehe Frontansicht). Das ist allerdings nur für wirklich sehr geübte Augen erkennbar. Besser ist, sich die Steigung der Schlauchenden anzusehen:

*In der Frontansicht sieht man, dass das hintere Schlauchende recht steil nach oben verläuft. Wäre das rechte Bild aus der Sicht von unten, d. h. der linke Würfel würde um 90 Grad nach hinten gedreht, müsste das ehemals hintere Schlauchende, das dann im rechten Bild das untere Schlauchende darstellt, steiler nach hinten zeigen (stärkere Krümmung). Das ist aber nicht der Fall. Daher muss es sich um die **Ansicht von oben** (4) handeln.*

Schlauchbild 2:

vorne

?

*Die Lösung bei Schlauchbild 2 ist wesentlich leichter zu finden. Man sieht sehr rasch, dass die Schlaufe des Schlauchs im rechten Würfel spiegelverkehrt zu derjenigen im linken Würfel verläuft: Das von links hinten nach rechts vorne kommende rechte Ende des Schlauchs im linken Würfel zeigt im rechten Würfel, von rechts vorne nach links hinten verlaufend, nach links hinten; das linke Schlauchende des rechten Würfels, das von rechts hinten nach links vorne kommt und sich dann nach rechts oben windet, verläuft im rechten Würfel spiegelverkehrt von links vorne nach rechts hinten und macht dann eine Kurve nach links oben. Der rechte Würfel zeigt damit die **Ansicht von hinten** (5).*

32 Abhandlung

Thema: „Vorfahrt für die digitale öffentliche Verwaltung!"

▶ Beurteilen Sie diese Forderung. Entfalten Sie hierzu **drei** Argumente.

Von der Beifügung einer Gliederung sowie von Einleitung und Schluss – wie sie bei Schulaufsätzen üblich sind – ist abzusehen. Bitte setzen Sie ***nach jedem Argument eine Leerzeile*** *und achten Sie auf eine ansprechende* ***äußere Form.***

Für die Bearbeitung wird eine Arbeitszeit von ***75 Minuten*** *vorgeschlagen. Benutzen Sie für Ihre Ausführungen die Seiten 9 bis 11 des* ***Lösungsbogens****.*

32 Abhandlung

Thema: „Vorfahrt für die digitale öffentliche Verwaltung!"

Beurteilen Sie diese Forderung. Entfalten Sie hierzu **drei** Argumente.

Korrekturhinweise:

Erwartet wird eine differenzierte Stellungnahme mit drei Argumenten (These, Begründung, Beispiel), die sich auf einem für den Einstieg in die dritte Qualifikationsebene angemessenen Reflexionsniveau bewegt. Hierbei können u. a. folgende Aspekte bzw. Stichworte aufgegriffen werden:

Hintergrund – gesamtgesellschaftlicher Zusammenhang
- *Digitale Revolution des 21. Jahrhunderts*
- *Veränderung der Kommunikationserwartungen und des Kommunikationsverhaltens in Gesellschaft und Wirtschaft*
- *Einrichtung/Ausweitung von Online-Angeboten staatlicher und kommunaler Behörden*
- *Übergang zum E-Government bzw. zur E-Administration*

E-Government – behördenintern
- *Digitalisierung aller Schriftsätze und Ablagesysteme: „Vom Blatt zum Byte"*
- *Optimierung der Informationsrecherche und Datenverarbeitung (z. B. E-Akte)*
- *Erhöhung der Transparenz des Verwaltungshandelns*
- *Standardisierung und Beschleunigung von Verwaltungsprozessen mithilfe der IT*
- *Verbesserung der Entscheidungsprozesse durch Vernetzung innerhalb sowie mit anderen Behörden*
- *Kosteneinsparungen durch Vereinfachung und Automatisierung von Verwaltungsabläufen*
- *Entlastung durch Online-Angebote*
- *Optimierung der Selbstdarstellung nach außen durch attraktive Präsenz im Web oder in sozialen Medien*
- *Erleichterung des Bürgerdialogs, Verbesserung der Bürgerfreundlichkeit*

E-Government – Onlinedienste für den Bürger
- *Online-Anmeldung zu Auswahl- und Bewerbungsverfahren bei Behörden, z. B. LPA*
- *Informationen der Behörden „rund um die Uhr", z. B. Infobroschüren, FAQs, Formulardownloads*
- *vereinfachte Nutzung von E-Government-Anwendungen durch eID des elektronischen Personalausweises*
- *Beantragung von Reisepass und Personalausweis*
- *Grundbucheinsicht und Führungszeugnis*
- *Kfz: Ab- und Anmeldung, Wunschkennzeichen*
- *Elektronische Steuererklärung*
- *Bezahlfunktion (E-Payment)*
- *„Postfach" für Kommunikation mit der Behörde*
- *Bsp. Schule: Internetauftritt, Schul-/Schüler-/Elternportal (Schulporträt, Events, Newsletter, Kollegium, Fachschaftsinformationen, Stundenplanänderungen, Sprechzeiten etc.), Digitalisierung der Amtlichen Schulverwaltung (ASV)*
- *Bsp. BayernPortal: Bündelung der Onlinedienste staatlicher Behörden, Direktverknüpfung zu staatlichen Portalen sowie den Organisationseinheiten und Ansprechpartnern der jeweiligen Behörden*

→ *Wirkung: Verbesserung der Information und Interaktion mit den Behörden, Zeit- und Wegersparnis*

E-Government – Onlinedienste für Unternehmen
- *Gewerbeanzeige, Gewerbeanmeldung*
- *Existenzgründung, Beratung und Förderung*
- *Information über Steuern, Abgaben und Fördermöglichkeiten*
- *E-Procurement (elektronisches Beschaffungswesen)*
- *Optimierung des Antragswesens*

→ *Wirkung: Abbau des Bürokratieaufwands sowie Effektivierung und Beschleunigung der Kommunikation mit den Behörden*

Voraussetzungen für ein erfolgreiches E-Government

Ministerien und Behörden:
- *anforderungsgerechte IT-Ausstattung*
- *Schulung der Mitarbeiterinnen und Mitarbeiter*
- *Aufbau und Ablauforganisation unter Berücksichtigung der IT-Dimension, Förderung der Prozessorientierung*
- *Optimierung der Datensicherheit der Behördennetze*
- *Schutz vor Hacker-Angriffen (Bayern-CERT)*
- *Homogenisierung der Informations- und Kommunikationstechnik sowie der IT-Schnittstellen auf allen Verwaltungsebenen*
- *Ausweitung der Onlinedienste auf alle relevanten Bedürfnisse von Bürgern und Unternehmen*
- *Einführung innovativer Anwendungen mit Chat-Bots, Blockchain sowie künstlicher Intelligenz*
- *Umsetzung der Digitalisierungsstrategie der Bayerischen Staatsregierung, hier insbes. E-Government-Strategie „Montgelas 3.0", auf Bundesebene Umsetzung des Regierungsprogramms „Digitale Verwaltung 2020"*

Allgemein:
- *Abschaffung rechtlicher Hindernisse*
- *Abbau von Ängsten und Vorurteilen („gläserner Bürger", unzureichende Verfügbarkeit und Datensicherheit)*
- *Breitbandausbau und schnelles Internet auch in ländlichen Regionen*
- *Ausweitung und Bewerbung staatlicher Online-Angebote durch alle Behörden*
- *Erhöhung der Medienkompetenz in der Gesellschaft*
- *Akzeptanz seitens der Bürgerinnen und Bürger sowie der Unternehmen*

*Die **besondere Qualität** einer Abhandlung zeigt sich, wenn in den Ausführungen auch gesamtgesellschaftliche Aspekte anklingen und mit Blick auf die angestrebte Berufslaufbahn ein angemessenes Problembewusstsein unter Beweis gestellt wird.*

Bewertungskriterien „Inhalt" und „Argumentation" (= I/A)
- Themarelevanz und Vielfalt der Bezüge
- Differenziertheit der Argumentation
- Anschaulichkeit der Beispiele
- Übersichtlichkeit des Aufbaus
- Stichhaltigkeit der Logik
- Adäquatheit des Abstraktionsniveaus
- Klarheit der Aussage

Bewertungskriterien „Sprache" und „Form" (= S/F)
- Angemessenheit der Wortwahl
- Korrektheit von Grammatik und Satzbau
- „Lesbarkeit"
- Korrektheit von Rechtschreibung und Zeichensetzung
- Schriftbild und äußere Form

Bei einer **Themaverfehlung** ist die Aufgabe mit **0 Punkten** zu bewerten. In diesem Fall keine Punktvergabe auch auf Sprache/Form.

Abkürzungen für die Korrektur

Bei der Korrektur sind folgende **Korrekturzeichen** zu verwenden:

A = Ausdruck
Bz = Bezug
Gr = Grammatik
R = Rechtschreibung
Sb = Satzbau
Wh = Wiederholung
Z = Zeichensetzung

Benotung

Für beide Bewertungsdimensionen („Inhalt"/„Argumentation" und „Sprache"/„Form") ist jeweils eine Note zu vergeben. Die Benotung richtet sich nach folgender **Notenskala** (§ 27 APO):

sehr gut (1) = eine besonders hervorragende Leistung,
gut (2) = eine Leistung, die die durchschnittlichen Anforderungen übertrifft,
befriedigend (3) = eine Leistung, die in jeder Hinsicht durchschnittlichen Anforderungen entspricht,
ausreichend (4) = eine Leistung, die trotz ihrer Mängel durchschnittlichen Leistungen noch entspricht,
mangelhaft (5) = eine an erheblichen Mängeln leidende, im Ganzen nicht mehr brauchbare Leistung,
ungenügend (6) = eine völlig unbrauchbare Leistung.

Punkteermittlung

Die aus der Korrektur resultierenden Noten sind entsprechend der nachstehenden Tabelle in Punkte umzurechnen. Innerhalb einer Note können nur jeweils drei Abstufungen vorgenommen werden, um dadurch ggf. Plus- oder Minus-Tendenzen zum Ausdruck zu bringen.

Note	Punkte	
	I/A	S/F
1	39 – **42** – 45	13 – **14** – 15
2	30 – **33** – 36	10 – **11** – 12
3	21 – **24** – 27	7 – **8** – 9
4	12 – **15** – 18	4 – **5** – 6
5	3 – **6** – 9	1 – **2** – 3
6	**0**	**0**

Im **Bewertungsschema Abhandlung** (s. Lösungsbogen S. 11) sind jeweils die vergebene Note und die Punktezahl anzugeben sowie in einer stichwortartigen Bemerkung die Erwägungen für die Benotung aufzuzeigen.

Gesamtpunkte der Aufgabe 32
(max. 60 Punkte)

Gesamtpunkte der Aufgabe 1 bis 31
(max. 240 Punkte)

Gesamtpunkte der Aufgaben 1 bis 32
(max. 300 Punkte)

Bildnachweis

S. 31	pixture-alliance / dpa-infografik
S. 42	www.sozialpolitik-aktuell.de
S. 47	Pepsch Gottscheber – SZ 06. 08. 2013
S. 78	www.shutterstock.com
S. 92	www.ard-zdf-onlinestudie.de/Hessischer Rundfunk
S. 96	www.shutterstock.com
S. 114	Abb. A: BArch, Bild 146-1983-089-20 / o. Ang. Abb. B: Deutsches Historisches Museum, Berlin Abb. C: BArch, Bild 146-1991-039-11 / o. Ang. Abb. D: Bundesregierung / Jesco Denzel
S. 116	Klaus Stuttmann
S. 118	Michael Holtschulte
S. 124	www.studymed.de
S. 150	Bild 1: https://pixabay.com Bild 2 bis 4: www.shutterstock.com
S. 168	Prof. Dr. Hans Hopfinger, 2007
S. 188	Luis Murschetz
S. 190	Julian Hosse, SZ vom 20. 02. 2018
S. 210	Würfelbilder obere Reihe: Dr. Constantin Lechner/MedGurus Verlag Würfelbilder untere Reihe: www.studymed.de

Für einige wenige Abbildungen konnten keine Urheber ermittelt werden. Der Verlag bittet Personen oder Institutionen, welche die Urheberrechte daran besitzen, sich zwecks angemessener Vergütung zu melden.